D1731540

Weisheit erkennen, mehren
und Tag für Tag üben

DALAI LAMA

Weisheit erkennen, mehren und Tag für Tag üben

Aus dem Amerikanischen
von Michael Wallossek

O. W. Barth

Die Originalausgabe erschien 2005
unter dem Titel »Practicing Wisdom«
bei Wisdom Publications, Inc., Somerville, USA

www.fischerverlage.de

Erschienen bei O. W. Barth, ein Verlag der
S. Fischer Verlag GmbH, Frankfurt am Main
© 2005 Tenzin Gyatso, the Fourteenth Dalai Lama,
and Thupten Jinpa
Für die deutschsprachige Ausgabe:
© S. Fischer Verlag GmbH, Frankfurt am Main, 2007
Satz: H & G Herstellung, Hamburg
Druck und Bindung: Ebner & Spiegel, Ulm
Printed in Germany

ISBN 978-3-502-61153-0

Inhalt

Vorwort

Den hier vorgestellten Unterweisungen Seiner Heiligkeit des Dalai Lama liegt das neunte Kapitel von Shantidevas *Bodhicharyavatara* zugrunde. Der Buddha, so erklärt Shantideva zu Beginn des Kapitels, hat die Lehre in all ihren Facetten dargelegt, damit wir Weisheit, eine weise Lebenseinstellung, entwickeln können. Hinter dieser scheinbar schlichten Aussage steht eine profunde Einsicht von großer Tragweite. Denn die Auffassung des Buddha unterschied sich von derjenigen anderer spiritueller Lehrer in einem ganz entscheidenden Punkt: Weder mittels leiblicher Askese zum Zweck der Buße noch durch die Befolgung komplizierter ritueller Vorschriften oder durch das Gebet können wir dem Buddha zufolge den höchsten Geisteszustand verwirklichen, der als »Erwachen« beziehungsweise als »Erleuchtung« bezeichnet wird. Vielmehr bedarf es dazu einer geistigen Transformation – der Umwandlung unseres unbändigen Geistes in einen gebändigten Geist.

Da wir darüber hinaus in einem nicht enden wollenden Kreislauf von Wiedergeburten in unerleuchteten Daseinsformen gefangen sind und dieser in einer grundlegenden, die Natur unseres Daseins selbst betreffenden Unwissenheit seinen Ursprung hat, sollte ein vertieftes Verständnis der Daseinsnatur zum tragenden Element solch einer konsequenten Zähmung unseres Geistes werden. Daher kommt der Entwicklung von Weisheit, der Entwicklung von Einsicht in die Natur des Daseins, solch große Bedeutung zu.

Ohne jede Übertreibung darf man sagen, dass Shantidevas *Bodhicharyavatara* zu den in spiritueller und philosophischer Hinsicht bedeutsamsten Schriften des Mahayana-Buddhismus gehört. Im 8. Jahrhundert unserer Zeitrechnung entstanden, war dieses kaum mehr als neunhundert Strophen zählende, also nicht sonderlich umfangreiche Werk, das sich mit einer zentralen Thematik des Mahayana befasst – dem langen Weg eines Bodhisattva bis zum vollständigen Erwachen, der Buddhaschaft –, schon bald ein Klassiker.

Im Unterschied zu zahlreichen anderen Mahayana-Texten, dem »Handbuch der befreienden Qualitäten«[1] zum Beispiel, einem ebenfalls in Versen abgefassten klassischen Werk des Mahayana-Buddhismus, das Aryashura (wahrscheinlich 4. Jh. unserer Zeitrechnung) zugeschrieben wird, orientiert sich der Aufbau von Shantidevas *Bodhicharyavatara* keineswegs Punkt für Punkt an den sechs befreienden Qualitäten, wenngleich in den Kapiteln 5–9 die letzten vier dieser sechs Qualitäten – Geduld, freudvolles Bemühen, meditative Sammlung und Weisheit – thematisiert werden. Andererseits beschäftigen sich die ersten vier Kapitel unter unterschiedlichen Gesichtspunkten mit dem Streben nach Hervorbringung des Erleuchtungsgeistes *(bodhichitta)*, während Kapitel 10 den Text mit einer Reihe zutiefst bewegender Bodhisattva-Wunschgebete beziehungsweise mit Widmungsgebeten beschließt.

Ins Tibetische übertragen wurde Shantidevas Klassiker erstmals während des 9. Jahrhunderts in Kaschmir. Diese Übersetzung hat später Lotsawa Rinchen Sangpo in sorgfältigem Vergleich mit einer zentralindischen Ausgabe des Wurzeltextes und unter Berücksichtigung der dazugehörigen Kommentare überarbeitet. Der renommierte Übersetzer Ngog Loden Sherab unterzog den tibetischen Text dann im 12. Jahrhundert einer weiteren kritischen Überarbeitung.

Vor allem spirituellen Lehrern aus der Anfangszeit der Kadam-Überlieferung wie etwa den Begründern dieser Überlieferungslinie, dem aus Bengalen stammenden Meister Atisha und seinem wichtigsten Schüler Dromtönpa, ist es zu verdanken, dass sich Shantidevas *Bodhicharyavatara* im Kulturkreis des tibetischen Buddhismus schnell großer Beliebtheit erfreute. Regelmäßig haben Atisha und Dromtönpa inspirierende Verszeilen hieraus zitiert, wenn sie eigene Unterweisungen gaben.

Neben Nagarjunas Schrift »Kostbare Girlande«[2] und Asangas »Bodhisattva-Stufen«[3] wurde das *Bodhicharyavatara* zu einem »Wurzeltext« derjenigen tibetischen Überlieferung, die als *lo-djong* (Geistesschulung) bekannt ist. Im *lo-djong* geht es in erster Linie darum, zum Wohl aller Wesen den Erleuchtungsgeist, das selbstlose Streben nach Buddhaschaft, hervorzubringen und im Alltag ein diesem altruistischen Prinzip gemäßes Leben zu führen.

Während der folgenden acht- oder neunhundert Jahre hat das kurze Werk in allen wichtigen Überlieferungslinien des tibetischen Buddhismus eine bemerkenswerte Wirkung entfaltet und zunehmend an Popularität gewonnen. Wie viel Resonanz es fand, davon zeugen bedeutende Kommentare aus der Feder solch maßgeblicher tibetischer Lehrer wie Sönam Tsemo, seinerzeit Oberhaupt der Sakya-Überlieferungslinie, des Lo-djong-Meisters Ngülchu Thogme Sangpo, des großen Gelug-Autors Gyältsab Dsche, des Kagyü-Lehrers und angesehenen Historikers Pawo Tsuglag Trengwa und des berühmten Nyingma-Meisters Dsa Pältrül.

Unverkennbar auch der Einfluss, den diese buddhistische Schrift auf das Denken des gegenwärtigen Dalai Lama ausübt. Nicht nur im Rahmen seiner zahlreichen öffentlichen Buddhismus-Vorlesungen zitiert er sehr gerne aus Shantidevas *Bodhicharyavatara*; auch einem breiteren nichtbuddhistischen Publikum gegenüber macht der Dalai Lama aus seiner besonderen Begeisterung für diesen Text keinen Hehl. Tatsächlich bezeichnet er die folgende Strophe als seine wichtigste spirituelle Inspirationsquelle, aus der er immer wieder neue Kraft schöpft:

> Solange der unermessliche Raum Bestand hat
> und solange es noch empfindende Wesen gibt,
> möge auch ich ausharren,
> um das Leid aus der Welt zu verbannen.

Einer der Gründe für die große Popularität, die diesem aus Indien stammenden buddhistischen Klassiker in Tibet zuteil wurde, liegt wahrscheinlich in seiner poetischen Schönheit. Meist in der ersten Person sprechend, legt der Autor in einer Reihe persönlicher Reflexionen die Elemente der verschiedenen Praxisformen eines nach Erleuchtung strebenden Bodhisattva dar. Vielfach zeichnen sich die Verszeilen durch eine beeindruckende, Menschen auf dem spirituellen Weg zutiefst berührende Unmittelbarkeit aus.

Wie so viele tibetische Mönche genoss ich bereits in jungen Jahren das Privileg einer innigen Vertrautheit mit Shantidevas *Bodhicharyavatara*. Dankenswerterweise hatte ich reichlich Gelegenheit, mir diesen Text einzuprägen und das gesamte Werk unzählige Male auswendig zu rezitieren. Häufig geschah dies am Abend, wenn in Südindien, dem neuen Standort meines Klosters, die Temperatur im Vergleich zur Hitze des Tages angenehm zu werden beginnt.

Bis heute denke ich gerne daran zurück, welche Freude es mir bereitet hat, während der Arbeit auf den Getreidefeldern jener tibetischen Flüchtlingssiedlung, der mein kleines Kloster in den 70er Jahren angehörte, diesen Text zu rezitieren. Nicht nur braucht die tibetische Fassung, die sich durch eine vollendete Metrisierung der Verszeilen auszeichnet, sprachlich keinerlei Vergleich mit den Schöpfungen der muttersprachlich tibetischen Literatur zu scheuen, sondern sie prägt sich darüber hinaus auch sehr gut ein und lässt sich hervorragend rezitieren.

Und nicht zuletzt beinhaltet das neunte Kapitel von Shantidevas Klassiker, die Grundlage des Buches, das Sie in den Händen halten, eine hochgradig differenzierte und komplexe philosophische Abhandlung. Shantideva eröffnet das Kapitel mit folgenden Zeilen:

> All die bisher dargelegten Elemente der Praxis
> hat der Buddha um der Weisheit willen gelehrt.
> Wer wünscht, dass das Leid aufhören möge,
> sollte daher [die Vollendung der] Weisheit entwickeln.

Mit dieser Aussage führt Shantideva uns vor Augen, welch fundamentale Bedeutung der Entwicklung von Weisheit zukommt. Anschließend legt er systematisch dar, worin nach seinem Verständnis die Einsicht des Buddha in die letztendliche Natur der Wirklichkeit im Wesentlichen besteht. Für Shantideva als Protagonisten der philosophischen Lehre vom Mittleren Weg ist die letztendliche Natur der Wirklichkeit dadurch gekennzeichnet, dass ihr keinerlei Eigendasein innewohnt, sämtliche Daseinsfaktoren »leer« sind – leer von unabhängiger Existenz.

Weisheit entwickelt man, mit anderen Worten, indem man Einsicht in die tiefgründigste Ebene von Leerheit gewinnt. Im Großen und Ganzen lassen sich Shantidevas Ausführungen über die Praxis der Entwicklung von Weisheit in drei Hauptabschnitte gliedern:

1. Erläuterungen zur Natur und zu den Merkmalen der zwei Wahrheiten;
2. die Unverzichtbarkeit wirklicher Einsicht in Leerheit selbst für diejenigen, die lediglich Befreiung vom Daseinskreislauf erreichen wollen;
3. eine ausführliche Darlegung der verschiedenen Argumentationen zum Nachweis der Leerheit sämtlicher Phänomene.

Im ersten Teil macht Shantideva nicht nur deutlich, wie er die zwei Wahrheiten – die letztendliche (oder absolute) Wahrheit und die konventionelle (oder relative) Wahrheit – versteht, vielmehr entfaltet er zugleich seine entschiedene Kritik am philosophischen Standpunkt der buddhistischen Realisten und ebenso an demjenigen der buddhistischen Idealisten. Insbesondere setzt er sich mit den Auffassungen einer anderen wichtigen Richtung innerhalb der Mahayana-Philosophie auseinander, der Nur-Geist-Schule.

Im zweiten Teil erläutert Shantideva, weshalb er Einsicht in Leerheit generell für unverzichtbar hält; und zwar auch für jene Menschen, die lediglich Befreiung vom Daseinskreislauf suchen. Im Rahmen dieser Argumentation nimmt er eine systematische Überprüfung und Bewertung der Mahayana-Lehren vor. Er geht der Frage nach, wie authentisch sie sind und inwieweit die Schriften verlässliche Geltung beanspruchen dürfen. Damit tritt er in die Fußstapfen solch namhafter Vorgänger wie Nagarjuna, Asanga oder Bhavaviveka, die dem Anliegen, die Gültigkeit des Mahayana-Weges zu erweisen, ebenfalls wichtige Schriften gewidmet haben.

Im dritten Teil skizziert Shantideva die unterschiedlichen Argumentationsketten zum Nachweis der Wahrheit von der Leerheit – etwa jene recht bekannte Argumentation, die auf das bedingte, oder abhängige, Entstehen Bezug nimmt –, die in der Lehre des Buddha von der Selbst-losigkeit der Person und der Selbst-losigkeit der Phänomene ihren Ausdruck findet. Dabei unterzieht der Autor die in Indien verbreiteten nicht-buddhistischen Lehrmeinungen einer eingehenden Kritik: beispielsweise die Idee jenes ewig währenden Selbst, das im Rahmen der Atman-Lehre vorausgesetzt wird; die Samkhya-Theorie einer Ursubstanz als Substrat aller Realität; die im Shaivismus vertretene These von einer auf göttliche Schöpfung zurückgehenden Entstehung der Dinge; die Vaisheshika-Lehre von den unteilbaren Atomen; die Theorie des materialis-tischen Philosophen Charvaka von einer dem Zufall anheim-gestellten Entstehung; und so weiter.

Die eigentliche Darlegung der Meditation über die Selbst-losigkeit der Phänomene beziehungsweise der Daseinsfak-toren greift auf eine weithin bekannte Formel zurück, auf die vier Grundlagen der Achtsamkeit: Achtsamkeit in Hinblick auf den Körper, auf die Empfindungen, auf den Geist und auf die Geistesobjekte. Das Kapitel endet mit dem eindringlichen Appell, Weisheit – Einsicht in Leerheit – in der Weise zu ent-wickeln, dass sie mit unermesslich großem Mitgefühl für alle Wesen einhergeht.

Erläuterungen zu Shantidevas Klassiker, auch zum schwieri-gen neunten Kapitel, hat Seine Heiligkeit der Dalai Lama bei verschiedenen Gelegenheiten gegeben. Und in dem einen oder anderen Fall kam es anschließend zu einer Veröffent-lichung der englischen oder deutschen Übersetzung.[4] Eines unterscheidet jedoch *Weisheit erkennen, mehren und Tag für Tag üben* von allen bislang in diesem Zusammenhang erschie-nenen Büchern: Hier nehmen die Erläuterungen zum neunten Kapitel des *Bodhicharyavatara* Bezug auf zwei Kommentare aus dem 19. Jahrhundert, deren Auslegungen des Textes zwei von-

13

einander weitgehend unabhängige Überlieferungsstränge des tibetischen Buddhismus repräsentieren.

Khenpo Künpäls Kommentar mit dem Titel »Verehrungswürdige Worte meines Lehrers Manjushri« legt die Sicht der Nyingma-Überlieferungslinie dar, während Minyak Künsös Kommentar »Strahlendes Licht, das die Soheit des tiefgründigen bedingten Entstehens erhellt« die Perspektive der Gelug-Linie wiedergibt.[5] Beide Autoren waren bedeutende Schüler des großen Nyingma-Lehrers und -Autors Dsa Pältrül, der entscheidend dazu beigetragen hat, dass Shantidevas Text, zumal innerhalb der Nyingma-Überlieferung, eine neuerliche Blütezeit erlebte. Und beide spielten eine aktive Rolle in der »unparteiischen« oder »nichtsektiererischen« Rime-Bewegung, die Anfang des 19. Jahrhunderts in einigen Teilen Tibets aufkam.

Der Dalai Lama gibt in *Weisheit erkennen, mehren und Tag für Tag üben* nicht nur Strophe für Strophe eine ausführliche Erläuterung dieses Kapitels, dem in Shantidevas zu einem philosophischen Klassiker gewordenen Werk eine ganz zentrale Bedeutung zukommt; er fügt auch persönliche Anmerkungen hinzu, tiefsinnige Betrachtungen zur spirituellen Praxis auf dem buddhistischen Weg. Mit diesen Betrachtungen hat der Dalai Lama, als er 1993 in Frankreich die Unterweisungen erteilte, auf denen das vorliegende Buch beruht, regelmäßig die Sitzungen eröffnet. Hier im Buch haben wir die entsprechenden Ausführungen, getrennt vom eigentlichen Shantideva-Kommentar, jeweils unter der Überschrift »Reflexionen zur Weisheitspraxis« zusammengefasst, damit sie sich deutlich erkennbar von den Erläuterungen zum Wurzeltext abheben. Durch die Gegenüberstellung der beiden Kommentare aus dem 19. Jahrhundert und ihre Verknüpfung mit eigenen Gedanken zu Shantidevas Wurzeltext macht der Dalai Lama dem Leser die außerordentlich vielschichtige Erfahrung einer intensiven geistigen Auseinandersetzung mit einem der wichtigsten religiösen und philosophischen Werke des Mahayana-Buddhismus zugänglich.

Die hier hergestellte Verbindung zwischen zwei verschiedenen Kommentaren, die den Text in Entsprechung zu den Anschauungen ihrer jeweiligen Überlieferungslinie erklären, lenkt unsere Aufmerksamkeit auf eine überaus fruchtbare Diskussion im Tibet des ausgehenden 19. Jahrhunderts. Den Anstoß dazu gab die Veröffentlichung einer kurzen Erläuterung zum neunten Kapitel durch den einflussreichen Nyingma-Denker Dschu Mipham Namgyäl Gyatso. Seine Arbeit stieß bei verschiedenen bekannten Gelug-Autoren auf erhebliche Kritik; zum Beispiel bei dem angesehenen Gelehrten Drakkar Lobsang Pälden, der ebenfalls zum Kreis der »nichtsektiererischen« Bewegung zählte. Auf die Frage, wo im Einzelnen die aus dem Blickwinkel der beiden eben genannten Überlieferungslinien vorgenommenen Auslegungen des neunten Kapitels voneinander abweichen, möchte ich an dieser Stelle nicht weiter eingehen. Den überaus klaren Ausführungen des Dalai Lama können Sie diese Details selbst entnehmen.

Um die philosophischen Reflexionen letztlich wieder auf ihren eigentlichen Bezugspunkt – die spirituelle Praxis – zurückzuführen, folgt auf die Erläuterungen des Dalai Lama in den meisten Kapiteln eine Anleitung zur Kontemplation. Hier sind Sie eingeladen, sich mit den wesentlichen philosophischen und spirituellen Zusammenhängen des neunten Shantideva-Kapitels in meditativer Betrachtung eingehender vertraut zu machen.

Die Unterweisungen, auf denen dieses Buch basiert, erteilte Seine Heiligkeit der Dalai Lama während eines einwöchigen Kurses im Vajrayogini-Institut von Lavaur. Dorthin hatte ihn die französische Vereinigung der Zentren für tibetischen Buddhismus im Herbst 1993 eingeladen. Etwa zwei Jahre zuvor hatte bereits ein einwöchiger Kurs im französischen Département Périgord (Dordogne) stattgefunden. Damals gab der Dalai Lama Erläuterungen zu Auszügen aus allen zehn Kapiteln von Shantidevas *Bodhicharyavatara*.[6]

Da so viele Besucher aus verschiedenen Teilen Europas nach Lavaur gekommen waren, wurden die Unterweisungen in alle wichtigen europäischen Sprachen übersetzt, unter anderem ins Englische, Französische, Deutsche, Spanische und Italienische. Die Woche in Lavaur glich einem kurzen Retreat, in dem man sich sieben Tage lang ernsthaft mit der buddhistischen Lehre befasste. Dieser wunderbar festliche Anlass bot den praktizierenden Buddhistinnen und Buddhisten nicht nur die Möglichkeit, einander kennen zu lernen oder sich wiederzusehen, sondern sie konnten auch persönliche Einsichten und Erfahrungen austauschen. Wie bei zahlreichen anderen Gelegenheiten wurde mir hier erneut die Ehre zuteil, die Unterweisungen Seiner Heiligkeit ins Englische übersetzen zu dürfen.

Von der Abschrift der mündlich vorgetragenen Ausführungen Seiner Heiligkeit bis hin zur Fertigstellung des Buches, das Sie nun vor sich haben, bedurfte es der Mitarbeit zahlreicher Menschen. Patrick Lambelet fertigte die erste Niederschrift an. Die umfangreichen editorischen Veränderungen, die ich im Rahmen meiner Aufgaben als Herausgeber an den Abschriften vorgenommen habe, gab Samantha Kent in den Text ein. Durch eine weiter gehende redaktionelle Bearbeitung trug Gary Mutton entscheidend zu einem erheblich besser lesbaren Englisch bei. Ihnen allen möchte ich von ganzem Herzen Anerkennung und Dank aussprechen. Nicht zuletzt gilt mein Dank Timothy McNeill von Wisdom Publications, der darauf bestanden hat, dass ich mich selbst als Herausgeber um die

Bearbeitung der Abschriften bis hin zum fertigen Buch kümmern sollte. Und selbstverständlich danke ich David Kittelstrom, meinem langjährigen Lektor bei Wisdom Publications, für seine präzisen redaktionellen Anmerkungen in den verschiedenen Phasen dieses Bearbeitungsprozesses. Im Lauf all der Jahre, die wir gebraucht haben, bis diese so kostbaren Unterweisungen Seiner Heiligkeit über die Philosophie und spirituelle Praxis des Buddhismus wirklich druckreif waren, hat er sich stets darum gekümmert, dass ich das Projekt nicht aus den Augen verlor. Dafür bin ich ihm ganz persönlich zu großem Dank verpflichtet.

Thupten Jinpa

1 Einführung

Die Reinheit der Motivation

Damit die Lektüre dieses Buches Ihnen, dem Leser, Glück und
Wohlergehen bringen möge, war es von der ersten bis zur letzten Zeile mein Anliegen, bei der Darlegung der buddhistischen Lehre eine möglichst reine Motivation zu entwickeln
und zu wahren. Dementsprechend kommt es für Sie darauf an,
mit einer von Herzensgüte getragenen Gesinnung und mit positiver Motivation an diese Unterweisungen heranzugehen.

Außerdem sollten besonders diejenigen Leserinnen und Leser, die als praktizierende Buddhisten in der Verwirklichung
vollkommener Erleuchtung ihr letztendliches Ziel sehen,
noch auf etwas anderes Acht geben: Trachten Sie stets danach,
ein guter Mensch voller Herzenswärme zu werden. Lassen Sie
sich von diesem Vorsatz leiten, dann wird die mit der Lektüre
des Buches verbundene Mühe sich gewiss lohnen und dazu
beitragen, dass Sie Verdienst, positives Potenzial, ansammeln
können und so in Ihrem Umfeld eine heilsame Energie entsteht. Wenn Sie sich hinsetzen, um die Unterweisungen zu
lesen, sollten Sie zunächst einmal zu den Drei Kostbarkeiten
– den Drei Juwelen – Zuflucht nehmen und die altruistische
Geisteshaltung erneuern: das Bestreben, allen Wesen zuliebe
vollkommene Erleuchtung zu verwirklichen. Erst die Zufluchtnahme bei den Drei Kostbarkeiten macht Ihre spirituelle Praxis zu einer buddhistischen Praxis. Und erst durch das

altruistische Bestreben, zum Wohl aller empfindenden Wesen Erleuchtung zu verwirklichen, werden Ihre Handlungen zur Aktivität eines Mahayana-Buddhisten.

Sicherlich werden manche Leserinnen und Leser zwar keine Mahayana-Buddhisten, jedoch ernsthaft an der buddhistischen Lehre interessiert sein. Weil sie einen anderen religiösen Hintergrund haben, einen christlichen zum Beispiel, wird dieses Interesse vielfach vor allem bestimmten buddhistischen Techniken und Methoden zur Umwandlung des Geistes gelten. Aber auch Sie, diejenigen Leserinnen und Leser, die keine praktizierenden Buddhisten sind, können Herzenswärme und eine positive Motivation entwickeln, wenn Sie mit der Lektüre der Unterweisungen beginnen. Und sollten Sie dann bestimmte Techniken und Methoden entdecken, die Sie übernehmen und Ihrem spirituellen Leben anverwandeln möchten, so dürfen Sie von diesen gerne Gebrauch machen. Falls Sie hingegen keine Methoden finden, die Ihnen weiterhelfen, können Sie das Buch selbstverständlich beiseitelegen.

Ich bin bloß ein einfacher buddhistischer Mönch, der den Lehren des Buddha große Bewunderung und Verehrung entgegenbringt; insbesondere denjenigen, die sich auf das Mitgefühl und die Einsicht in die eigentliche Natur der Wirklichkeit beziehen. Daher maße ich mir nicht an zu glauben, ich sei in der Lage, die unerschöpflichen spirituellen Lehren des Buddha in ihrer ganzen Fülle darzulegen. Zumindest jedoch bemühe ich mich nach besten Kräften, der mir historisch zugefallenen Verantwortung zu entsprechen, indem ich den Menschen in möglichst großer Zahl die buddhistischen Lehren, so wie ich sie verstehe, zugänglich mache.

Bei vielen, die diese Unterweisungen lesen, wird wie gesagt die Suche nach Methoden zur Umwandlung des eigenen Geistes ein vorrangiges Anliegen sein. Auf Seiten des Lehrers dagegen sollte tunlichst vorausgesetzt werden dürfen, dass er beziehungsweise sie über die zur Debatte stehenden Themen umfassend Bescheid weiß. Eine derart vollständige und umfassende Kenntnis derjenigen Sachverhalte, von denen hier die Rede sein wird, kann ich für mich allerdings nicht in Anspruch nehmen.

Immerhin hat der Text, mit dem wir uns beschäftigen wollen, vor allem die Lehre von der Leerheit zum Gegenstand. Und für die Leerheitsphilosophie hege ich allergrößte Bewunderung. Daher bin ich bei jeder sich bietenden Gelegenheit bestrebt, über sie nachzusinnen, so viel ich nur kann. Wenn ich von meiner geringen Eigenerfahrung ausgehe – ein wenig persönliche Erfahrung kann ich durchaus geltend machen –, habe ich den Eindruck, dass dies eine lebendige Philosophie ist, die der Wirklichkeit gerecht wird, und dass darüber hinaus ein Verständnis von Leerheit Wirkung zeigt. Außerdem spüre ich, dass mich mit der Vorstellung von Leerheit ein emotionales Band verbindet. Weiter gehende Qualifikationen, die mich befähigen, diesen Text zu lehren, kann ich nicht für mich in Anspruch nehmen.

Kritisches Verständnis und Vertrauen

Gleichgültig, ob Sie ein starkes Interesse am Buddhismus entwickelt und sich auf den spirituellen Weg begeben haben, um die unerschöpflich reichen Lehren des Buddha kennen zu lernen, oder ob Sie ganz am Anfang stehen – auf jeden Fall kommt es darauf an, dass Sie sich nicht einfach von blindem Vertrauen leiten lassen und auf dieser Basis alles Mögliche akzeptieren. Andernfalls würden Sie Gefahr laufen, Ihre Fähigkeit zu kritischem Denken einzubüßen. Es gilt nämlich gerade, mittels Ihres – aus kritischem Nachdenken erwachsenen – eigenen

Verständnisses Einsicht zu gewinnen in den Gegenstand Ihres Vertrauens oder Ihrer Verehrung.

Sollte dieses kritische Nachdenken Sie schließlich zu einer fundierten Überzeugung führen, dann kann Ihr Vertrauen sich entfalten. Einer inneren Gewissheit und einem Vertrauen, die auf dem Fundament rationaler Überlegung entstanden sind, wird es an Stärke und Verlässlichkeit nicht fehlen. Falls Sie dagegen von Ihren intellektuellen Fähigkeiten keinen Gebrauch machen, wird das Vertrauen in die Lehren des Buddha sich lediglich in einem mit Verstandesmitteln nicht hinterfragten und daher auf keinem persönlichen Verständnis beruhenden »blinden« Glauben erschöpfen.

Zur Vertiefung des persönlichen Verständnisses sollte man sich eingehend mit den Lehren des Buddha befassen. Bei Meister Nagarjuna, der im 2. Jahrhundert unserer Zeitrechnung in Indien gelebt hat, heißt es, dass Vertrauen *und* Verstand die beiden für unsere spirituelle Entwicklung ausschlaggebenden Faktoren sind, wobei dem Vertrauen die grundlegende Bedeutung zukommt. Damit aber unser Vertrauen, darauf weist Nagarjuna ebenfalls in aller Deutlichkeit hin, kraftvoll genug ist, um uns in unserer spirituellen Entwicklung voranbringen zu können, bedürfen wir der Verstandeskraft – jener Fähigkeit, die uns in die Lage versetzt, den richtigen Weg zu erkennen und zu tiefen Einsichten zu gelangen.

Ebenso wenig sollte Ihr Verständnis jedoch allein auf die Ebene eines verstandesmäßigen Wissens beschränkt bleiben. Vielmehr sollte es in Herz *und* Verstand Eingang gefunden haben und sich infolgedessen unmittelbar auf Ihr Verhalten auswirken. Andernfalls wäre die Beschäftigung mit den Lehren des Buddha nichts weiter als ein intellektueller Zeitvertreib ohne jede Konsequenz für Ihre Einstellungen, Ihr Verhalten, Ihre Lebensführung.

Der Wurzeltext

Solche Wurzeltexte wie die Sutras und die Tantras gelten im tibetischen Buddhismus als ureigenes Wort des Buddha. Darüber hinaus gibt es den Tengyur, die umfangreiche Sammlung von Abhandlungen aus der Feder maßgebender indischer Gelehrter. Ferner haben viele große Meister aus allen vier Überlieferungslinien des tibetischen Buddhismus Tausende von Kommentarwerken niedergeschrieben. Der Wurzeltext, auf den wir für diese Unterweisung zurückgreifen, trägt den Titel »Weisheit« und ist das neunte Kapitel der im Indien des 8. Jahrhunderts von dem bewundernswerten Meister Shantideva verfassten Schrift *Bodhicharyavatara*.

Die mündliche Übertragung dieses Textes habe ich von dem verstorbenen Khunu Rinpoche Tenzin Gyältsen erhalten, einem bemerkenswerten Meditierenden und bedeutenden buddhistischen Lehrer. Er selbst hat auf der Grundlage von Shantidevas Text den altruistischen Erleuchtungsgeist hervorgebracht. Diese spirituelle Praxis bildete einen Schwerpunkt seiner Aktivität. Khunu Rinpoche seinerseits verdankte die Übertragung des Textes dem berühmten Dsa Pältrül Rinpoche.

Bei meinen Erläuterungen zu Shantidevas Text werde ich auf zwei wichtige Kommentare Bezug nehmen: den in der Terminologie der Nyingma, der »Linie der alten Übersetzung«, gehaltenen Kommentar von Khenpo Künpäl; ferner denjenigen von Minyak Künsö, der zwar Schüler von Pältrül Rinpoche war, dessen ungeachtet jedoch der Gelug-Linie angehört und sich daher der Gelugpa-Terminologie bedient hat. Wenn ich den Wurzeltext erläutere, werde ich an den entsprechenden Stellen zugleich darauf hinweisen, inwiefern diese beiden außergewöhnlichen Shantideva-Kenner in ihrer Auslegung des neunten Kapitels voneinander abweichen. Sehen wir mal, wo uns das hinführt.

2 Der buddhistische Kontext

Historischer Hintergrund

Der mitfühlende und mit außerordentlichen Fähigkeiten ausgestattete Weisheitslehrer Buddha Shakyamuni lebte vor mehr als 2500 Jahren in Indien. Unter Berücksichtigung der unterschiedlichen Neigungen, Interessen und geistigen Besonderheiten der empfindenden Wesen, mit denen er in Berührung kam, hat er verschiedene Techniken und Methoden zur Umwandlung des Geistes gelehrt.

Daraus erwuchs eine kostbare spirituelle und philosophische Überlieferung. In Indien erlebte diese Überlieferung dank großer Meister wie Nagarjuna und Asanga, die sie in ununterbrochener Linie fortführten, eine Weiterentwicklung. Nachdem sie dort zur vollen Entfaltung gelangt war, fand sie schließlich ihren Weg in zahlreiche andere Länder Asiens.

In Tibet begann die Blütezeit des Buddhismus im 7. und 8. Jahrhundert. Zahlreiche Persönlichkeiten wie zum Beispiel der indische Abt Shantarakshita, der herausragende spirituelle Lehrer Padmasambhava und der damalige tibetische König Trisong Detsen hatten teil an diesem historischen Prozess. Von jener Zeit an vollzog sich die Entwicklung des Buddhismus in Tibet erstaunlich schnell. Wie in Indien trug auch in Tibet die ununterbrochene Linienfolge bedeutender Meister sehr viel dazu bei, dass die Lehren des Buddha im ganzen Land Verbreitung fanden. Aufgrund der geographischen Gegebenheiten Tibets entstanden im Lauf der Zeit vier große Überlieferungslinien, die sich nach und nach in ihrer Wahl der Begriffe ein wenig unterschieden, bestimmte Aspekte der buddhistischen Meditationspraxis etwas anders gewichteten und zu leicht voneinander abweichenden Auffassungen kamen.

Zunächst entstand die Nyingma-Linie, »die Linie der alten Übersetzung«. Ihre Anfänge reichen bis zu Padmasambhava zurück. Später, zu Lebzeiten des großen Übersetzers Rinchen Sangpo, begannen sich die drei anderen Überlieferungslinien zu entwickeln: die Kagyü-, die Sakya- und schließlich die Gelug-Linie. Zusammenfassend werden diese drei als »die Linien der neuen Übersetzung« bezeichnet. Alle vier Überlieferungslinien – dies macht eine ihrer Gemeinsamkeiten aus – repräsentieren den Buddhismus in einer vollständigen Form. Denn jede von ihnen beinhaltet nicht nur die Essenz des Hinayana-Buddhismus, sondern ebenso die des Mahayana- und des Vajrayana-Buddhismus.

Der buddhistische Weg

Für alle diejenigen, die weder Buddhisten noch mit den buddhistischen Lehren vertraut sind, dürfte es hilfreich sein, wenn ich zunächst einmal einen allgemeinen Überblick über den buddhistischen Weg gebe.

Als Menschen, die mit Empfindungen und Bewusstsein begabt sind, wollen wir, jeder von uns, von Natur aus glücklich sein und jegliches Leid hinter uns lassen. Nicht nur wohnt uns vom ersten Atemzug an dieser Drang inne, wir haben auch ein Anrecht auf die Verwirklichung dieses elementaren Ziels. Unabhängig davon, inwieweit uns das gelingt, sind unsere Lebensaktivitäten in der einen oder anderen Weise darauf ausgerichtet, dieses Urbedürfnis zu stillen. Das trifft für uns alle zu, die wir spirituelle Befreiung erreichen wollen – mag diese Nirvana oder Erlösung genannt werden, mögen wir an Wiedergeburt glauben oder nicht. Dabei besteht offenbar zwischen unseren Erfahrungen von Schmerz und Wohlbefinden, Freude und Traurigkeit einerseits und den eigenen Einstellungen, Gedanken und Emotionen andererseits eine enge Verbindung. All diese Phänomene, so können wir sagen, rühren vom Geist her. Deshalb verwundert es nicht, dass spirituelle Wege, die zu einer Umwandlung von Herz und Geist führen, weltweit in den Lehren aller großen religiösen Überlieferungen eine bedeutende Rolle spielen.

Eines unterscheidet allerdings die buddhistische von den anderen Lehren: Im Buddhismus geht der gesamte spirituelle Weg von der Prämisse aus, dass unsere Wahrnehmung der Wirklichkeit mit der tatsächlichen Beschaffenheit der Dinge von Grund auf unvereinbar ist. Aus dieser Diskrepanz, die den innersten Kern unseres Daseins betrifft, ergeben sich in der Folge alle möglichen seelischen Wirrungen, emotionalen Nöte, Enttäuschungen und Frustrationen – mit einem Wort: Leid. Im Alltag erleben wir immer wieder Situationen, in denen wir uns getäuscht fühlen, enttäuscht sind, und dergleichen mehr.

Was aber können wir in Hinblick auf derartige Situationen tun? Wir können unser Einsichtsvermögen ganz bewusst weiterentwickeln, dadurch lernen, die Dinge in einer umfassenderen Perspektive zu sehen, und uns mit der Welt eingehender vertraut machen. Das ist eine der wirkungsvollsten Vorkehrungen. So versetzen wir uns, wie wir feststellen werden, in die Lage, mit unliebsamen Umständen besser umzugehen. Dadurch ersparen wir uns einen Zustand unablässig sich fortsetzender Frustration und Enttäuschung.

Auf der spirituellen Ebene kommt es ebenfalls ganz entscheidend darauf an, dass wir uns eine umfassendere Betrachtungsweise zu eigen machen und eine möglichst unverfälschte Einsicht in die eigentliche Natur der Wirklichkeit gewinnen. Nur so können wir unsere grundlegende Unwissenheit und deren Auswirkung, ein fundamentales, all unsere Wahrnehmungen der Welt und der eigenen Existenz durchziehendes Verkennen und Missverstehen der Wirklichkeit, überwinden.

Daher finden wir in zahlreichen buddhistischen Schriften Überlegungen zu einer Grundstruktur der Wirklichkeit im Sinn von zwei Wahrheiten. Auch die Erläuterungen zu den unterschiedlichen spirituellen Wegen und zu den verschiedenen Verwirklichungsstufen, über die ein Bodhisattva zur Erleuchtung gelangt, beruhen auf diesem Wirklichkeitsverständnis. Ausgehend von unverfälschter Einsicht können wir all diese Verwirklichungsstufen selbst erreichen.

Im Buddhismus kommt es also, wenn wir uns auf den spirituellen Weg zur Erleuchtung begeben, entscheidend darauf an, unverfälschte Einsicht in die eigentliche Natur der Wirklichkeit zu entwickeln. Nur wenn wir auf diesem Fundament aufbauen, haben wir die Möglichkeit, eine höhere spirituelle Verwirklichung zu erlangen. Ansonsten kann unsere spirituelle Suche zum schieren Trugbild werden, das in Wahrheit jeder Grundlage entbehrt.

Kausalität und die vier edlen Wahrheiten

Als der Buddha nach seinem vollständigen Erwachen zum ersten Mal öffentlich lehrte, nahm er dabei auf die vier edlen Wahrheiten Bezug: auf die Wahrheit vom Leid, die Wahrheit vom Ursprung des Leids, die Wahrheit vom Aufhören des Leids und die Wahrheit von dem Weg, der zu diesem Aufhören hinführt.

Was macht im Kern die Lehre von den vier edlen Wahrheiten aus? – Das Kausalitätsprinzip. Wenn man sich dessen bewusst ist, kann man die vier edlen Wahrheiten paarweise unterteilen. So erhält man zwei jeweils auf eine Ursache und eine Wirkung bezogene Paare. Beim ersten Paar geht es um das, was wir uns nicht wünschen, um unsere Erfahrung des Leids. Beim zweiten Paar von Ursache und Wirkung geht es um unser Glück und unsere heitere Gelassenheit. Mit anderen Worten: Die erste Wahrheit, die Wahrheit vom Leid, bezeichnet die Wirkung der zweiten Wahrheit – ihrer Ursache. Entsprechend beschreibt die dritte, die Wahrheit vom Aufhören, welches im Zustand der Befreiung beziehungsweise des Freiseins von Leid besteht, das Ergebnis der vierten Wahrheit, der Wahrheit vom Weg zu jenem Zustand der Freiheit. Die Beendigung des Leids, das Ziel jedes spirituell ausgerichteten Menschen, ist gleichbedeutend mit echter Freiheit, wahrem Glück. Diese Lehren zeugen von einem tiefgründigen Wirklichkeitsverständnis.

Drei Arten von Leid

Bei der Wahrheit vom Leid geht es aber nicht nur um solch offenkundig leidvolle Erfahrungen wie zum Beispiel Empfindungen von Schmerz. Tiere können ebenso gut wie wir erkennen, dass es sich dabei um eine unliebsame Erfahrung handelt. Auf einer weiteren Ebene des Leids, dem so genannten *Leid der Veränderung*, geht es demgegenüber um Phänomene, bei denen wir gewöhnlich eher von angenehmen Empfindungen sprechen. Vor dem Hintergrund unserer tagtäglichen Erfahrungen, die uns unentwegt die Vergänglichkeit solcher angenehmen Empfindungen vor Augen führen – da sie ihrer Natur nach so beschaffen sind, dass in ihnen die Erfahrung von Ungenügen und

Unzufriedenheit unweigerlich immer schon mit angelegt ist –, werden wir jedoch auch dieser Ebene des Leids gewahr.

Weitaus schwerer fällt es uns schon, die dritte Ebene des Leids, das so genannte *alles durchdringende Leid des konditionierten Daseins*, als Leid zu erkennen. Das erfordert gründlicheres Nachdenken: Unser Geist ist mit vorgefassten Meinungen, Gedanken, Vorurteilen, Befürchtungen und Hoffnungen aller Art befrachtet. Die aus den damit verbundenen gedanklichen und emotionalen Prozessen sich ergebenden Geisteszustände veranlassen uns zu allerlei Handlungen, die oft destruktiv sind, den Geist weiter verwirren und das emotionale Leid vergrößern. All die Gedanken und Emotionen, die uns innerlich aufwühlen und den Geist trüben, stehen auf diese Weise in Verbindung zu bestimmten geistigen, sprachlichen oder physischen Handlungen.

Manche Handlungen werden allerdings nicht eigens von negativen oder positiven Geisteszuständen motiviert, ergeben sich vielmehr aus einer gewissen Indifferenz, einem neutralen Geisteszustand. Solche Handlungen haben normalerweise keine besonders große Kraft und vergleichsweise geringe Auswirkungen. Im Unterschied dazu hinterlassen Handlungen, die von einer starken – positiven oder negativen – Motivation beziehungsweise Emotion bestimmt sind, eine deutliche Prägung in unserem Geist wie auch in unserem Verhalten. Vor allem eine negative Motivation trägt, auf der geistigen wie auf der körperlichen Ebene, zu einer besonders nachhaltigen Prägung bei.

Ausgehend von unserer täglichen Erfahrung können wir demnach auf einen Kausalzusammenhang zwischen unseren Gedanken beziehungsweise Emotionen und ihrer Manifestation in unserem äußeren Verhalten schließen. Dieser Prozess – Gedanken und Emotionen führen zu negativem Verhalten, und dieses schafft seinerseits die Voraussetzungen für weitere Gedanken und Emotionen, die uns aufwühlen und den Geist trüben – ist ein Kreislauf, der sich ad infinitum fortsetzt, ohne dass es dazu von unserer Seite aus einer speziellen Anstrengung bedarf.

Genau darauf bezieht sich die dritte Ebene des Leids: Unser Dasein ist so beschaffen, dass wir zutiefst in einen Kreislauf des Ungenügens und der Unzufriedenheit verstrickt sind. Wenn im Buddhismus von der Möglichkeit gesprochen wird, das Leid könne ein Ende nehmen, dann geht es um das Freisein von dieser dritten Ebene des Leids.

Zur Freiheit fähig

An dieser Stelle könnte man fragen: »Wird es uns denn jemals möglich sein, an dieser Beschaffenheit unseres Daseins, das offenbar auf negativ belasteten körperlichen und geistigen Komponenten basiert, etwas zu verändern? Kann es überhaupt eine nicht in dieses konditionierte Dasein verstrickte Existenz geben?« Wir verfügen, darauf verweist uns der Buddhismus in der Diskussion über das Aufhören des Leids, sehr wohl über die Möglichkeit, frei zu sein. Und damit ist die restlose Auflösung aller negativen Aspekte unserer Psyche gemeint, die Möglichkeit des vollständigen Freiseins von jeglichem Leid – ein Punkt, der auf Seiten eines Praktizierenden gründliches Nachdenken verlangt.

Bereits beim ersten Drehen des Dharma-Rades sprach der Buddha vom Aufhören des Leids. Doch erst in den Mahayana-Belehrungen, beim zweiten und dritten Drehen des Dharma-Rades, hat er umfassend erläutert, worin dieses Aufhören und die Befreiung bestehen. Beim zweiten Drehen des Dharma-Rades legte der Buddha dar, dass die essenzielle Natur des

Geistes makellos ist. Die entsprechenden Belehrungen sind hauptsächlich in den Schriften von der Vollkommenheit der Weisheit (*prajnaparamita*) enthalten. Aus dieser Perspektive betrachtet, handelt es sich bei all den Gedanken und Emotionen, die uns zu schaffen machen, um etwas Vorübergehendes. Das heißt: Keineswegs sind sie ein unabdingbarer Bestandteil der essenziellen Geistesnatur, und darum können wir uns von ihnen freimachen.

Als praktizierende Buddhisten sollten wir über die folgenden Fragen kritisch nachdenken: »Stehen jene getrübten Geisteszustände, die uns zu schaffen machen – insbesondere die ihnen zugrunde liegende Fehlwahrnehmung und Unwissenheit, die uns an einer eigenständigen Existenz der Phänomene festhalten lässt – in Einklang mit der Realität, entsprechen sie deren tatsächlicher Beschaffenheit? Oder handelt es sich bei unseren Kümmernissen um Geisteszustände, die gar nicht für sich in Anspruch nehmen dürfen, auf einer gültigen, die Realität verlässlich widerspiegelnden Erfahrung zu beruhen?«

Zunächst einmal, das wird solch eine Reflexion deutlich machen, muss ganz allgemein untersucht werden, ob die Phänomene tatsächlich, wie es zumeist den Anschein hat, über eine ihnen selbst innewohnende, eigenständige Realität verfügen. Existiert jeder einzelne Mensch, jedes Ding und jedes Geschehnis isoliert, von sich aus?

Diese Thematik – die Frage, ob sämtlichen Phänomenen eine Eigenexistenz zukommt oder nicht – wird in den Schriften von der Vollkommenheit der Weisheit ausführlich erörtert. Wir mögen, heißt es dort, uns selbst wie auch andere Phänomene durchaus in der Weise wahrnehmen und erleben, als sei solch eine unabhängige Existenz vorhanden. Bei eingehenderer Analyse stellen wir jedoch fest, dass unsere Wahrnehmung, der zufolge die Phänomene über eine konkrete und unabhängige Existenz verfügen, ein verfälschtes Abbild der Wirklichkeit entwirft und daher unzutreffend ist. Wir finden heraus, dass es sich bei dieser Wahrnehmung in Wahrheit um eine Fehlwahrnehmung handelt, die jeder Realitätsgrundlage entbehrt.

Anders ausgedrückt: All den aus derartigen Fehlwahrnehmungen resultierenden Geisteszuständen, zum Beispiel den störenden Emotionen – Wut, Hass, Begierde, Eifersucht und dergleichen –, mangelt es ebenfalls an einem verlässlichen Wirklichkeitsbezug. Bedingt durch die eigentliche Wurzel des Problems, die grundlegende Unwissenheit, die uns alle Dinge und Geschehnisse so wahrnehmen lässt, als seien sie von sich aus wirklich, entwickeln wir eine in die Irre geleitete und entsprechend verfälschte Vorstellung von der Wirklichkeit. Eine derartige Fehleinschätzung lässt sich indes korrigieren, und zwar mit Hilfe von Einsicht.

Das bedeutet zugleich, dass wir die Möglichkeit haben, den durch solche Unwissenheit bedingten Kreislauf des unerleuchteten Daseins vollständig aufhören zu lassen. Die Auswirkungen der Unwissenheit – die befleckten Komponenten von Geist und Körper, die uns an dieses unerleuchtete Dasein fesseln – können ebenfalls beseitigt werden. Der Zustand, in dem wir vollkommen frei sind von all den Verstrickungen, die sich aus dieser von Grund auf verfälschten Realitätswahrnehmung ergeben, wird Nirvana genannt, wirkliche Freiheit.

In diesem Sinn hat der Buddha die Lehren zu den vier edlen Wahrheiten dargelegt. Genauer untersucht und weiter gehend entfaltet hat der Buddha die Thematik der vier edlen Wahrheiten dann in seinen Belehrungen über die zwölf Glieder des bedingten oder abhängigen Entstehens.

Das bedingte Entstehen

Im »Sutra vom abhängigen Entstehen« sagt der Buddha:

> Wenn dieses da ist, hat das jenes zur Folge;
> Weil dieses entstanden ist, entsteht jenes.
> So ist es: Unwissenheit lässt Willensimpulse auf-
> kommen, die zum Handeln veranlassen ...[7]

Mit anderen Worten: Damit ein bestimmtes Geschehnis eintritt oder eine bestimmte Erfahrung sich einstellt, bedarf es
einer Ursache. Genauer gesagt, bedarf es dazu einer *existierenden* Ursache, was bedeutet, dass die Ursache ihrerseits zugleich
als Auswirkung aus einer weiteren Ursache hervorgegangen ist.
Andernfalls könnte sie unmöglich zu Resultaten führen. Dieses Potenzial würde ihr dann nicht innewohnen. Die Ursache
muss also selbst die Wirkung einer anderen Ursache sein.

Darum hat der Buddha gesagt: Weil diese Ursache zustande
kommt, wird jene Wirkung hervorgerufen. Aber nicht nur
muss die Ursache ihrerseits eine Ursache haben, sondern diese
muss außerdem ihrer Wirkung entsprechen. Denn es verhält
sich ja keineswegs so, dass etwas x-Beliebiges alles Erdenkliche
zu bewirken vermöchte. Vielmehr können nur bestimmte Ursachen zu bestimmten Arten von Wirkung führen.

Das Vorhandensein von grundlegender Unwissenheit,
hat der Buddha anschließend erklärt, führt zu *karma*, zum Handeln. Bei allem Leid, bei all unseren unliebsamen Erfahrungen
wie Schmerz, Angst, Tod und dergleichen haben wir es stets mit
Wirkungen zu tun, die durch entsprechende Ursachen hervorgerufen werden. Um diesem Leid ein Ende zu setzen, müssen
wir daher sicherstellen, dass die Verkettung von Ursachen und
Wirkungen – den Bedingungen des Leids – unterbrochen und
beendet wird.

Bei den zwölf Gliedern des bedingten Entstehens, so hat der Buddha dargelegt, bringen diejenigen Glieder, die am Anfang der Kausalkette stehen, die nachfolgenden Glieder hervor. Ferner hat er uns darauf hingewiesen, dass wir in Bezug auf die zwölf Glieder des bedingten Entstehens den Entstehungsprozess umkehren können. Anders ausgedrückt: Indem wir dafür sorgen, dass die vorausgehenden Glieder nicht länger fortbestehen, können wir den später folgenden Elementen ihre Daseinsgrundlage entziehen. Durchtrennen wir also, indem wir unsere fundamentale Unwissenheit überwinden, das Kausalgeflecht an der Wurzel, werden wir schließlich die Erfahrung machen, dass wir vollkommen frei sind von jeglichem Leid und seiner eigentlichen Ursache.

Unwissenheit rangiert unter den zwölf Gliedern des bedingten Entstehens an erster Stelle; sie ist die erste Ursache. Das bringt nach meinem Dafürhalten die Grundwahrheit zum Ausdruck, dass wir alle von Natur aus den Wunsch hegen, glücklich zu sein und Leid zu vermeiden. Niemand muss uns beibringen, diesen Wunsch zu haben. Denn vom Augenblick der Geburt an möchten wir glücklich sein und nicht leiden. Doch obgleich uns also dieser Drang, nach Glück zu streben und das Leid zu überwinden, von Natur aus innewohnt, erfahren wir kein dauerhaftes Glück. Im Gegenteil: Immer wieder verstricken wir uns in leidvolle Erfahrungen. Eigentlich ist uns überhaupt nicht klar, welche Mittel geeignet sind, unser elementares Verlangen nach Glück zu stillen. Und so zeigt sich, dass die aus den Lehren von den zwölf Gliedern des bedingten Entstehens gewonnene Einsicht, der zufolge Unwissenheit die Wurzel, die eigentliche Ursache unseres Leids ist, in der Tat den Kern des Problems trifft.

Sicher, was die Frage nach der Beschaffenheit dieser grundlegenden Unwissenheit anbelangt, kommen buddhistische

Denker wie zum Beispiel Asanga und Dharmakirti zu unterschiedlichen Auffassungen. Überwiegend stellt man sich diese Unwissenheit im Buddhismus jedoch nicht als einen Zustand bloßen Nichtwissens vor, sondern eher als ein aktives Missverstehen: Zwar meinen wir, Bescheid zu wissen; in Wahrheit tun wir dies aber keineswegs. Wir haben ein verfälschtes Wirklichkeitsverständnis, das uns die Dinge und Geschehnisse so erfahren lässt, als verfüge jedes von ihnen über Eigenexistenz.

Einsicht

Während der Begriff »Unwissenheit«, in einem allgemeinen Sinn gebraucht, sich ebenso gut auf negative wie auf neutrale Geisteszustände beziehen kann, bezeichnet »grundlegende Unwissenheit« die wirkliche Ursache für unser Gefangensein im Kreislauf des unerleuchteten Daseins. Und damit ist ein verfälschter, ein fehlgeleiteter Geisteszustand gemeint. Für diesen im Zustand des Irrtums befindlichen – das heißt die Natur der Wirklichkeit verkennenden – Geist besteht die Methode zur Überwindung der Unwissenheit folglich in Einsicht: Es gilt Einsicht zu gewinnen in die tatsächliche Beschaffenheit der Wirklichkeit, um die infolge der Unwissenheit entstandene Täuschung durchschauen zu können. Zu solch einer Einsicht kann man nur gelangen, indem man die Erfahrung macht, dass die aus diesem irregeleiteten Geisteszustand sich ergebende Perspektive völlig unhaltbar ist. Wenn Sie einfach nur bitten und beten: »Möge ich von dieser grundlegenden Unwissenheit befreit werden«, können Sie das angestrebte Ziel nicht erreichen. Einsicht zu entwickeln ist unerlässlich für uns.

Nur indem wir solch eine zur Natur der Wirklichkeit vordringende Einsicht entwickeln, werden wir diese fundamental falsche Wahrnehmung auflösen können. Mit dieser Weisheit oder Einsicht meine ich das, was man im buddhistischen Sprachgebrauch das Verständnis von *Leerheit*, das Verständnis des *Nicht-Selbst*, nennt. Zu der Frage, was in den buddhistischen Lehren mit den Begriffen *Leerheit*, *Nicht-Selbst*, *Selbstlosigkeit* und *Identitätslosigkeit* gemeint ist, gibt es recht unterschiedliche Auffassungen. Hier aber verwende ich diese Begriffe, um auf das Nichtvorhandensein einer eigenständigen Existenz der Phänomene hinzuweisen. Wir halten gewöhnlich an der gegenteiligen Annahme fest, der zufolge den Dingen und Geschehnissen eine Art eigenständiges oder unabhängiges Dasein zukommt. Und darin besteht die grundlegende Unwissenheit. Die tiefgründige Einsicht, die sich einstellt, sobald uns klar wird, dass es solch eine eigenständige Existenz überhaupt nicht gibt, wird als der *wahre Weg* bezeichnet.

Unwissenheit, erklärt der Buddha beim zweiten Drehen des Dharma-Rades, insbesondere in den Sutras von der Vollkommenheit der Weisheit, ist die Wurzel all unserer Verwirrung, all unserer Geistestrübungen – die Wurzel unserer negativen Gedanken und Emotionen wie auch des Leids, das sie verursachen. Ferner macht er uns darauf aufmerksam, dass unsere grundlegende Unwissenheit und die aus ihr resultierenden Geistestrübungen nicht mit der essenziellen Natur des Geistes gleichzusetzen sind. Diese Geistestrübungen haben eine völlig andere Beschaffenheit als die Natur des Geistes, die als »lichthaft und wissend« charakterisiert wird. Die essenzielle Geistesnatur ist makellos und die Fähigkeit zur Wahrnehmung von Dingen und Geschehnissen eine natürliche Funktion des Geistes. Auf diese Charakterisierung des Geistes als erkenntnisfähig und von Natur aus makellos, oder unbefleckt, wird in den Sutras von der Vollkommenheit der Weisheit besonders großer Wert gelegt. Die essenzielle Natur des Geistes, so heißt es dort, hat die Beschaffenheit des *klaren Lichts*.

Die Grundlage des Erfolgs

Nirvana, der vollkommen klare, von jeglicher Geistestrübung und allem Leid freie Zustand, ist für einen praktizierenden Buddhisten das letztendliche spirituelle Ziel. Erreichen kann man es, indem man sich in einem Schritt für Schritt vonstattengehenden Prozess der spirituellen Praxis widmet. Und das braucht Zeit. Damit wir über die wesentlichen Voraussetzungen verfügen, die wir unbedingt benötigen, um diese spirituelle Reise zurücklegen zu können, müssen wir auf diesem Weg zur Befreiung, zu Nirvana, von Anfang an sicherstellen, dass unsere Lebensführung, unser Lebensstil, voll und ganz mit unserer Dharma-Praxis in Einklang steht und zu ihrem Gelingen beiträgt.

In seinem Text »Vierhundert Strophen über den Mittleren Weg« *(Chatuhshatakashastra)* beschreibt Aryadeva eine spezielle Vorgehensweise, die uns hilft, auf dem Weg zur Erleuchtung Fortschritte zu erzielen.[8] Wir sollten, diesen Schluss legt Aryadevas Schrift nahe, den Weg unbedingt in einer systematischen Abfolge von Schritten zurücklegen. Zunächst einmal enthält man sich aller negativen Handlungen und befleißigt sich eines ethisch einwandfreien Lebenswandels, um eine vorteilhafte Wiedergeburt zu gewährleisten, die es uns auch in Zukunft gestatten wird, auf unserem spirituellen Weg weiter voranzugehen. Auf dem ersten Abschnitt des Weges, so erklärt Aryadeva, sollten wir bestrebt sein, zu vermeiden, dass die negativen Geisteszustände, die unsere Wahrnehmung der Welt und der eigenen Existenz beeinträchtigen, sich auf unser Verhalten auswirken. Denn auf diese Weise können wir uns vor einer unvorteilhaften Wiedergeburt im nächsten Leben schützen. In der zweiten Phase kommt es vor allem darauf an, Einsicht zu gewinnen in die Natur von Leerheit, Nicht-Selbst, Selbstlosigkeit. Die letzte Phase des Weges besteht darin, jedwede verfälschte Sicht der Dinge und Geschehnisse abzulegen und auch noch die subtilsten Hindernisse auf dem Weg zu vollständiger Einsicht in Leerheit zu überwinden, selbst die feinsten mentalen Schleier aufzulösen.

Das Verständnis der vier edlen Wahrheiten schafft die Voraussetzung, durch die wir in die Lage versetzt werden, die Natur der Drei Kostbarkeiten – Buddha, Dharma und Sangha – wirklich zu verstehen. Ein tiefgründiges Verständnis der vier edlen Wahrheiten wird uns zu der unerschütterlichen Einsicht verhelfen, dass wir Nirvana, wahre Befreiung, erlangen können. Haben wir begriffen, dass unsere Geistestrübungen, unsere negativen Geisteszustände, aufgelöst werden können, wird uns dies – nicht einfach nur in einem generellen Sinn, sondern konkret auf uns selbst bezogen – zu der Einsicht befähigen, dass es in der Tat möglich ist, wahre Befreiung zu verwirklichen. Diese Freiheit, dessen werden wir dann als Individuum gewahr werden, ist durch eigene Verwirklichung tatsächlich erreichbar für uns. Davon überzeugt, werden wir erkennen, dass wir die gewohnheitsmäßigen Muster, die sich infolge unserer getrübten Geisteszustände ausgeprägt haben, ebenfalls auflösen können. Auf diese Weise gelangen wir zu der Überzeugung, dass wir vollkommene Erleuchtung verwirklichen können. Und auf der Grundlage solch einer Überzeugung werden wir echte Wertschätzung für die Zufluchtnahme bei Buddha, Dharma und Sangha entwickeln können.

Unsere Zufluchtnahme bei den Drei Kostbarkeiten – die erste Verpflichtung, die wir eingehen – findet ihren Ausdruck zunächst einmal in einem Lebenswandel, der dem karmischen Gesetz von Ursache und Wirkung Rechnung trägt. Das heißt, wir führen ein ethisch diszipliniertes Leben, indem wir uns der zehn negativen Handlungen enthalten: der drei physischen Verfehlungen (Töten, Stehlen und sexuelles Fehlverhalten); der vier negativen Sprachhandlungen (Lügen, Verleumden, verletzende Worte und leeres Gerede); ferner der drei negativen Geisteshandlungen (Habgier, Böswilligkeit und falsche Anschauungen).

Der zweite Schritt besteht in der Überwindung des Festhaltens an einem Selbst, an Eigenexistenz. Zu dieser Stufe gehört die Praxis der drei höheren Übungen – ethische Disziplin, Meditation und Weisheit. In der dritten und abschließenden Phase gilt es nicht nur, unsere getrübten, negativen Geisteszustände zu überwinden; vielmehr müssen wir auch die Neigungen und Gewohnheiten überwinden, die sich unter dem Einfluss dieser auf Täuschung beruhenden Zustände ausgeprägt haben.

Diese letzte Stufe wird durch die Verbindung von Einsicht in Leerheit – die letztendliche Natur der Wirklichkeit – mit allumfassendem Mitgefühl erreicht. Damit wir an dieses Ziel gelangen können, bedarf unsere Einsicht in Leerheit der Ergänzung durch Methoden, die uns zu spiritueller Verwirklichung verhelfen. Zu diesen zählen unter anderen das altruistische Streben nach Buddhaschaft zum Wohl aller empfindenden Wesen, allumfassendes Mitgefühl und Herzensgüte. Nur wenn zu unserer Einsicht in Leerheit solche hilfreichen Mittel hinzukommen, werden wir tatsächlich eine Weisheit zu entwickeln vermögen, die kraftvoll genug ist, alle aus unseren getrübten Geistes- und Gefühlszuständen resultierenden Neigungen und Gewohnheiten aufzulösen. Dies wird dann dazu führen, dass wir den letztlich angestrebten Zustand verwirklichen können – Buddhaschaft.

Wenn unsere Einsicht in Leerheit auf der vollständigen Durchführung der vorbereitenden Übungen aufbaut, wird sie zu einem Gegenmittel, das wirkungsmächtig genug ist, um auf dem Weg zu vollkommener Erleuchtung jegliche Geistestrübung auflösen zu können. Gleich zu Beginn des neunten Kapitels erklärt Shantideva, dass der Buddha alle übrigen Aspekte der Dharma-Praxis gelehrt hat, damit wir Weisheit entwickeln können. Falls Ihnen also daran liegt, dass das Leid ein Ende nimmt, sollten Sie die Weisheit, die der Leerheit gewahr ist, unbedingt entwickeln.

MEDITATION

Meditieren Sie über die Bedeutung der vier edlen Wahrheiten, soweit wir diese bis jetzt erörtern konnten. Denken Sie vor allem über eines nach: Während die grundlegende Unwissenheit uns in einem Kreislauf des Leids gefangen hält, verschafft uns die Einsicht in die wahre Natur der Wirklichkeit die Möglichkeit, negative Gedanken und Emotionen, die unseren Geist trüben, von Grund auf zu beseitigen. Einsicht in Leerheit, darauf sollten Sie sich besinnen, kann in Verbindung mit Mitgefühl und einer altruistischen Geisteshaltung – den hilfreichen Mitteln – sogar überaus subtile Tendenzen zu negativem Handeln auflösen.

3 Die zwei Wahrheiten

Zunächst einmal möchte ich deutlich machen, auf welche inhaltliche Gliederung des Wurzeltextes von Shantideva ich bei meinen Erläuterungen zum neunten Kapitel – dem Kapitel mit dem Thema »Weisheit« – Bezug nehmen werde. Gemäß den Kommentaren von Khenpo Künpäl und Minyak Künsö gliedert sich dieses Kapitel in drei Teile mit folgenden Themenschwerpunkten:

1. Die Notwendigkeit, eine die Natur der Wirklichkeit erfassende Weisheit – Einsicht in Leerheit – zu entwickeln (Strophe 1).
2. Wie wir diese Weisheit entwickeln können; eine detaillierte Darlegung (die Strophen 2–150).
3. Die Verwirklichung von Weisheit, dem Gewahrsein von Leerheit; eine kurz gefasste Erläuterung (die Strophen 151–167).

Unverzichtbare Weisheit

Wir können uns nun die erste Strophe anschauen. An der Weisheitspraxis, so erklärt Shantideva hier unmissverständlich, führt kein Weg vorbei:

(1) Alle Zweige der Lehre
hat der Mächtige um der Weisheit willen dargelegt.
Wer den Wunsch hat, dass das Leid ein Ende
nehmen möge,
sollte darum diese Weisheit entwickeln.

Um es kurz zu machen: Die Lehren des Buddha in all ihren
Aspekten sollen die Menschen zum Zustand vollkommener Erleuchtung geleiten. Letzten Endes laufen sämtliche Unterweisungen des Buddha auf dieses Ziel hinaus.
Und seine Lehren beziehen sich daher, direkt oder indirekt, auf den Pfad der Weisheitsentwicklung. Vor diesem
Hintergrund sollten wir Shantidevas Aussage verstehen,
wonach alle Zweige der Lehre der Entwicklung von Weisheit dienen.

Gemäß jener philosophischen Richtung innerhalb der Ma-
hayana-Überlieferung, die als der »Mittlere Weg« bezeichnet
wird, ist Einsicht in Leerheit einfach unverzichtbar – auch für
die Befreiung vom Daseinskreislauf. Wiederholt weist Shantideva uns in seinem Text auf diesen Punkt hin. Indes kommt es,
wenn wir über die Befreiung vom Leid sprechen, entscheidend
darauf an, dass unser Verständnis von Leid nicht allein auf
Leid im Sinn von schmerzlichen Empfindungen beschränkt
bleibt. Die Voraussetzungen, aus denen das Leid resultiert,
zum Beispiel all die Emotionen und Gedanken, die uns innerlich aufwühlen und unseren Geist trüben, sollten in dieses Verständnis mit einbezogen sein.

Im zweiten, seinerseits in drei Abschnitte gegliederten Teil
(die Strophen 2–150) wird detailliert ausgeführt, wie wir
Einsicht in Leerheit entwickeln können. Der erste dieser Abschnitte (die Strophen 2–39) gliedert sich wiederum in drei

44

Unterabschnitte, und jeder von ihnen thematisiert bestimmte Aspekte der zwei Wahrheiten:

1. Eine Definition der zwei Wahrheiten (Strophe 2);
2. Überlegungen, wie verlässlich die Einsicht in die zwei Wahrheiten bei den unterschiedlich gearteten Menschen ist (die Strophen 3–4ab);
3. eine Auseinandersetzung mit Einwänden gegen die Position, der zufolge von zwei Wahrheiten auszugehen ist (die Strophen 4cd–39).

Definitionen

Zunächst gibt Shantideva in der zweiten Strophe eine Definition der zwei Wahrheiten:

(2) Relativ und absolut,
     so wird erklärt, dies sind die zwei Wahrheiten.
     Das Absolute liegt nicht im Bereich des
     intellektuellen Verstehens,
     denn dieses gründet selbst im Relativen.

Weil zwischen unserer Wahrnehmung der Dinge und ihrer tatsächlichen Beschaffenheit jene grundlegende Diskrepanz besteht, von der ich bereits sprach, trägt die Art und Weise, in der wir unser eigenes Dasein wie auch die uns umgebende Welt wahrnehmen, Züge einer Illusion. Wenn wir zu unverfälschter Einsicht in die letztendliche Natur der Wirklichkeit gelangen wollen, spielt also das Verständnis der *zwei Wahrheiten* – ein Ausdruck, der auf die doppelgesichtige Natur der Wirklichkeit verweist – eine wesentliche Rolle.

Auch in der nichtbuddhistischen Literatur findet der Begriff *zwei Wahrheiten* Verwendung; im alten Indien beispielsweise in den Schriften verschiedener philosophischer Schulrichtungen, die ebenfalls für Vorstellungen von geistiger Freiheit eintreten. Shantideva bezieht sich hier allerdings auf eine ganz bestimmte Lehre von den zwei Wahrheiten: auf diejenige nämlich, die in den Schriften der aus Indien kommenden buddhistischen Lehre vom Mittleren Weg (Madhyamaka) dargelegt wird; und dort besonders in der als Prasangika-Madhyamaka bekannten Richtung.

Für die Unterteilung in zwei Wahrheiten bieten die buddhistischen Denker der Vergangenheit unterschiedliche Erklärungen. Manche von ihnen nehmen an, Ausgangspunkt für diese Unterscheidung sei unsere konventionelle Wahrnehmung der Welt. Andere, Butön Rinpoche zum Beispiel, vertreten die Auffassung, der Unterteilung liege die eine ungeteilte Wahrheit zugrunde. Die Anhänger dieser Position betrachten daher die zwei Wahrheiten als zwei Aspekte der alles umfassenden Wahrheit. Eine dritte Gruppe von Gelehrten sieht die Grundlage in den erkennbaren Objekten; und an diesen unterscheiden sie dann zwei Aspekte, eben die konventionelle und die letztendliche Wahrheit. Dieser dritte Ansatz stützt sich auf besonders respektierte und in hohem Maß allgemeine Zustimmung findende indische Quellen, etwa Shantidevas »Sammlung von Regeln« *(Shikshasamuchaya)*. In diesem Text hebt der Autor ausdrücklich hervor, die erkennbaren Objekte seien die Grundlage für die Unterscheidung zwischen den zwei Wahrheiten.

Die zwei Wahrheiten, so heißt es in Minyak Künsös Kommentar, führen uns zwei unterschiedliche Blickwinkel vor Augen. Von unserer Alltagserfahrung aus gesehen, ist die Welt konventionell und relativ. Betrachtet man die Wirklichkeit dagegen in Hinblick auf die letztendliche Seinsweise der Dinge, kommt ihre Leerheit zum Vorschein. In dieser besteht ihre letztendliche – oder absolute – Wahrheit. Die zwei Wahrheiten entsprechen also zwei verschiedenen Perspektiven auf ein und dieselbe Welt.

In seinem Buch »Eintritt in den Mittleren Weg« *(Madhyamakavatara)* erklärt Chandrakirti, dass alle Dinge und Geschehnisse von zweifacher Natur sind beziehungsweise zwei Aspekte aufweisen. Den konventionellen oder relativen Aspekt kennen wir aufgrund unserer Erfahrung der Erscheinungswelt, wohingegen die letztendliche Natur der Dinge durch die letztendliche Sicht erkennbar wird. Auch hier zeigt sich, dass die zwei Wahrheiten im Sinn zweier unterschiedlicher Perspektiven definiert werden: einerseits aus dem Blickwinkel unserer gewöhnlichen Alltagserfahrung, andererseits aus der Perspektive wahrhafter Einsicht in die letztendliche Natur der Wirklichkeit.

Untersuchen wir also die reale Beschaffenheit der Dinge und Geschehnisse – etwa die Beschaffenheit von Alltagsgegenständen wie zum Beispiel Tischen, Stühlen, Vasen und Blumen –, bleibt der so ersichtliche Wirklichkeitsgehalt auf die relative Wahrheit bezogen. Und solange wir uns damit begnügen, bewegen wir uns auf der Ebene unserer Erfahrungen im Bereich der Phänomene und einer im konventionellen Sinn gültigen Wahrheit. Sobald wir uns hingegen mit dem durch diesen konventionellen Rahmen abgesteckten Geltungsbereich nicht mehr begnügen, sondern bestrebt sind, über seine Grenzen hinauszugelangen, begeben wir uns auf die Suche nach dem eigentlichen, dem wahren Kern der Dinge, nach ihrer innersten Identität. Doch führt die daraufhin erfolgende Analyse zu dem Resultat, dass wir in Wahrheit keine Dinge und Geschehnisse finden können.

Wenn wir uns in dieser Weise bemühen, der Wirklichkeit auf den Grund zu gehen, treten wir zur Welt, zu den Dingen und Geschehnissen, auf der letztendlichen Daseinsebene in Beziehung: Wir werden gewahr, dass all diese Phänomene vollkommen leer sind. Das ist ihre Leerheit von unabhängiger Existenz. Den Dingen und Geschehnissen wohnt keinerlei eigenständige Identität und Existenz inne. Das klarste Verständnis der zwei Wahrheiten, so erkennen wir an diesem Punkt, ist dasjenige im Sinn zweier unterschiedlicher Perspektiven auf die Dinge und Geschehnisse, die diese Welt ausmachen.

Künpäls Kommentar spiegelt die Sicht der Nyingma-Linie wider. Ein charakteristisches Merkmal ihrer Methode wird auch in Miphams (1846–1912) Kommentar zu Shantarakshitas »Schmuck des Mittleren Weges« *(Madhyamakalamkara)* deutlich erkennbar. Vom Nyingma-Verständnis der zwei Wahrheiten ausgehend, unterscheidet er zwischen den beiden Madhyamaka-Schulrichtungen: zwischen Prasangika-Madhyamaka und Svatantrika-Madhyamaka. Beide Schulrichtungen des Mittleren Weges, so erklärt er, vertreten aber gleichermaßen die Auffassung, dass die letztendliche Wahrheit außer Reichweite des Verstandes liegt und dementsprechend nicht als Gegenstand intellektueller Erkenntnis zu betrachten ist. Mipham zufolge gehört jegliches Objekt rationaler Erkenntnis notwendigerweise der relativen beziehungsweise konventionellen Sphäre an.

Die Wirklichkeit und das intellektuelle Verstehen

Zu der Zeile »Das Absolute liegt nicht im Bereich des intellektuellen Verstehens« finden wir bei den tibetischen Kommentatoren zwei voneinander abweichende Lesarten. Die eine besagt, dass die absolute oder letztendliche Wahrheit aus zwei verschiedenen Blickwinkeln erfasst werden kann. Gleichwohl übersteigt gemäß dieser Auffassung – Khenpo Künpäls Interpretation – die eigentliche letztendliche Wahrheit das Erkenntnisvermögen eines gewöhnlichen Wesens.

Zu einem anderen Verständnis dieser höchst bedeutsamen Zeile kommen wir anhand von Tsongkhapas Schriften.[9] Aus seiner Sicht kann die letztendliche Wahrheit *nicht* Gegenstand eines dualistisch beschaffenen Verstandes sein. Denn dessen Erkenntnisobjekte liegen im Bereich des Relativen und Konventionellen. Vielmehr ist die letztendliche Wahrheit Gegenstand einer unmittelbaren, von allen dualistischen Gedankenschöpfungen und Konzepten freien Wahrnehmung beziehungsweise Erfahrung. Auch nach Tsongkhapa werden demnach die zwei Wahrheiten aufgrund zweier unterschiedlicher Perspektiven definiert.

Halten wir uns an Tsongkhapas Auffassung, so können wir der zweiten Strophe des neunten Kapitels die Definition der zwei Wahrheiten entnehmen: Zu einer Definition der letztendlichen Wahrheit verhilft uns sein Hinweis, diese bleibe dem Intellekt unzugänglich. Nun verstehen wir Shantideva also dahin gehend, dass er die letztendliche Wahrheit als denjenigen Wirklichkeitsaspekt definiert, der Gegenstand einer unmittelbaren, von allen dualistischen und begrifflichen Denkprozessen freien Wahrnehmung ist. Im Unterschied dazu ist die in Reichweite unseres dualistischen Erkennens befindliche Wirklichkeitsebene relativ oder konventionell. So betrachtet, liefert uns Shantidevas Textpassage eine Definition der zwei Wahrheiten.

Mipham, der die Zeile »Das Absolute liegt nicht im Bereich des intellektuellen Verstehens« im Rahmen seiner Erläuterungen zu Shantarakshitas Schrift »Schmuck des Mittleren Weges«

kommentiert, sagt dazu sinngemäß Folgendes: Die bloße Negation einer unabhängigen Existenz der Phänomene ist zwar Sache des Verstandes; Leerheit, die Einheit von Erscheinung und Wirklichkeit, bleibt dem Verstand jedoch im Grunde unzugänglich.

Wenn wir hier, im Kontext des *Bodhicharyavatara*, von Leerheit sprechen, sollten wir allerdings beachten, dass wir dies in einer dem Verständnis innerhalb des Sutra-Systems gemäßen Weise tun. Sprechen wir demgegenüber im tantrischen Kontext von Leerheit, so hat Verstand beziehungsweise Erkenntnis eine andere Bedeutung. Weisheit, die der Leerheit gewahr ist, so heißt es im Tantra, kann es auf verschiedenen Ebenen und in unterschiedlicher Subtilität geben, und dementsprechend sind unterschiedliche Abstufungen des Freiseins von dualistischen Gedankenschöpfungen möglich.

Darüber hinaus kommt es darauf an, zu erkennen, dass die Geltung der zwei Wahrheiten sich auf sämtliche Dinge und Geschehnisse erstreckt, also das gesamte Wirklichkeitsspektrum umfasst. Eine dritte Möglichkeit gibt es nicht: Etwas, das keiner der beiden Wahrheiten zuzurechnen wäre, findet sich innerhalb des gesamten unermesslichen Wirklichkeitsspektrums nicht.

Zum Verständnis der zwei Wahrheiten

Lassen Sie uns zur besseren Veranschaulichung jener Textpassage, in der die zwei Wahrheiten definiert werden, auf ein Alltagsbeispiel zurückgreifen, etwa eine Blume. Zunächst einmal wird sich dem Geist das Objekt zeigen, die Blume. Und weil das Objekt sich uns zeigt, können wir es dann im Hinblick auf seine tatsächliche Natur untersuchen. In seiner Schrift »Sammlung von Regeln« zitiert Shantideva zahlreiche Stellen in den Sutras, in denen der Buddha detailliert auf das in der Natur waltende Kausalitätsprinzip zu sprechen kommt – auf die Frage, wie aus bestimmten Ursachen und Bedingungen bestimmte Wirkungen und Situationen hervorgehen. Diese Schrift beginnt mit ausführlichen Abhandlungen über die Ebene der konventionellen Wirklichkeit. Indem wir untersuchen, wie durch bestimmte Ursachen und Bedingungen bestimmte Geschehnisse zustande kommen, können wir uns mit dieser Welt der Mannigfaltigkeit eingehender vertraut machen, was sich wiederum unmittelbar auf unsere Erfahrung auswirkt.

Als Erstes müssen wir verstehen, wie die Dinge in der konventionellen Wirklichkeit, in der Welt der wahrnehmbaren Phänomene, funktionieren. Nur auf der Grundlage eines derart fundierten Verständnisses kann eine Analyse der letztendlichen Daseinsnatur überhaupt in Betracht kommen. Erst wenn wir uns unseres Verständnisses der konventionellen Wahrheit vergewissert haben, macht es Sinn, uns an eine Untersuchung der letztendlichen Wahrheit heranzubegeben. Dann erst werden wir gänzlich ermessen können, welche Kluft sich zwischen unserer Wahrnehmung der Welt und der tatsächlichen Beschaffenheit der Dinge auftut.

Um die zwischen unseren Wahrnehmungen und der Wirklichkeit bestehende Diskrepanz vollauf erfassen zu können, muss es uns unbedingt gelingen, jene Vorstellung von einer greifbaren Realität in Frage zu stellen, die wir normalerweise mit der größten Selbstverständlichkeit auf die Dinge und Geschehnisse projizieren: unsere auf Erfahrung sich berufende Überzeugung, dass die Dinge und Geschehnisse von sich aus existieren und über eine Art Eigenexistenz, eine ihnen selbst innewohnende Identität, verfügen. Diese Überzeugung gilt es zu hinterfragen, denn so gelangen wir zu einem vertieften Verständnis der letztendlichen Wahrheit, zu einem vertieften Verständnis von Leerheit.

Gleichheit und Verschiedenheit

Weiterhin stellt sich die Frage, inwiefern die zwei Wahrheiten sich unterscheiden beziehungsweise worin sie identisch sind. Auch hierzu gibt es unterschiedliche Ansichten. Butön vertritt zum Beispiel die Auffassung, dass die zwei Wahrheiten von unterschiedlicher Natur sind. Demgegenüber erklärt Tsongkhapa unter Berufung auf Nagarjunas »Erläuterungen zum Erleuchtungsgeist« *(Bodhichittavivarana)*, trotz der deutlichen Unterschiede, die sie auf der konventionellen Ebene aufweisen, seien die zwei Wahrheiten von gleicher Natur. Ähnlich wie die gängige Unterscheidung in der buddhistischen Philosophie zwischen den beiden Attributen »vergänglich sein« und »etwas Hervorgebrachtes sein« sei auch die Unterscheidung zwischen den zwei Wahrheiten auf die Tatsache zurückzuführen, dass wir ein und dieselbe Gegebenheit aus zwei verschiedenen Blickwinkeln betrachten. Beide Wahrheiten bezögen sich auf ein und dieselbe Welt. Nur weil wir die beiden unterschiedlichen Perspektiven einnähmen, seien wir in der Lage, die Natur beziehungsweise die Identität der relativen von derjenigen der absoluten Wahrheit zu unterscheiden.

Auf die Identität der zwei Wahrheiten und den Umstand, dass sie an *einer* Natur teilhaben, nimmt auch das *Herz-Sutra* Bezug. Die weithin bekannte Textpassage dort lautet: »Form ist Leerheit, Leerheit ist Form. Ohne Form gibt es keine Leerheit, ohne Leerheit keine Form.« Im Anschluss daran legt das *Herz-Sutra* dar, dass sämtliche Dinge und Geschehnisse dieses Merkmal der Leerheit aufweisen.[10] Wenn wir von der Leerheit der Form und anderer Phänomene sprechen, sollten wir allerdings nicht die Vorstellung haben, Leerheit sei eine Art äußere Eigenschaft, die in Objekte hineinverlegt wird. Vielmehr sollten wir die Leerheit der Objekte als ein Attribut verstehen, das sich aus ihrer Bedingtheit ergibt – aus dem Faktum, dass sie ihrer Natur nach bedingt, in Abhängigkeit von anderem, entstanden sind.

Die physische Existenz wie auch die Identität beispielsweise einer Form kommt, wie wir bei sorgfältiger Analyse feststellen, in Abhängigkeit von anderen Faktoren zustande, etwa den Ursachen und Bedingungen jener Form. Eine darüber hinausgehende eigenständige, unabhängige Identität oder Existenz jenseits der wechselseitig sich bedingenden Faktoren, die ihr Dasein ausmachen, können wir ihr nicht zusprechen – und das gilt auch für jedes andere Phänomen. Das heißt jedoch nicht, dass Form überhaupt nicht existiert. Denn ohne Frage ist sie ja für uns erfahr- und wahrnehmbar; sie kann uns beeinflussen, und wir können auf sie Einfluss nehmen.

Auf der Ebene der Vielheit, in unserer Alltagserfahrung also, *gibt* es Form. Diese Form hat aber keine Eigenexistenz, keine immanente Existenz, keine *an sich* bestehende, ihr selbst innewohnende, eigene Realität. Vielmehr existiert sie nur in Bezug zu anderen Faktoren – beispielsweise in Bezug zu ihren Ursachen, ihren Bedingungen und den verschiedenen Komponenten, die sie ausmachen. Dies zeigt, dass Form in keiner Weise über einen unabhängigen Daseinsstatus verfügt.

Kommt indes der Form ihrer Natur nach keine Unabhängigkeit zu, so folgt daraus, dass sie der Veränderung unterliegt. Sie ist wandelbar, und durch das Zusammenspiel mit anderen Faktoren weist sie deshalb wechselnde Merkmale auf. Im Nichtvorhandensein einer unabhängigen Natur – im entscheidenden Merkmal des Leerseins von Eigenexistenz – besteht ihre letztendliche Wahrheit. Darum sagt der Buddha im *Herz-Sutra*: »Form ist Leerheit, Leerheit ist Form.«

Zwei Arten von Selbst-losigkeit

Wenn von der letztendlichen Wahrheit die Rede ist, gilt es, zwischen der Selbst-losigkeit, oder Identitätslosigkeit, von Personen auf der einen und der Selbst-losigkeit beziehungsweise Identitätslosigkeit von Phänomenen auf der anderen Seite eine Trennlinie zu ziehen. In »Eintritt in den Mittleren Weg« erklärt Chandrakirti, die Abgrenzung der Selbst-losigkeit von Personen gegenüber der Selbst-losigkeit von Phänomenen beruhe keineswegs auf zwei vollkommen verschiedenen Arten von Selbst-losigkeit. Vielmehr sei diese Unterscheidung auf den Umstand zurückzuführen, dass wir es in unserer Welt mit zwei Grundkategorien von Phänomenen zu tun haben: mit derjenigen der Subjekte und jener der Objekte. »Phänomene« bezieht sich hier also auf die Welt der Dinge und Geschehnisse, »Person« hingegen auf empfindende Wesen. Dieser Unterscheidung entsprechend werden in den Schriften zwei verschiedene Arten von letztendlicher Wahrheit dargelegt.

Das stimmt mit der Position der Prasangika-Madhyamaka-Schule überein. Im Unterschied dazu vertreten etwa die Anhänger der Svatantrika-Madhyamaka-Schule und andere Richtungen buddhistischer Philosophie die Auffassung, dass zwischen der Selbst-losigkeit von Personen und derjenigen von Phänomenen ein wesentlicher Unterschied besteht. Die Prasangika-Madhyamikas[11] hingegen erkennen zwar an, dass man die Selbst-losigkeit von Personen auf mehr oder weniger subtile Art verstehen kann, aber im Endeffekt ist für die Prasangika-Madhyamikas die Selbst-losigkeit von Personen von gleicher Subtilität wie die Selbst-losigkeit der Phänomene.

Ferner finden wir, die letztendliche Wahrheit betreffend, in den Schriften die Unterscheidung zwischen vier, sechzehn oder zwanzig Arten von Leerheit.

Die verschiedenen Klassifikationssysteme verschaffen uns die Möglichkeit, aus unterschiedlichen Perspektiven über Leerheit zu sprechen. So lässt sich Leerheit zum Beispiel im Hinblick auf innere Leerheit, äußere Leerheit, Leerheit von Innen wie Außen differenzieren, und so weiter. Am Ende solcher Aufzählungen steht in vielen Fällen die Leerheit von Leerheit. Warum wird die Leerheit von Leerheit als gesonderte Kategorie betrachtet? – Wenn Leerheit als die letztendliche Wahrheit bezeichnet wird, geht damit die Gefahr einher, an Leerheit als etwas Absolutem festzuhalten. Deshalb erklärt der Buddha: Auch Leerheit selbst ist leer von eigenständiger Existenz.

Richtige und falsche Konventionen

Bei der konventionellen oder relativen Wahrheit wird zwischen richtigen und falschen Konventionen unterschieden. Da die Prasangika-Madhyamikas Selbstexistenz, oder unabhängige Existenz, auch auf der konventionellen Ebene in Abrede stellen, kann nach ihrer Auffassung allerdings die Unterscheidung zwischen Richtig und Falsch bei der konventionellen Wahrheit nur aus einer bestimmten Perspektive Gültigkeit haben. Denn im Grunde genommen gibt es diesbezüglich innerhalb der konventionellen Welt keinen wirklichen Unterschied. Allerdings können wir, indem wir uns solch eine Perspektive zu eigen machen, von schierer Einbildung oder aber von realer Wahrnehmung sprechen. Und wir können bestimmte Arten von Erfahrung im Bereich der Erscheinungswelt als richtig, andere dagegen als falsch kennzeichnen.

Etymologische Zusammenhänge

Betrachten wir nun, damit klarer wird, wie das eben Gesagte zu verstehen ist, die zwei Wahrheiten in Hinblick auf ihre Wort- beziehungsweise Bedeutungsgeschichte, ihre Etymologie. Was also beinhaltet der Begriff *konventionelle Wahrheit*? Er bezeichnet jene Wahrheit, deren Richtigkeit von einem konventionellen Subjekt, von einem im konventionellen Sinn Erkennenden, bestätigt wird – von jemandem also, der von der falschen Annahme ausgeht, die Dinge würden wirklich und wahrhaftig existieren. Vor diesem Hintergrund lässt ein Prasangika-Madhyamika nicht gelten, dass die *Wahrheit* im Kontext der konventionellen Wahrheit auf Wahrheit im eigentlichen Sinn verweist. *Wahrheit* bezeichnet demnach keine Entsprechung zur tatsächlichen Daseinsbeschaffenheit der Dinge. Vielmehr handelt es sich hier lediglich um eine Wahrheit, deren Geltung auf einen ganz bestimmten, begrenzten, relativen Rahmen beschränkt bleibt.

»Wahrheit« bezieht sich innerhalb dieses konventionellen Bezugsrahmens auf eine – aus einer beschränkten Perspektive – konstruierte Wahrheit: konstruiert aus der Perspektive einer Wahrnehmung oder, genauer gesagt, einer Fehlwahrnehmung der Welt, aufgrund derer wir alle Phänomene so wahrnehmen, als verfügten sie über eine Art von ihnen selbst herrührender eigener Realität, über eine immanente Wirklichkeit. Diese fehlgeleitete und irreführende Wahrnehmung lässt uns die Menschen, Dinge und Geschehnisse so wahrnehmen, als existierten sie von sich aus, als existierten sie wahrhaftig. In unserer konventionellen Erfahrung werden die Dinge aus dieser Perspektive als etwas angesehen, das Gültigkeit beansprucht, verlässlich und untrüglich ist und über eine Art unabhängige, getrennt von anderem bestehende, objektive Existenz verfügt. Die konventionelle Wahrheit wird auch die *verschleierte Wahrheit* beziehungsweise die *verborgene Wahrheit* genannt.

Es mag den Anschein erwecken, als ob durch diese Erklärung die Perspektive unserer fehlgeleiteten Geisteszustände eine gewisse Gültigkeit erhalte. Doch handelt es sich hier lediglich um eine etymologische Erklärung, nichts weiter. Tatsächlich muss es nicht einmal so sein, dass Dinge, die von dieser irregeführten und in die Irre führenden Perspektive aus wahr zu sein scheinen, mit einer relativen Wahrheit gleichzusetzen sind. So wird von dieser fehlgeleiteten Perspektive aus beispielsweise selbst Leerheit in der Weise aufgefasst, als könne sie Realität beanspruchen. Das bedeutet aber nicht, dass Leerheit als eine konventionelle oder relative Wahrheit gelten darf. Den trügerischen Blickwinkel, aus dem die Phänomene als real angesehen werden, dürfen wir nicht zu unserem Ausgangspunkt machen. Darum müssen wir eine Perspektive finden, die der konventionellen Welt eine gültige Grundlage zu geben vermag. Inwiefern die konventionelle Wahrheit für sich in Anspruch nehmen kann, die Wirklichkeit widerzuspiegeln, lässt sich aber nicht aus der Perspektive eines Geisteszustands bestimmen, der diese Wirklichkeit fehlerhaft wahrnimmt beziehungsweise ein verfälschtes Bild von ihr entwirft.

Wenden wir uns nun der Frage zu, was Wahrheit im Kontext von *letztendliche Wahrheit* bedeutet. Der Ausdruck *letztendlich*, erklärt Chandrakirti in seiner Schrift »Klare Worte« *(Prasannapada)*, bezieht sich gleichermaßen auf das Objekt, auf Leerheit, wie auf die unmittelbare Erfahrung von Leerheit. So gesehen, verweist der Ausdruck »letztendlich« im Kontext von letztendliche Wahrheit also ebenso auf die subjektive Erfahrung wie auf ihr Objekt, auf Leerheit. Darüber hinaus ist Leerheit zugleich das Letztendliche wie auch die Wahrheit, auf die wir Bezug nehmen, wenn wir von der letztendlichen

Wahrheit sprechen. Leerheit, sagt zum Beispiel Chandrakirti, ist die »Bedeutung« beziehungsweise die »Wahrheit« *(dön)* und auch das »Letztendliche« *(dampa)*. Wir sehen also, dass die Begriffe *letztendlich* und *Wahrheit* hier auf dasselbe hinauslaufen.

Wenn wir die Natur dieser zwei Wahrheiten – der konventionellen und der letztendlichen – nicht verstehen, werden wir den Unterschied zwischen Erscheinung und Wirklichkeit, anders ausgedrückt, die Diskrepanz zwischen unserer Wahrnehmung und der tatsächlichen Beschaffenheit der Dinge, schwerlich voll und ganz erfassen können. Ohne ein tief gehendes Verständnis dieser Tatsache werden wir nicht in der Lage sein, bis zur Wurzel unserer grundlegenden Unwissenheit vorzudringen.

Leerheit und Mitgefühl

Für die Geistestrübungen, oder Geistesgifte, gibt es freilich bestimmte Gegenmittel: Zum Beispiel können wir, um dem Hass entgegenzuwirken, über Liebe meditieren. Um der Begierde zu widerstehen, können wir über die Unreinheit unseres Körpers meditieren; und so weiter. Mit Hilfe der unterschiedlichen Techniken sind wir imstande, alle möglichen Emotionen und Gedanken, die den Geist aufwühlen, abzuschwächen. Allerdings, darauf weist Dharmakirti in seiner Schrift »Gültige Erkenntnis« hin, befassen sich solche Methoden lediglich mit den offensichtlichen Manifestationen dieser Geistesgifte. Mit anderen Worten: Diese Techniken beeinflussen unsere Geistestrübungen wie auch die grundlegende Unwissenheit, von der sie herrühren, nur mittelbar. Unserer fundamental falschen Wahrnehmung unmittelbar entgegenzuwirken sind sie hingegen nicht geeignet.

Nur indem wir tatsächlich zu Einsicht in die letztendliche Natur der Wirklichkeit gelangen, werden wir an die Wurzel unserer Verwirrung – unserer verfälschten und verfälschenden Wahrnehmungsweise – und des daraus resultierenden Leids herankommen können. Solange wir kein umfassendes Verständnis der zwei Wahrheiten entwickeln, werden wir auch keine tiefer gehende Einsicht in die wahre Natur der Wirklichkeit gewinnen. Entwickeln wir indes ein tiefgründiges Verständnis der zwei Wahrheiten, werden wir erkennen können, dass unsere Wahrnehmungen der Welt ebenso wie unsere kognitiven und emotionalen Geisteszustände in vielerlei Hinsicht der Wirklichkeit nicht gerecht werden.

Auf der Grundlage dieser Einsicht können wir unseren positiven Geisteszuständen, zum Beispiel dem Mitgefühl, der Liebe und der Toleranz, mehr Kraft und Wirksamkeit verleihen. Zugleich können wir den Einfluss jener negativen Geisteszustände, die uns zu schaffen machen – Wut, Hass, Eifersucht und starkes Anhaften –, vermindern. All diese trügerischen, all diese getrübten und den Geist weiter trübenden Zustände wurzeln in unserem Glauben an eine unabhängige Existenz der Welt. Ihnen allen werden wir daher durch wirkliche Einsicht in Leerheit die Basis entziehen können. Dies wird uns in die Lage versetzen, all die positiven Potenziale, die in unserem Geist vorhanden sind, zu entwickeln und zur Geltung kommen zu lassen. Unsere negativen, den Geist trübenden Emotionen und Gedanken aber werden wir vermindern und schließlich ganz auflösen können. Von all den Vorzügen, die mit der Entwicklung eines profunden Verständnisses der zwei Wahrheiten verbunden sind, ist dieser einer der größten.

Unter Bezugnahme auf Nagarjunas Text heißt es in Khenpo Künpäls Kommentar, durch wirkliche Einsicht in Leerheit werde man zugleich von großem, von Herzen kommendem Mitgefühl erfasst.[12] Denn, so erklärt er, ein sich vertiefendes Leerheitsverständnis bewirke, dass auch unser Mitgefühl für andere empfindende Wesen größer werde. Dies zu erkennen – zu erkennen, dass ein wirkliches Verständnis von Leerheit unweigerlich mit der Entstehung eines allen empfindenden Wesen in gleicher Weise geltenden Mitgefühls einhergeht – fällt allerdings schwer.

Nichtsdestoweniger werden wir offenbar mit zunehmender Einsicht in Leerheit immer deutlicher der Möglichkeit gewahr, dass unser Leid ein Ende haben kann. Und je tiefer wir davon überzeugt sind, dass jedem empfindenden Wesen das Potenzial innewohnt, von Leid frei zu sein, desto stärker wird dann natürlich unser Mitgefühl für andere empfindende Wesen werden. Denn nun wissen wir, dass ein Ausweg vorhanden ist, und darum wird natürlich unser Mitgefühl für die empfindenden Wesen – die in diesem Daseinskreislauf gefangen sind, weil sie den Weg, der aus ihm hinausführt, nicht kennen – stärker werden. Und so gewinnt meines Erachtens mit zunehmender Einsicht in Leerheit auch unser Mitgefühl für andere erheblich an Kraft.

Falls Sie also das Gefühl haben, durch Ihre Meditationspraxis zu einer tiefer gehenden Einsicht in Leerheit zu gelangen, Ihr Mitgefühl für andere aber nicht entsprechend stärker wird, dann könnte dies darauf hindeuten, dass Ihr Leerheitsverständnis nicht wirklich tiefgründig, nicht wirklich echt ist. Leerheitsmeditation allein, darauf weise ich häufig hin, verdient noch keine Bewunderung. Ebenso wichtig ist die Fähigkeit, uns im alltäglichen Umgang mit anderen ethisch verantwortlich und mitfühlend zu verhalten. Sofern also Ihr Leerheitsverständnis zur Verwirklichung dieses Ziels nichts Positives beiträgt, ist es völlig wertlos. Denn was wäre wohl an einer

Einsicht in Leerheit, die nicht dazu führt, dass wir größeres Mitgefühl aufbringen, so bewundernswert?

Keinesfalls sollten wir die Vorstellung haben, Buddhaschaft sei ein Zustand totaler Gleichgültigkeit – gefühllos, emotionslos, ohne Anteilnahme am Geschick der anderen empfindenden Wesen. Falls dies so wäre, gäbe es am Zustand der Buddhaschaft wahrhaftig nichts zu bewundern. Leerheitsmeditation bedeutet ganz und gar nicht, dass man in gewisser Weise vor der Realität flieht, weil man sich vor einer Auseinandersetzung mit der konventionellen und relativen Welt in all ihrer Mannigfaltigkeit und Komplexität scheut. Vielmehr soll sie uns zu einem angemessenen und sinnvollen Umgang mit der Erscheinungswelt befähigen. Darin besteht das Ziel.

So viel zunächst einmal zur Natur und Funktion der zwei Wahrheiten.

Zweierlei Menschen

Als Nächstes erörtert der Wurzeltext am Beispiel der zwei Wahrheiten die Auffassungen der unterschiedlichen Menschen hinsichtlich ihres Verständnisses der buddhistischen Lehren und der Dharma-Praxis.

> (3) Zweierlei Menschen sind zu unterscheiden:
> die Yogis und die gewöhnlichen Menschen.
> Die Weltsicht der gewöhnlichen Menschen
> wird von den Auffassungen der Yogis
> übertroffen.

> (4ab) Auch unter den Yogis
> werden die niederen Einsichtsstufen durch die
> höheren widerlegt.

Zu Beginn des neunten Kapitels hat Shantideva Argumente dafür angeführt, weshalb dem Verständnis der zwei Wahrheiten zentrale Bedeutung zukommt. Anschließend erklärt er, dass es unter den Menschen, die sich mit den zwei Wahrheiten befassen, zwei Grundtypen gibt: den Yogi – mit anderen Worten, den Meditierenden – und den gewöhnlichen Menschen. Das Wort für *gewöhnliche Menschen* lautet im Tibetischen *dschigtenpa*. Und *näldschorpa*, der tibetische Begriff für Yogi, den Meditierenden, bezeichnet im vorliegenden Kontext Menschen, die über höhere Einsicht verfügen. *Dschig* deutet etwas Vorübergehendes an, verweist auf etwas, das ein Ende haben kann; und *ten* bezieht sich auf eine Basis oder Grundlage. Der Begriff *dschigten* beinhaltet also fehlende Dauerhaftigkeit, und *dschigtenpa* bezeichnet einen Menschen, ein vergängliches Wesen. Die Vorstellung von *dschig*, Auflösung oder Zerfall, negiert die Möglichkeit von Dauerhaftigkeit beziehungsweise Unsterblichkeit. Indem wir über diesen Ausdruck nachdenken, können wir begreifen, dass es kein absolutes, einheitlich und unteilbar in sich ruhendes Selbst gibt.

Der Ausdruck *gewöhnliche Menschen* schließt hier auch die Anhänger jener philosophischen Lehren mit ein, die in Hinblick auf die Frage nach der letztendlichen Natur der Wirklichkeit an einer wie auch immer gearteten realistischen Auffassung festhalten. Die Vertreter aller nichtbuddhistischen Lehren im alten Indien zählen ebenso dazu wie die Anhänger einiger buddhistischer Lehrsysteme. Die Vaibhashikas etwa glauben an eine atomistische Welt – an eine aus unteilbaren Atomen bestehende objektive, unabhängige Welt. Daher findet man in ihren Lehren einen Glauben an den substanziell realen Charakter der Dinge und Geschehnisse. Die Ansichten der Vaibhashikas werden von der Sautrantika-Schule verworfen. Deren Auffassung zufolge gibt es bestimmte Wirklichkeitsaspekte – wie zum Beispiel durch die Verknüpfung von abstrakten Vorstellungen entstandene Gedankengebäude oder Fantasiegebilde –, für die sich ein Realitätsanspruch lediglich geltend machen lässt, sofern man sie im Sinn eines Gedankenspiels oder eines intellektuellen Entwurfs betrachtet. An diesen Gedanken anknüpfend, argumentieren sie, dass wir den Dingen und Geschehnissen generell keinen völlig objektiven Stellenwert zusprechen dürfen. Die Lehren dieser philosophischen Schulrichtung werden wiederum von anderen philosophischen Schulen des Buddhismus angefochten, und so weiter. Davon spricht Shantideva, wenn er erklärt, dass die Ansichten der einen durch die Sichtweise einer anderen widerlegt oder entkräftet werden. Auch bei jenen Menschen, die eine kontemplative Lebensführung pflegen, verhält es sich aufgrund unterschiedlicher spiritueller Erfahrungsebenen so, dass die Ansichten derjenigen kontemplativen Menschen, die eine höhere Verwirklichungsstufe erreicht haben, den Ansichten der Meditierenden mit einer geringeren Verwirklichung überlegen sind.

Lassen Sie uns nun die Aussage, die Weltsicht der gewöhnlichen Menschen werde von der Sichtweise der Meditierenden übertroffen und entkräftet, eingehender betrachten. Wenn Shantideva sagt, dass die eine Sichtweise die andere entkräftet und aufhebt, ist das meiner Meinung nach in Hinblick auf den jeweiligen Entwicklungsstand des rationalen oder logischen Denkens zu verstehen. In einer Debatte zwischen verschiedenen philosophischen Schulrichtungen des Buddhismus kann es selbstverständlich vorkommen, dass man sich auf die Schriften des Buddha als maßgebliche Autorität beruft. Dabei sollte sich unsere Argumentation allerdings stets auf rationale Überlegungen stützen. Und weshalb übertrifft und entkräftet die Sichtweise eines kontemplativen Menschen diejenige eines gewöhnlichen Menschen? – Weil die Gedankengänge des Kontemplativen sich durch größere Klarheit auszeichnen. Zum Beispiel können sich die Anhänger bestimmter in den philosophischen Systemen der Sautrantikas und der Vaibhashikas akzeptierter Lehren zur Bekräftigung vieler ihrer Positionen auf Textstellen in den Schriften berufen. Falls aber die Autorität der Schriften unsere einzige Entscheidungsgrundlage ist, wird dies zu einer Vielzahl von widersprüchlichen Positionen führen.

Im Buddhismus überhaupt, insbesondere aber im Mahayana-Buddhismus sollte man deshalb, selbst wenn es um Buddhas eigene Worte geht, zwei Kategorien von Schriften unterscheiden: einerseits diejenigen, die wörtlich, also in einem buchstäblichen Sinn und ohne Vorbehalte, aufgefasst werden dürfen; andererseits solche, die nicht wortwörtlich zu verstehen sind, sondern eine weiter gehende Auslegung erfordern. Durch diese hermeneutische Unterscheidung versetzen Sie sich in die Lage, den wörtlichen Aussagegehalt einer Schrift – mag es sich auch um die Worte des Buddha handeln – zu verwerfen, insbesondere, wenn dieses wortgetreue Verständnis zu einer verlässlichen persönlichen Erfahrung in Widerspruch steht. Hierbei zeigt sich, welch entscheidende Rolle gemäß der buddhistischen Auffassung von Spiritualität rationale Überlegungen und das eigene Verständnis spielen.

Nicht aus bloßer Ehrerbietung ihm gegenüber, so hat der Buddha in einem Sutra selbst gesagt, sollten die Menschen sich seine Worte zu eigen machen. Vielmehr sollten sie diese mit den Mitteln kritischen Denkens und anhand ihrer persönlichen Erfahrung sorgfältig prüfen – so wie ein erfahrener Goldschmied den Reinheitsgrad von Gold gründlich prüft, indem er es zerschneidet, einschmilzt und der Qualitätsprobe auf einem Prüfstein unterzieht.

Shantidevas Aussage, auch die Sicht von Menschen mit geringerer Verwirklichung werde durch die Sicht der höher Verwirklichten entkräftet und aufgehoben, wird für uns vor dem Hintergrund eigener Erfahrungen zu einer nachvollziehbaren Tatsache: Wenn wir uns vor Augen führen, wie wir gegenwärtig solche buddhistischen Themen wie Vergänglichkeit oder das Nichtvorhandensein einer unabhängigen Existenz der Dinge und Geschehnisse verstehen, und dies mit unserem früheren Verständnis vergleichen, was stellen wir dann fest? – Je weiter unser Verständnis und unsere Erfahrung sich entwickeln, desto mehr gewinnen sie an Tiefe. Daher können wir sagen, dass unser gegenwärtiges Verständnis unsere einstige Verwirklichung übertrifft, dass es die Einsicht, zu der wir in der Vergangenheit gelangt sind, aufhebt. Indem wir die Dinge auf eine neue Art und Weise zu betrachten lernen, zeichnen sich also in unserer Erfahrung und unserem Verständnis der Welt neue Horizonte ab.

MEDITATION

Meditieren Sie hier über die Wahrheit vom Leid und seinem Ursprung. Die Wurzel des Leids ist Karma. Und was setzt jegliches Karma in Gang und dient ihm als Triebfeder? – Die trügerischen Zustände, die sich aus unseren Geistestrübungen ergeben. Werden Sie gewahr, wie es sich anfühlt, wenn störende Emotionen in uns emporkommen.

»Klesha«, das tibetische Wort für Geistestrübungen, oder Geistesgifte, lässt aufgrund seiner etymologischen Herkunft an etwas denken, das unweigerlich verstörend wirkt, für Unruhe und Verwirrung sorgt, sobald es im Geist auftaucht. Nehmen wir uns also ein klein wenig Zeit für diese Meditation, um herauszufinden, wie wir

uns fühlen, wenn diese Kummer, Leid und Verwirrung stiftenden Gefühle und Gedanken wie Wut, Hass, Eifersucht und dergleichen sich in uns regen, und wie sehr wir aus dem Gleichgewicht geraten, sobald wir solche Emotionen verspüren. Dabei sollten Sie Ihr Augenmerk auf die destruktiven Aspekte dieser Emotionen und Gedanken richten.

4 Kritik am buddhistischen Realismus

Besinnung auf die Vergänglichkeit

In den Sutras hat der Buddha erklärt, dass die drei Daseinsbereiche so vergänglich sind wie ein am Himmel aufleuchtender Blitz oder die trügerischen Luftspiegelungen einer Fata Morgana. Sämtliche Phänomene, die in den drei Daseinsbereichen vorkommen, also alle Dinge und Geschehnisse ohne Ausnahme, konnten lediglich in Abhängigkeit von Ursachen und Bedingungen entstehen. Daher sind all diese Dinge von flüchtiger Natur – hinfällige, der Vergänglichkeit unterworfene Erscheinungen.

Insbesondere das Leben der empfindenden Wesen gleicht einem reißenden, mit Macht dahineilenden Strom, der kein Halten kennt, nicht einmal für einen einzigen Augenblick. Und wie lange das Leben eines empfindenden Wesens dauern wird, bleibt völlig ungewiss. Allen empfindenden Wesen, jedem von uns, steht lediglich eine mehr oder minder spärlich bemessene Daseinsspanne zur Verfügung. Jedes Leben bleibt befristet, hat übergangshaften Charakter. Die Übergänge, die das Leben kennzeichnen, verweisen auf eines von sechzehn Merkmalen der vier edlen Wahrheiten. Bei den ersten vier dieser sechzehn handelt es sich um die Merkmale wahren Leids, deren erstes Vergänglichkeit ist.

Wie ich bereits erwähnt habe, lassen sich im Anfangsstadium unseres spirituellen Weges zwei Phasen unterscheiden. In der ersten Phase kommt es darauf an, negative Handlungen, die Ausdruck unserer fehlgeleiteten Geisteszustände sind, zu unterlassen. Wie sollten wir dabei vorgehen? Die erste Maßnahme gegen solche Handlungen ist die Kontemplation über Vergänglichkeit, und zwar über Vergänglichkeit im herkömmlichen Verständnis. Das wichtigste Mittel, um dann in einem zweiten Schritt unseren fehlgeleiteten Geisteszuständen und jener Fehlwahrnehmung, die den negativen Handlungen zugrunde liegt, entgegenwirken zu können, ist die Meditation über subtile Formen von Vergänglichkeit. Und dazu bedarf es einer gründlichen Kontemplation über die dynamische, durch stetigen Wandel gekennzeichnete Natur der Wirklichkeit. Auf diese Weise können wir gegen Fehlwahrnehmungen, störende Emotionen und fehlgeleitete Gedanken angehen, die in unserem Geist hartnäckig ihr Dasein fristen.

Im Tod findet die Geburt ihren Abschluss. Das ist offenkundig. Nach ihm, dem Tod, hat jedoch niemand Verlangen. Eine Einstellung, die darauf hinausläuft, den Tod nicht zur Kenntnis nehmen und jedem Gedanken an ihn schlicht aus dem Weg gehen zu wollen, bringt uns allerdings auch nicht weiter. Der Tod ist, ob uns dies nun gefällt oder nicht, ein Faktum unseres Daseins; und die Realität des Todes nicht wahrhaben zu wollen macht einfach keinen Sinn. Denn wir werden sterben – mit unumstößlicher Sicherheit. Jeder von uns muss sich früher oder später dieser Erfahrung unterziehen. Wenn wir nun diejenigen Menschen, die den Tod zu leugnen versuchen und einfach nicht an ihn denken wollen, mit jenen vergleichen, die es sich zur vertrauten Gewohnheit gemacht haben, sich bereitwillig der persönlichen Konfrontation mit dem Tod zu stellen, werden wir bemerken, dass sie sich angesichts der tatsächlichen Heimsuchung durch den Tod in ihrem Verhalten deutlich voneinander unterscheiden.

In Anbetracht des herausgehobenen Stellenwerts, den der Buddha dem Tod und der Vergänglichkeit einräumt, sollten wir also nicht den Eindruck haben, der Buddhismus sei ein pessimistischer, durch eine geradezu morbid anmutende Fixierung auf den Tod gekennzeichneter spiritueller Weg. Vielmehr werden wir hier ermutigt, uns an den Tod zu gewöhnen, ihn als eine naturgegebene Tatsache unseres Daseins zu akzeptieren, damit er für uns in dem Augenblick, in dem wir selbst mit ihm konfrontiert sind, nichts Schockierendes an sich hat und wir ihn nicht als etwas Unerwartetes, Unnatürliches und absolut Niederschmetterndes erleben.

Solange wir noch bei guter Gesundheit sind, wird uns die Konfrontation mit dem eigenen Tod nicht aus dem Gleichgewicht bringen – und vor dem Hintergrund dieser Erfahrung werden wir imstande sein, ihm auch dann, wenn eines Tages unser Ende bevorsteht, vergleichsweise ruhig und gefasst entgegenzusehen. So werden wir uns davor bewahren können, jene unnötigen Angstgefühle zu durchleben, die ansonsten mit dem Tod verknüpft sind. Dank unserer auf dem spirituellen Weg erzielten Fortschritte werden wir unter günstigen Voraussetzungen schließlich einen Punkt erreichen, an dem wir jegliche Todesangst überwinden und sie hinter uns lassen können.

Maßnahmen gegen unsere andauernde Unzufriedenheit
In den Schriften werden vier Arten von *maras* aufgeführt, vier Arten von zerstörerischen Kräften mit vernichtenden Auswirkungen auf die Lebewesen. Die erste dieser Destruktivkräfte ist der Mara des Todes. Und worauf beruht das Eintreten des

Todes? Auf unseren geistigen und körperlichen »Anhäufungen«, auf den psychophysischen Komponenten – dem zweiten Mara. Das Kontinuum der geistigen Komponenten setzt sich von Leben zu Leben fort, und die Ursache für diesen ganzen Kreislauf liegt in den störenden Emotionen und Gedanken in all ihren Erscheinungsformen – dem dritten Mara. Der entscheidende Faktor, der die Wirkung dieser Geistestrübungen verstärkt, ist das Anhaften – der vierte Mara.

Im Buddhismus sollte ein spirituell Praktizierender unbedingt den aufrichtigen Wunsch entwickeln, den Sieg über die vier Maras davonzutragen. Motiviert von dem aufrichtigen Verlangen, die Maras zu bezwingen, werden Sie ganz von selbst jenen Weg einschlagen wollen, der Sie zum Sieg über die Maras führt.

Worauf kommt es dabei für einen Praktizierenden im Wesentlichen an? Es gilt, den störenden Emotionen und Gedanken entgegenzuwirken, deren Wurzel, deren eigentliche Ursache, die grundlegende Unwissenheit ist – das Festhalten an der Vorstellung von einer unabhängigen, den Dingen und Geschehnissen selbst innewohnenden Realität. Damit diesem Unterfangen Erfolg beschieden ist, sollte der Praktizierende sich einem spirituellen Weg widmen, der die drei höheren Schulungen in sich vereint: ethische Disziplin, geistige Sammlung und Weisheit.

Die erste Stufe der Praxis beinhaltet demnach eine ethisch disziplinierte, in der kontemplativen Besinnung auf die Vergänglichkeit gründende Lebensführung. Denn solange unser Anhaften an der Vorstellung von Dauerhaftigkeit nicht nachlässt, werden wir außerstande sein, eine ethisch disziplinierte Lebensführung aufrechtzuerhalten. Darum ist es unbedingt notwendig, dass wir uns den übergangshaften Charakter unseres Daseins vergegenwärtigen.

Von Vergänglichkeit sprechen wir allerdings nicht nur mit Blick auf den Tod. Hier beziehen wir uns vielmehr auf die subtile Vergänglichkeit: auf die unablässig, in jedem Augenblick, durch Wandel gekennzeichnete Natur aller Phänomene, die uns vor Augen führt, dass die Dinge und Geschehnisse über kein selbstbestimmtes, eigenständiges Dasein verfügen. Ausnahmslos alle Phänomene werden von Ursachen und Bedingungen bestimmt. Ganz besonders gilt dies für unsere psychophysischen Komponenten, die den karmischen Einflüssen wie auch dem Einfluss der Geistestrübungen unterworfen sind.

Wie gesagt, unsere fundamental fehlerhafte Wahrnehmung oder grundlegende Unwissenheit ist die für unser bedingtes Dasein maßgebliche Ursache. Solange unsere Abhängigkeit von diesem beeinträchtigten, ein verfälschtes Bild der Wirklichkeit ergebenden Zustand bestehen bleibt, verharren wir in samsarischer Unfreiheit, in einem von Unzufriedenheit und Leid gekennzeichneten Dasein. Dieses fundamentale Verkennen der Wirklichkeit beherrscht daher all die Emotionen und Gedanken, die uns zu schaffen machen. Werden wir dessen gewahr, so erkennen wir, dass unter dem Regime dieses mächtigen Herrschers für dauerhaften inneren Frieden und für Gelassenheit kein Raum vorhanden ist in unserem Geist. Daraufhin werden wir von ganzem Herzen ein aufrichtiges Verlangen nach Befreiung von solchen Geisteszuständen entwickeln und den Wunsch hegen, die Fesseln der Unwissenheit abzustreifen.

Obgleich uns der Wunsch, glücklich zu sein und das Leid hinter uns zu lassen, von Geburt an innewohnt, müssen wir feststellen, dass wir ein Dasein fristen, das von Leid gekennzeichnet ist, und diesem Leid lediglich flüchtige Glücksmomente gegenüberstehen. Warum aber befinden wir uns in einer derart misslichen Lage? Das liegt im Wesentlichen an unserer grundlegenden Unwissenheit. Wir müssen also zunächst einmal zu der Einsicht gelangen, dass dieses Missverstehen, dieses Verkennen der Wirklichkeit die eigentliche Ursache ist, von der all unser Leid ausgeht.

Wie können wir dieser Unwissenheit abhelfen? Sicherlich weder, indem wir uns einfach nur wünschen, sie möge verschwinden, noch, indem wir bloß darum beten, dass dies geschehen möge. Und ebenso wenig, indem wir lediglich in einem neutralen, von Konzepten freien Geisteszustand verweilen. Vielmehr gilt es, ein Einsichtsvermögen zu entwickeln, das die von diesem beeinträchtigten Geisteszustand hervorgerufene Illusion zu durchschauen vermag. Nur so werden wir dieser Unwissenheit ein Ende bereiten können. Nachdem der Buddha die Unterweisung über Vergänglichkeit beendet hatte, erläuterte er daher als Nächstes die Natur des Leids, die Unzulänglichkeit der samsarischen Erfahrungswelt. Und im Anschluss daran erteilte er die Unterweisung über Selbst-losigkeit.

Bisher haben wir also vier Merkmale des Leids kennen gelernt: Vergänglichkeit ist das erste. Und die Einsicht in Vergänglichkeit schärft den Blick für das zweite Merkmal, den fundamental unzulänglichen und unbefriedigenden Charakter der samsarischen Erfahrungswelt. Leerheit ist das dritte Merkmal; die Selbst-losigkeit, oder Identitätslosigkeit, von Personen, Dingen und Geschehnissen das vierte. Für die Einsicht in diese vier Merkmale des Leids gibt es eine vorgegebene Abfolge, und offenkundig ist dabei das Verständnis des ersten Merkmals gleichbedeutend mit dem ersten Schritt.

Indem wir Einsicht in Leerheit entwickeln, können wir also dem Einfluss dieser grundlegenden Unwissenheit gegensteuern. Diese Einsicht bedarf allerdings der Ergänzung durch

Methoden, durch hilfreiche Mittel wie Mitgefühl und den altruistischen Erleuchtungsgeist *(bodhichitta)*. Erst durch das Zusammenwirken dieser beiden Faktoren – Weisheit und Methode – werden wir in die Lage versetzt, nicht bloß die in Irrtum und Täuschung befangenen Geisteszustände vollständig aufzulösen, sondern zugleich all jene tief sitzenden Gewohnheiten, die sich unter dem Einfluss dieser Geistestrübungen ausgeprägt und verfestigt haben. Der Gegenstand solcher Weisheit beziehungsweise Einsicht ist Leerheit, und das Thema Leerheit steht im Blickpunkt von Shantidevas neuntem Kapitel.

ERLÄUTERUNGEN ZUM TEXT

Den trügerischen Charakter der Erscheinungen deutlich machen

Die Lehren und Anschauungen weniger hoch entwickelter buddhistischer Schulrichtungen werden also, wie Shantideva bereits dargelegt hat, durch die Beweisführung der auf einer höheren Einsichtsstufe angelangten philosophischen Schulrichtungen – durch diejenige der Madhyamaka-Schule zum Beispiel – entkräftet. Damit die entsprechenden Argumente aber auch tatsächlich ihren Zweck erfüllen, müssen sie sich auf allgemein akzeptierte Analogien und Beispiele stützen.

> (4cd) Denn beide verwenden die gleichen Beispiele
> und kommen zum selben Resultat, sofern es
> nicht analysiert wird.

Wenn Shantideva in der vierten Strophe von der Verwendung der gleichen Beispiele und Analogien spricht, nimmt er damit auf den Umstand Bezug, dass bestimmte Phänomene auch im Rahmen unserer Alltagskonventionen als unwirklich oder falsch gelten – etwa jene Phänomene, die wir im Traum erleben, oder die Trugbilder einer Fata Morgana: Versuchen wir festzustellen, ob diese Phänomene real vorhanden sind, können wir sie nicht finden. Indem die Madhyamikas auf solche auch nach herkömmlichen Maßstäben falsche Analogien zurückgreifen, lenken sie unser Augenmerk auf die Unwirklichkeit sämtlicher Phänomene. So machen sie uns auf die Tatsache aufmerksam, dass sich letztlich alle Dinge und Geschehnisse als unauffindbar erweisen, sobald wir ihre Essenz zu erfassen versuchen.

Zunächst leitet sich unser Leerheitsverständnis von Schlussfolgerungen her, von einem auf verstandesmäßiger Einsicht und rationaler Begründung beruhenden Denkprozess. Letztlich muss dieses Verständnis jedoch zu einer unmittelbaren Erfahrung vordringen. Solch ein abgeleitetes Wissen wird daher in den Schriften häufig mit einem Blinden verglichen, der sich lediglich mit Hilfe eines Blindenstocks vorzutasten vermag. Aus Schlussfolgerungen gewonnene Erkenntnis ist eben keine unmittelbare Erfahrung, sondern bloß eine Annäherung an diese mit den Mitteln rationalen Denkens und kritischer Reflexion. Immerhin aber kommen wir im Anfangsstadium aufgrund von Schlussfolgerungen zu einem ersten Verständnis von Leerheit, der letztendlichen Natur der Wirklichkeit.

Auch die Erkenntnisse der modernen Naturwissenschaft, der Quantenphysik zum Beispiel, laufen auf ein Wirklichkeitsverständnis hinaus, das es uns immer weniger gestattet, am Begriff einer objektiven Realität festzuhalten. Diese Erkenntnisse hat die Wissenschaft unabhängig vom Buddhismus gewonnen. Allem Anschein nach geraten also die Naturwissenschaftler in diesem Bereich durch Schlussfolgerungen, die sie aus ihren eigenen wissenschaftlichen Voraussetzungen gezogen haben, an einen Punkt, an dem sie genötigt sind, den Gedanken an die Nichtsubstanzialität der Dinge und Geschehnisse in Betracht zu ziehen.

Die Nichtsubstanzialität der Dinge und Geschehnisse, so erklärt Shantideva im vorliegenden Text, lässt sich unter vielerlei Gesichtspunkten, auf unterschiedlichster Grundlage und mit einer Vielzahl von Argumenten erweisen. Hingegen gebe es keine einzige Prämisse, von der aus sich jene Auffassung erhärten ließe, der zufolge den Dingen und Geschehnissen eine objektive, ihnen selbst innewohnende, eigenständige Existenz zukommt.

Ferner nimmt die vierte Strophe Bezug auf den Einwand der philosophischen Realisten gegen die Madhyamaka-These, dass den Dingen und Geschehnissen keine unabhängige Existenz zukomme. Ihren Widerspruch gegen diese These begründen die Realisten folgendermaßen: Falls die Dinge und Geschehnisse nicht über eine Eigenexistenz verfügen würden, wie ließe sich dann behaupten, durch spirituelle Praxis könne der Mensch an das Ziel des Weges, zur Befreiung, gelangen? Selbst das Kausalprinzip, so die Argumentation der Sautrantikas, werde durch das Leerheitsverständnis der Madhyamaka-Lehre in Abrede gestellt.

Keineswegs, entgegnen die Madhyamikas, negiere die von ihnen vertretene Lehre die Kausalität. Einzig und allein in Hinblick auf die letztendliche Wahrheit werde die Gültigkeit des Kausalprinzips bestritten. Auf der konventionellen Ebene behalte die Gesetzmäßigkeit von Ursache und Wirkung gemäß ihrer Auffassung jedoch sehr wohl ihre Gültigkeit. Gerade weil sich die Geltung dieser Gesetzmäßigkeit auf die konventionelle Realität erstrecke, könne sie bedenkenlos als gültiger Bestandteil unserer konventionellen Alltagswelt akzeptiert werden. Denn diese konventionelle Realität erkennen die Madhyamikas ja ausdrücklich an. Dazu bedarf es weder einer Analyse der Wirklichkeit in Hinblick auf ihre letztendliche Natur, noch muss ermittelt werden, worauf – auf welche Realitäten in der außersprachlichen Welt – die Sprache mit ihren Begriffen tatsächlich verweist. Ebenso erkennen sie auf der Ebene der konventionellen oder relativen Wahrheit an, dass man durch spirituelle Praxis das Ziel des Weges erreichen kann: die Befreiung, den Zustand der Buddhaschaft. Darum erklären die Madhyamikas ausdrücklich, dass ihre Lehre die Kausalität nicht in Abrede stellt.

Weiter heißt es bei Shantideva:

> (5) Wenn gewöhnliche Menschen die Phänomene betrachten,
> halten sie diese für etwas wirklich Existierendes,
> ohne ihrer illusionären Natur gewahr zu sein
> – was Yogis und gewöhnliche Menschen unterscheidet.

In dieser Strophe gibt Shantideva zunächst einmal die Entgegnung der Realisten auf die Rechtfertigung der Madhyamikas wieder. Sinngemäß lässt er die Realisten sagen: »Wenn ihr die Gültigkeit der konventionellen, durch die hier geltende Gesetzmäßigkeit von Ursache und Wirkung konstituierten Welt anerkennt, dann besagt diese Gültigkeit für uns, dass die konventionelle Welt wirklich ist. Und somit kommen wir zu dem Schluss, dass Ursache und Wirkung über eine eigenständige Existenz verfügen. Worin unterscheidet sich eure Auffassung also überhaupt von der unseren? Vielleicht handelt es sich hier lediglich um ein semantisches Problem?«

Die Madhyamikas erwidern: »Das trifft so nicht zu. Ihr Realisten erkennt ja nicht einfach nur die Gesetzmäßigkeit von Ursache und Wirkung auf der konventionellen Ebene an. Vielmehr glaubt ihr an eine objektive, von ihnen selbst herrührende, immanente Existenz dieser Dinge und Geschehnisse. Denn nach eurer Überzeugung kommt den Dingen und Geschehnissen eine Art objektiver, eigenständiger Status zu, existieren die Phänomene von sich aus, aus eigener Kraft.« Die Madhyamikas fahren fort: »Für unseren in Irrtum und Täuschung befangenen Geist, dies können wir einräumen, hat es den Anschein, als verfügten die Dinge und Geschehnisse über eine eigenständige, immanente Realität und als existierten sie unabhängig von unserer Wahrnehmung. Dabei handelt es sich nach unserer Auffassung jedoch um eine bloße Illusion; und den Anschein, den die Dinge und Geschehnisse so erhalten, können wir nicht gelten lassen. Denn zwischen der Art und Weise, wie wir die Dinge wahrnehmen, und ihrer tatsächlichen Beschaffenheit besteht aus unserer Sicht eine Diskrepanz. Daher vertreten wir in diesem Punkt eine grundlegend andere Auffassung als ihr. Wir sind keineswegs der Meinung, dass es sich hier schlicht und einfach um eine semantische Unstimmigkeit handelt.«

Die beiden ersten Zeilen der nächsten Strophe lauten:

(6ab) Formen und so weiter, auch wenn wir sie direkt
       wahrnehmen,
       gelten nur der konventionellen Erfahrung,
       nicht jedoch einer gültigen Erkenntnis als
       wirklich existent.

Beide, die Realisten wie die Madhyamikas, erkennen die Existenz von Formen, Dingen und Geschehnissen an. In diesem

Punkt sind sie sich einig. Kontrovers wird dagegen die Frage diskutiert, ob Formen und dergleichen in der Weise existieren, wie es den Anschein hat. Die Realisten stehen hier auf dem Standpunkt, dass Formen und dergleichen nicht nur existieren, sondern dass sie dies darüber hinaus in der Weise tun, wie sie sich unserer Wahrnehmung zeigen. Gemäß ihrer Auffassung sind unsere Wahrnehmungen der Dinge und Geschehnisse zuverlässig gültige Wahrnehmungen. Daher, argumentieren sie, müssen diese Dinge und Geschehnisse eigentlich über eine objektive Eigenexistenz verfügen.

Durchaus zutreffend sei, so die Madhyamikas, dass die Dinge und Geschehnisse – Formen zum Beispiel – mittels gültiger kognitiver Prozesse wie etwa unserer Sinneswahrnehmungen erkannt werden. Das bedeute allerdings nicht, dass diese Wahrnehmungen in all ihren Aspekten verlässlich sind. Gültig seien sie, was die Wahrnehmung der Objekte anbelangt; trügerisch seien sie hingegen, sofern diese Objekte wahrgenommen werden, als hätten sie ein objektives, eigenständiges Dasein.

Daher können wir den Madhyamikas zufolge von zwei Aspekten der Wahrnehmung sprechen: Unsere aus dem einen Blickwinkel zuverlässig gültige Wahrnehmung erweist sich aus anderer Perspektive als irreführend beziehungsweise fehlgeleitet. Auf der Grundlage dieses Verständnisses können wir an einem einzigen Erkenntnisvorgang zwei Aspekte unterscheiden. Und die bloße Tatsache, dass wir zuverlässig gültige, unmittelbare Erfahrungen von Objekten haben, bedeutet demnach nicht, dass diese Dinge und Geschehnisse, die Gegenstand unserer Erfahrung sind, über eine objektive, unabhängige Existenz verfügen.

Genau um diese voneinander abweichenden Auffassungen geht es im Wesentlichen in der Diskussion zwischen Bhavaviveka und Chandrakirti, die schließlich dazu führte, dass sich innerhalb der Madhyamaka-Lehre zwei unterschiedliche Schulrichtungen herausgebildet haben: Madhyamaka-Svatantrika und Madhyamaka-Prasangika. Strittig zwischen Bhavaviveka und Chandrakirti war vor allem, ob es Objekte gibt, die von beiden – Realisten wie Madhyamikas – anerkannt werden: Objekte, die von sich aus existieren und eine Eigennatur haben.

Weiter heißt es in der sechsten Strophe:

(6cd) Sie für wirklich existent zu halten ist ebenso falsch,
als käme man überein, etwas Unreines als rein anzusehen.

Der Einwand der Realisten: Wenn die Dinge nicht von sich aus existieren, also keine Eigennatur haben, wenn die Dinge und Geschehnisse über keine objektive, unabhängige Existenz verfügen, aus welchem Grund nehmen wir alle sie dann in dieser Weise wahr? Allgemein scheine man sich darüber einig zu sein, so argumentieren sie, dass die Dinge wirklich sind – zumindest, soweit dies unsere Wahrnehmungen anbelangt.

Dem halten die Madhyamikas entgegen, allgemeine Übereinstimmung brauche keineswegs zu bedeuten, dass etwas wahr ist – wie zum Beispiel im Fall der Reinheit des Körpers: Unter den gewöhnlichen Menschen scheine Einvernehmen darüber zu herrschen, dass er rein sei, obwohl er in Wahrheit heterogen und unrein ist, da er aus verschiedenen unreinen Elementen besteht. So rechtfertigen die Madhyamikas ihre Zurückweisung einer Eigenexistenz gegen die Einwände seitens der Realisten. Eine entscheidende Rolle innerhalb ihrer Rechtfertigung spielt der Nachweis, dass der Glaube an eine Eigenexistenz sogar unserer gültigen Alltagserfahrung widerspricht.

In der siebten Strophe verteidigen die Madhyamikas ihre Leerheitsphilosophie dann gegen Einwände, die sich auf Zitate aus den Schriften des Buddha stützen:

(7abc) Um den gewöhnlichen Menschen Anleitung zu geben,
hat der Buddha von den »Dingen« gesprochen,
als seien sie wirklich existent,
doch sind sie dies in Wahrheit nicht einmal für einen Augenblick.

Gegen die Madhyamaka-Sichtweise machen die Realisten das Argument geltend, der Buddha selbst habe in seiner ersten öffentlichen Lehrrede erklärt, dass die Dinge und Geschehnisse nicht nur existieren, sondern darüber hinaus charakteristische Merkmale wie Flüchtigkeit, Vergänglichkeit und Unzulänglichkeit aufweisen. Wenn Formen und dergleichen über kein Eigendasein verfügen, so argumentieren sie, wie können wir dann behaupten, dass ihnen solche Merkmale zu eigen sind?

Darauf entgegnen die Madhyamikas: Als der Buddha diese Lehrrede hielt, in der er über die vier edlen Wahrheiten sprach, insbesondere über die vier Merkmale des Leids wie zum Beispiel Vergänglichkeit, sei es ihm doch lediglich darauf angekommen, den empfindenden Wesen zur Überwindung ihres Festhaltens an der Vorstellung von Dauerhaftigkeit und ihres Anhaftens am samsarischen Dasein zu verhelfen.

Letztlich sollen diese Unterweisungen die Menschen dazu anleiten, vollständige Einsicht in Leerheit verwirklichen zu können. Diese Unterweisungen im Rahmen der ersten Lehrrede sind demzufolge hilfreiche Mittel auf dem zur Leerheitseinsicht führenden Weg. Zum Prinzip der Leerheit stehen sie daher keinesfalls in Widerspruch.

Anschließend lässt Shantideva die Realisten einen weiteren Einwand gegen die Zurückweisung einer Eigenexistenz durch die Madhyamikas vorbringen: Falls die Dinge auf der letztendlichen Ebene nicht existieren, argumentieren sie, dann können sie doch ebenso wenig auf der relativen Ebene existieren. Die Entgegnung der Madhyamikas setzt das Streitgespräch fort.

> (7d) Fragst du dich daraufhin: »Widerspricht das nicht der Aussage, sie existierten auf relative Weise?«,
>
> (8) dann solltest du erkennen, dass hier kein Widerspruch vorliegt.
> Der Yogi erfasst nämlich den relativen Charakter der Dinge, während gewöhnliche Menschen sie für absolut halten.
> Andernfalls würde die gewöhnliche Wahrnehmung der Menschen
> unsere gesicherte Einsicht in die [Tatsache der] Unreinheit des Körpers widerlegen.

Obwohl in Wirklichkeit, so die Kernaussage dieser Entgegnung, die Dinge und Geschehnisse flüchtig und der Vergänglichkeit unterworfen sind, neigen wir im täglichen Leben dazu, sie als dauerhaft, als beständig wahrzunehmen. Dies reicht jedoch nicht aus, um die Tatsache, dass die Dinge und Geschehnisse flüchtig und vergänglich sind, zu widerlegen. Dementsprechend liegt für die Madhyamikas kein Widerspruch darin, jene Position aufrechtzuerhalten, der zufolge die Dinge und Geschehnisse auf der relativen Ebene unbeständig sind, während sie dieses Merkmal im letztendlichen Verständnis nicht aufweisen.

Wollte man sagen, dass alles, was unserer gewöhnlichen Sicht der Dinge widerspricht, keine Geltung hat, so würde die meditativ gewonnene Erkenntnis der Unreinheit des Körpers – unrein insofern, als er sich aus unreinen Substanzen wie Blut, Fleisch und Knochen zusammensetzt – ebenfalls ihre Gültigkeit verlieren. Denn in unserer Alltagswahrnehmung fühlen wir uns des Öfteren von einem schönen Körper angezogen, und das zugrunde liegende Verlangen nach ihm erleben wir als etwas Wünschenswertes, Vollkommenes und in gewissem Sinn Reines.

Verdienst und Wiedergeburt

Vom Madhyamaka-Standpunkt aus, so der nächste von den Realisten erhobene Vorwurf, sei ein Ansammeln von Verdienst, von positivem Potenzial, nicht möglich.

> (9ab) »Wenn selbst der Buddha eine Illusion ist,
> wie kann dann durch ihn Verdienst entstehen«,
> ganz so, als würde er wirklich existieren?

Selbst die Buddhas, so das Argument der Realisten, müssten den Madhyamikas zufolge illusionsgleich und daher in einem letztendlichen Sinn unwirklich sein. Wäre dies aber der Fall, wie ließe sich dann behaupten, dass wir Verdienst ansammeln können, indem wir die Buddhas als Zufluchtsjuwele verehren?

Darauf entgegnen die Madhyamikas: Ebenso wie die Realisten glauben, dass man durch die Verehrung eines immanent wirklichen Buddha – eines Buddha, dem eine eigenständige, ihm selbst innewohnende Wirklichkeit zukommt – immanent wirkliches Verdienst ansammelt, können wir im Rahmen unserer philosophischen Lehre sagen, dass man durch die

Verehrung eines illusionsgleichen Buddha illusionsgleiches Verdienst ansammelt. Darin liegt keinerlei Widerspruch. Durch unsere Zurückweisung einer unabhängigen Existenz wird die Möglichkeit, Verdienst anzusammeln, also keineswegs in Abrede gestellt.

Darauf folgt der nächste Einwand der Realisten:

(9cd) »Falls jedoch alle Wesen einer Illusion gleichen,
wie können diese dann, nachdem sie gestorben
sind, wiedergeboren werden?«

Der Madhyamaka-Leerheitsphilosophie zufolge, so argumentieren die Realisten, sei die Vorstellung von einer Wiedergeburt nicht aufrechtzuerhalten. Da sie eine wahre Existenz in Abrede stelle und von Existenz lediglich in einem nominellen Sinn – im Sinn einer Benennung, einer Begriffszuordnung – spreche, wären dann ja auch alle empfindenden Wesen illusionsgleich. Wie aber solle denn, bitte schön, ein illusionäres Lebewesen nach dem Tod wiedergeboren werden können?

Dies sei nicht bloß möglich, entgegnen die Madhyamikas darauf. Tatsächlich werde es durch die hier gewählte Analogie sogar noch bestätigt.

(10) Solange die entsprechenden Bedingungen zusammenkommen,
bestehen und erscheinen auch die Illusionen.
Weshalb sollten die empfindenden Wesen als wirklich gelten,
bloß weil es sich bei ihnen um ein etwas länger währendes Kontinuum handelt?

Auch eine Illusion kommt nur in Abhängigkeit von Ursachen

und Bedingungen zustande. Sobald alle erforderlichen Ursachen und Bedingungen vorliegen, stellt sich das Resultat ein, in diesem Fall die Illusion. Treffen diese Ursachen und Bedingungen hingegen nicht zusammen, wird selbst so etwas wie eine Illusion nicht entstehen. Und solange im Geistesstrom die entsprechenden Ursachen und Bedingungen für eine Wiedergeburt vorhanden sind, führt dies dazu, dass man nach dem Tod wiedergeboren wird. Einerseits die Wiedergeburtslehre und andererseits die Leerheitsphilosophie zu vertreten ist also keineswegs unvereinbar miteinander.

Gut und Böse

»Wenn aber alles leer ist von unabhängiger Existenz, aus welchem Grund sollte man dann noch zwischen Gut und Böse unterscheiden?« Diese Frage stellen die Realisten in den Strophen 11 und 12.

> (11) Würde ich jemanden, der eine bloße Illusion ist,
> töten oder ihm etwas zuleide tun,
> wäre dies, da ja kein Geist vorhanden ist, nichts Schlimmes.
> Die Wesen sind jedoch mit einem illusionsgleichen Geist ausgestattet;
> infolgedessen entstehen Negativität und Verdienst.

> (12) Weil Zaubersprüche und Beschwörungsformeln dazu außerstande sind,
> bringen sie keinen illusionären Geist hervor.
> Illusionen rühren aber von unterschiedlichen Ursachen her;

daher sind sie von ebensolcher Verschieden-
artigkeit.

(13a) Eine einzige Ursache, die alles bewirken könnte,
gibt es nirgends!

Weiterhin argumentieren die Realisten: Würden alle empfindenden Wesen einem Trugbild oder einer Illusion gleichen,
dann würde man durch das Töten von Lebewesen kein negatives Karma ansammeln. Ebenso wenig wie wir negatives Karma
anhäufen würden, indem wir durch Zauberkraft hervorgerufene Illusionen töten, würde eurer Madhyamaka-Lehre zufolge
negatives Karma dadurch zustande kommen, dass wir illusionsgleiche Wesen töten.

Zwischen beiden Situationen gibt es allerdings einen wesentlichen Unterschied, erklärt Shantideva auf diesen Einwand hin.
Etwas, das durch Zaubersprüche und Beschwörungsformeln
hervorgebracht wird, hat kein Bewusstsein. Derartige Phänomene verfügen nicht über die Fähigkeit, Schmerz und Freude zu
empfinden; sie sind bloße Illusion. Demzufolge würde natürlich
kein negatives Karma angesammelt, wenn man eine durch Zauberkraft hervorgebrachte Person töten würde. Im Fall eines illusionsgleichen empfindenden Wesens verhält sich dies jedoch anders: Zwar sind die empfindenden Wesen insofern unwirklich,
als ihnen kein eigenständiges Dasein zukommt. Aber sie können
Schmerz und Freude empfinden. Sie sind eben empfindende Wesen. Durch die Tötung eines illusionsgleichen empfindenden
Wesens würde man daher unweigerlich illusionsgleiches negatives Karma ansammeln. Zwischen diesen beiden Situationen besteht somit ein qualitativer Unterschied.

Samsara und Nirvana

Anschließend gehen die Madhyamikas auf jenen Vorwurf ein, dem zufolge ihre Leerheitsphilosophie keine Unterscheidung zwischen Samsara und Nirvana zulasse.

(13bcd) »Wenn aber«, so werdet ihr nun weiter fragen,
»gesagt wird, letztendlich sei alles Nirvana,
müssten dann nicht Samsara, welches relativ ist,
und Nirvana dasselbe sein?«

(14) »Selbst ein Buddha befände sich demnach im
samsarischen Zustand.
Warum also«, wirst du fragen, »sollte man dann
den Weg eines Bodhisattva gehen?«
Solange die Kausalkette nicht durchtrennt ist,
werden auch die illusionären Erscheinungen
nicht enden.

(15ab) Ist die Kausalkette hingegen durchtrennt,
haben alle Illusionen, selbst die relativen, ein
Ende.

Der Madhyamaka-Lehre zufolge, so erklären die Realisten hier, verfügt kein einziges Phänomen über Eigenexistenz. Und dieses Nichtvorhandensein eines unabhängigen Daseins werde als Nirvana bezeichnet. – Wenn ihr Madhyamikas dieses Nichtvorhandensein aber als Nirvana bezeichnet, dann müssten Nirvana und Samsara auf dasselbe hinauslaufen. Denn auch Samsara ist ja leer von unabhängiger Existenz. Entsprechend würde gemäß eurer Lehre dann ebenso gelten, dass Samsara zu Nirvana wird. Beides kann jedoch nicht der Fall sein, denn Samsara und Nirvana unterscheiden sich voneinander. Mehr noch: Beide sind miteinander unvereinbar.

Falls Samsara und Nirvana sich nicht unterscheiden ließen, müsste man darüber hinaus unweigerlich akzeptieren, dass selbst die Buddhas an Samsara gefesselt blieben. Wenn aber nach eurer Lehre Samsara und Nirvana letztendlich eines und dasselbe sind, was sollte dann jemanden veranlassen, den Weg eines Bodhisattva einzuschlagen, um den Zustand der Buddhaschaft, den Zustand der Befreiung, zu erreichen?

Darauf entgegnet Shantideva, dass die Realisten das Nichtvorhandensein eines Eigendaseins – ein natürliches Nirvana – mit jenem Nirvana verwechseln, das man auf dem Weg der spirituellen Vervollkommnung erreicht. Das Aufhören des Leids besteht nicht einfach nur darin, dass kein eigenständiges Dasein vorhanden ist; vielmehr beinhaltet es zugleich die Auflösung von allem, was unseren Geist verdunkelt oder vernebelt: Die Emotionen, die uns zu schaffen machen, lösen sich ebenso auf wie unsere gewohnheitsmäßigen Prägungen. Deshalb müssen wir zwischen natürlichem Nirvana – Leerheit – und dem durch Meditation erreichten Nirvana unterscheiden. Hierbei handelt es sich um zwei verschiedene Sachverhalte. Und solange die Kausalkette, die zu einem immer weiter sich fortsetzenden Dasein in Samsara führt, nicht unterbrochen wird, bleibt die oder der Betreffende an den samsarischen Zustand gekettet. Ist die Kausalkette aber unterbrochen, wird der betreffende Mensch sich nicht bloß im Zustand des natürlichen Nirvana befinden, sondern auch dasjenige Nirvana verwirklicht haben, in dem er frei ist von den Fesseln des Leids.

Nun führen die Realisten folgendes Argument ins Feld: Kausalität und die darauf beruhenden Wechselbeziehungen zwischen den Dingen setzen voraus, dass ihnen eine objektive, von sich aus bestehende Realität zukommt. Zwar seien sie, entgegnen die Madhyamikas auf derlei Einwände, der Auffassung, dass sämtliche Dinge und Geschehnisse insofern illusionsgleich sind, als sie über keine unabhängige Existenz verfügen. Dessen ungeachtet bleibe die Kausalität jedoch ebenso in Kraft wie andere für die relative Welt maßgebliche Abläufe. Die Realität der konventionellen Welt, erklären die Madhyamikas, werde durch ihre Logik der Leerheit keineswegs aufgehoben; vielmehr bleibe sie völlig unangetastet.

Auch nachdem wir ein unabhängiges Dasein von Personen und von Phänomenen negiert haben, muss also die Welt der konventionellen Wahrheit weiterhin ihre Gültigkeit für uns behalten. Das ist ein ganz entscheidender Punkt. Nur so gelangen wir zum wahren »Mittleren Weg«, einer von den Extremen des Absolutismus und des Nihilismus freien Position. Und weil diese Position die Realität und die Gültigkeit der konventionellen Welt nicht in Abrede stellt, hat alles, was diese konventionelle Welt in Gang hält – Ursache und Wirkung, Subjekt und Objekt, etc. – nach wie vor Bestand. Haben wir uns diese Sicht der Dinge zu eigen gemacht, ist das ein Zeichen dafür, dass wir tatsächlich dem wahren Mittleren Weg folgen. Ansonsten verfallen wir philosophisch in eines der beiden Extreme: Entweder negieren wir die Realität der konventionellen Welt und gleiten immer mehr in eine nihilistische Position ab, oder unser philosophischer Standpunkt schlägt ins andere Extrem um, und wir verfechten eine Art von Absolutismus, indem wir uns an etwas Absolutes, Unvergängliches, Ewiges zu klammern versuchen. Shantideva und den Madhyamikas zufolge kommt es für einen Praktizierenden auf dem spirituellen Weg entscheidend darauf an, die ausgewogene Haltung des Mittleren Weges zu wahren.

MEDITATION

Nehmen Sie sich nun ein wenig Zeit für eine weitere kurze Medita-
tion, deren Thema die subtile Vergänglichkeit ist. Denken Sie dabei
zunächst einmal an Ihren Körper, insbesondere an den Blutkreislauf.
Wie pumpt Ihr Herz das Blut durch den Körper? Indem Sie darüber
nachdenken, werden Sie bemerken, dass Ihr Körper eine dynamische
Qualität aufweist: Niemals bleibt er statisch, niemals verharrt er in
ein und demselben Zustand. Und wenn Sie über äußere Gegenstände
nachdenken, wird Ihnen das gleiche Phänomen begegnen.

Beim Anblick eines historischen Gebäudes beispielsweise werden
Ihnen vermutlich solche Gedanken in den Sinn kommen wie: »Die-
ses Haus ist mehrere hundert Jahre alt.« Obgleich sein Kontinuum
während all dieser Zeit Bestand hatte, durchlief das Haus nichts-
destoweniger unablässig, in jedem Augenblick, einen Veränderungs-
prozess.

Besinnen Sie sich auf diese subtile Form von Vergänglichkeit, auf
diesen dynamischen Prozess, auf die durch unaufhörlichen, jederzeit
stattfindenden Wandel gekennzeichnete Natur der Phänomene. Die-
se subtile Vergänglichkeit bleibt indes nicht auf die Objekte der Au-
ßenwelt beschränkt. Unseren Geistesstrom betrifft sie ebenfalls. Bei
diesem handelt es sich zwar um ein Kontinuum; denken wir aller-
dings an einzelne Momente des in unserem Geist sich abspielenden
kognitiven und emotionalen Geschehens – an unsere Gedanken,
Gefühle und Geisteszustände –, dann werden wir feststellen, dass sie
alle sich mit jedem Augenblick verändern. Niemals tritt Stillstand
ein. Besinnen Sie sich also auf die Natur der inneren und äußeren
Phänomene, auf ihre Dynamik, auf den Wandel, der von einem Au-
genblick zum anderen in sämtlichen Phänomenen vonstatten geht.
Darin besteht, in wenigen Worten zusammengefasst, die subtile Ver-
gänglichkeit aller Dinge und Geschehnisse.

5 Das Wirklichkeitsverständnis der Nur-Geist-Schule

Die äußere Welt

Wir kommen nun zu einer Passage des Wurzeltextes, die sich speziell mit den Auffassungen der Chittamatra- oder Nur-Geist-Schule beziehungsweise mit deren Widerlegung befasst. Shantideva gibt zunächst die jeweilige These der Nur-Geist-Schule wieder, um anschließend vom Madhyamaka-Standpunkt aus deutlich zu machen, dass sie unhaltbar ist. Die beiden folgenden Zeilen formulieren die Auffassung der Nur-Geist-Schule in Form einer Frage.

> (15cd) »Falls das, was getäuscht wird, nicht existiert, was nimmt dann«, so fragst du, »die Illusionen wahr?«

Würden sämtliche Phänomene, wie von den Madhyamikas behauptet, einer Illusion gleichen, so der Einwand seitens der Nur-Geist-Schule, dann müssten auch unsere Vorstellungen, Wahrnehmungen und das Bewusstsein illusionsgleich sein. Wer oder was aber könnte in solch einem Fall die Illusionen überhaupt wahrnehmen?

Die Madhyamikas bedienen sich unterschiedlicher methodischer Ansätze, um diesem Einwand der Nur-Geist-Schule zu begegnen. Eine ihrer Widerlegungen stützt sich auf Analogien.

Im Buddhismus finden wir innerhalb der vier großen philosophischen Schulrichtungen zwei Hinayana-Lehrsysteme – Sautrantika und Vaibhashika – sowie zwei Mahayana-Systeme – Chittamatra und Madhyamaka. Beide Mahayana-Systeme erkennen übereinstimmend die Lehre von der Selbst-losigkeit der Phänomene an. Worin aber besteht eigentlich diese Selbst-losigkeit der Phänomene? Diesbezüglich unterscheidet sich die Auffassung der Nur-Geist-Schule von derjenigen der Madhyamikas.

Das Wirklichkeitsverständnis der Nur-Geist-Schule basiert auf der Lehre von der »dreifachen Natur«, der zufolge die *bedingte* – oder *relative* – *Natur*, die *durch Benennung unterstellte Natur* und die *vorbehaltlos gültige* oder *letztendliche Natur* voneinander zu unterscheiden sind. Spricht die Nur-Geist-Schule von der Selbst-losigkeit der Phänomene, so tut sie es vor dem Hintergrund dieser Lehre: Wenn das Selbst, die Identität, in Abrede gestellt wird, geht es nach diesem Verständnis der Selbst-losigkeit von Phänomenen in erster Linie um die – lediglich im Geist kreierte oder konstruierte – Ebene der *durch Benennung unterstellten Natur*. Es geht um die Frage, in welcher Weise die Begriffe unseres sprachlich verfassten Denkens sich auf ihre realen Bezugsobjekte, auf die Sachverhalte der außersprachlichen Wirklichkeit, beziehen. Bei solchen Phänomenen oder Alltagsgegenständen wie Vasen, Säulen oder Tischen zum Beispiel handelt es sich gemäß der Argumentation der Nur-Geist-Schule nicht um etwas von sich aus Existierendes, das dann *an sich* den Begriffen zugrunde liegt.

Schließlich sind ihrer Auffassung zufolge die Phänomene der Außenwelt ja geistige Projektionen, letzten Endes also eine erweiterte Form des Geistes. In diesem Sinn stellt die Nur-Geist-

Schule die Realität der äußeren Welt in Abrede. Wenn wir, erklären ihre Anhänger, Alltagsgegenstände wie Vasen oder Tische sorgfältig untersuchen, haben wir zwar den Eindruck, als verfügten sie über eine gewisse Art von Eigenständigkeit, als existierten sie »dort draußen«. Tatsächlich seien solche Alltagsgegenstände jedoch nichts anderes als eine erweiterte Form des Geistes: vom Geist selbst ausgehende Projektionen beziehungsweise Konstruktionen ohne eigenständigen, objektiven Realitätsstatus in der äußeren Welt. Wenn Sie zu der Auffassung gelangen, der Außenwelt fehle es in dem beschriebenen Sinn an Realität, werden Sie weit weniger dazu neigen, an der Solidität, dem sozusagen handfest realen Charakter, den die Welt aufgrund unserer Wahrnehmung zu haben scheint, festzuhalten.

Fassen wir das Wirklichkeitsverständnis der Nur-Geist-Schule noch einmal kurz zusammen: Ihrer – von Shantideva widerlegten – Hauptthese gemäß ist die Außenwelt illusionär. Und bei unseren Wahrnehmungen von äußeren Objekten handelt es sich um Projektionen, die der Geist infolge von tief eingeprägten Neigungen hervorbringt.

Aus der Sicht der Nur-Geist-Schule, erklärt Shantideva in der nächsten Strophe, ließe sich noch nicht einmal behaupten, dass die Außenwelt real ist.

> (16) Falls für dich diese Illusionen nicht existieren,
> was wird dann aber wahrgenommen?
> Sofern den Objekten eine andere Seinsweise
> zukommt,
> dann die des Geistes selbst.

Weil nach Auffassung der Nur-Geist-Schule die Objekte der Außenwelt nicht wirklich existieren, sondern lediglich Projektionen des Geistes sind, erkennt sie an, dass zwischen unseren

Wahrnehmungen und der äußeren Realität eine gewisse Diskrepanz besteht. Damit, so argumentieren die Madhyamikas, erkennt die Nur-Geist-Schule zugleich aber auch die illusionsgleiche Natur der Wirklichkeit an – zumindest, soweit es die Außenwelt anbelangt. Folglich müssten die Anhänger der Nur-Geist-Schule akzeptieren, dass die äußeren Objekte über kein wahres, eigenständiges, immanentes Dasein verfügen – ihnen also ein wahrhaft ontologischer Status nicht zukommt. Denn einer Illusion müssen auch die Anhänger der Nur-Geist-Schule den Realitätsanspruch versagen.

Der sich selbst erkennende Geist

Hierauf könnten die Anhänger der Nur-Geist-Schule entgegnen: Zwar existieren die Gegenstände der Außenwelt nicht in der Weise, wie wir sie wahrnehmen – als Phänomene, die über eine eigenständige, objektive Realität verfügen. Damit wird aber nicht ausgeschlossen, dass sie Ausdrucksformen des Geistes sein können. Selbst wenn ihnen kein unabhängiges Dasein zukommt, kann man ohne weiteres den Standpunkt vertreten, dass sie als Geistesphänomene existieren. Mit dieser durchaus plausibel klingenden Gegenargumentation der Nur-Geist-Schule setzen sich die Madhyamikas in der nächsten Strophe auseinander:

> (17) Wenn jedoch der Geist selbst die Illusion ist,
> was wird dann von wem wahrgenommen?
> Der Weltenschützer selbst hat gesagt,
> dass der Geist den Geist nicht sehen kann.

Wenn es sich bei den illusionsgleichen äußeren Objekten jedoch lediglich um eine erweiterte Form des Geistes handelt, sind diese Objekte, so argumentieren die Madhyamikas, in Wirklichkeit Bestandteil des Geistes. In diesem Fall allerdings liefe die Auffassung der Nur-Geist-Schule notwendigerweise darauf hinaus, dass der Geist, wenn er äußere Objekte wahrnimmt, sich selbst wahrnimmt. Wie könnten wir dann aber in einer Situation, in der letzten Endes nichts anderes existiert als der Geist, in sinnvoller Weise von Subjekt und Objekt sprechen?

Zu Beginn der folgenden Strophe zitiert Shantideva ein Sutra, in dem der Buddha erklärt, dass eine Klinge, wie scharf sie auch sein mag, niemals sich selbst schneiden kann.

> (18) Der Geist vermag dies ebenso wenig, hat er
> weiter gesagt,
> wie die Schneide eines Schwertes sich selbst
> schneiden kann.
> »Aber«, wirst du einwenden, »er gleicht einer
> Flamme,
> die ihr eigenes Sein erhellt.«

Ebenso wenig kann ein Bewusstsein jemals sich selbst wahrnehmen. Die Vorstellung von einem sich selbst erkennenden Bewusstsein, erklärt Shantideva, ist unhaltbar. Auf diese Kritik hin entgegnen die Anhänger der Nur-Geist-Schule, sich ein Bewusstsein vorzustellen, das sich selbst erkennt, sei sehr wohl möglich. Um dies zu belegen, ziehen sie zum Vergleich eine Lampe heran: Genau wie eine Lampe anderen Objekten Licht spenden könne, weil sie selbst von lichthafter Natur sei, so könne das Bewusstsein andere Objekte erkennen, weil es selbsterkennend sei. Diese Erklärung lassen die Madhyamikas nicht gelten und entgegnen:

(19ab) Die Flamme kann sich nicht selbst erhellen.
Und warum? Weil Dunkelheit niemals
sie verhüllt!

Daraufhin greifen die Anhänger der Nur-Geist-Schule zu einem anderen Vergleich:

(19cd) »Die blaue Farbe von etwas Blauem hängt
doch nicht
wie im Fall eines Kristalls von anderem ab.«

(20ab) »Genauso gibt es Wahrnehmungen,
die von anderem abhängen,
aber auch solche, bei denen dies
nicht zutrifft.«

Der Nur-Geist-Schule zufolge können wir zwei verschiedene Arten von Blau unterscheiden. Legt man beispielsweise einen farblosen Kristall auf ein blaues Tuch, wird er einen bläulichen Farbton annehmen. Dieses Blau rührt allerdings von anderen Faktoren her; in diesem Fall vom Vorhandensein des blauen Tuchs unter dem Kristall. Im Unterschied dazu gebe es blaue Edelsteine, deren Blau nicht auf andere Faktoren zurückzuführen sei. Im zweiten Fall sei die Eigenschaft »blau« daher ein Wesensmerkmal, im ersten dagegen eine kontingente, in Abhängigkeit von etwas anderem entstandene Eigenschaft.

In gleicher Weise, so argumentieren sie, gebe es zwei grundverschiedene kognitive Prozesse: Der eine, unsere Sinneswahrnehmungen, beziehe sich auf äußere Objekte, während der andere sich nicht auf äußere Objekte richte, sondern die Wahrnehmung selbst zum Gegenstand habe.

Die Nur-Geist-Schule unterscheidet also zwischen Prozessen der Selbsterkenntnis und solchen, in denen andere Objekte erkannt werden. Diese von den Anhängern der Nur-Geist-Schule vorgetragene Rechtfertigung weist Shantideva zurück:

> (20cd) Aber das, was blau ist,
> hat sein Blau nicht selbst hervorgebracht.

Eine Eigenschaft »blau«, die nicht von anderen Faktoren herrührt, so sein Argument, kann es nicht geben. Der blaue Farbton ist die Eigenschaft eines Phänomens. Und sämtliche Phänomene, alle Dinge und Geschehnisse, kommen in Abhängigkeit von anderen Ursachen und Bedingungen zustande. Ganz wie der bläuliche Farbton, den ein farbloser Kristall annimmt, durch andere Faktoren bedingt ist, hängt auch das Blau des Lapislazuli von anderweitigen Bedingungen ab. Shantideva fährt fort:

> (21) Die Aussage: »Die Lampe spendet Licht«,
> kann der Geist aufgrund von Wahrnehmung
> formulieren.
> Aufgrund welcher Wahrnehmung aber
> ließe sich sagen: »Der Geist erhellt sich
> selbst«?

> (22) Niemand hat den Geist je gesehen; und der
> Frage nachzugehen,
> ob er sich selbst erkennen kann oder nicht,
> gleicht deshalb
> dem Gespräch über die Schönheit der Tochter
> einer Unfruchtbaren:
> Darüber zu diskutieren macht keinen Sinn.

97

Die Flamme einer Lampe – einer Butterlampe zum Beispiel – erhellt sich, so muss die Nur-Geist-Schule einräumen, nicht selbst. Denn andernfalls müssten wir uns die Auffassung zu eigen machen, dass auch das Licht einer Lampe von der Dunkelheit verhüllt wird. Und wie eine Lampe Licht spenden kann, ohne dass dieses sich selbst erhellt, schließt gemäß der Argumentation der Madhyamikas auch die Tatsache, dass Wahrnehmungen sich nicht selbst erkennen können, keineswegs aus, dass sie ihrer Natur nach erkennend sind.

Sogar der Vorgang des Leuchtens und Beleuchtens selbst, argumentiert Shantideva, hängt von anderen Faktoren ab: Licht kann nur gespendet werden, sofern etwas vorhanden ist, das von diesem Licht erhellt wird. Ebenso wenig lässt sich etwas wahrnehmen, solange kein Objekt vorhanden ist. Ansonsten wäre dies, als würde man über die Tochter einer unfruchtbaren Frau sprechen!

Doch die Nur-Geist-Schule führt ein weiteres Argument an, um zu beweisen, dass das Bewusstsein zur Selbstwahrnehmung fähig ist:

> (23ab) »Wenn aber der Geist nicht selbsterkennend ist,
> wie kann es dann«, so fragst du, »Erinnerung geben?«

Als Kriterium für die Beantwortung der Frage, ob etwas existiert, dient uns im Allgemeinen der Nachweis durch gültige Erkenntnis: Sobald sich etwas durch gültige Erkenntnis erweisen lässt, dürfen wir sagen, dass es existiert. Ob ein Phänomen Realität beanspruchen kann, hängt also von der Gültigkeit der Wahrnehmung oder Erkenntnis ab. Allerdings ist die Gültigkeit der Erkenntnis andererseits auch von deren Wirklichkeitsbezug abhängig. Zwischen der Erkenntnis und ihren Objekten besteht daher ein wechselseitiges Bedingungsverhältnis: Ohne Objekt kann es kein Subjekt geben – und genauso wenig eine Erkenntnis oder Bewusstsein.

Doch diese wechselseitige Abhängigkeit von Erkenntnis und Erkenntnisobjekt lässt die Nur-Geist-Schule nicht gelten. Aus ihrer Sicht nimmt das Bewusstsein, das Subjekt, eine herausgehobene Stellung ein, weil die Realität der Objekte durch die subjektive Erfahrung bezeugt wird. Die Realität des Subjekts muss dann aber ebenfalls bezeugt werden. Mit anderen Worten: Auch die Erkenntnis – das Subjekt – muss erkannt werden. Würde jedoch jede Erkenntnis, um Gültigkeit beanspruchen zu können, einen weiteren Erkenntnisakt erfordern, dann würde sich dies ad infinitum fortsetzen. Deshalb müssen wir davon ausgehen, so die Argumentation der Nur-Geist-Schule, dass eine Wahrnehmung sich notwendigerweise selbst wahrnimmt. Unsere kognitiven Prozesse müssen mit einer Fähigkeit zur Selbsterkenntnis einhergehen, die es unseren Erkenntnisakten ermöglicht, sich selbst wahrzunehmen.

Aus diesen Gründen sprechen die Anhänger der Nur-Geist-Schule dem Bewusstsein eine selbsterkennende Fähigkeit *(rang rik)* zu. Ausgangspunkt ihrer Argumentation ist unser Erinnerungsvermögen: Im Vorgang des Erinnerns, so die These, vergegenwärtigen wir uns nicht nur das Erinnerungsobjekt, vielmehr entsinnen wir uns zugleich, wie wir dieses Objekt wahrgenommen haben. Der Nur-Geist-Schule zufolge geht daraus hervor, dass ursprünglich bei der Wahrnehmung des Objekts eine weitere Fähigkeit mit im Spiel gewesen sein muss, die unsere Wahrnehmung registriert hat. Ebenso wenig, wie wir im allgemeinen Sprachgebrauch von einer Erinnerung sprechen können, ohne dass wir zuvor eines Objekts oder eines Geschehnisses inne geworden sind, ist es nach Auffassung der

Nur-Geist-Schule möglich, von der Erinnerung an eine Wahrnehmung zu sprechen, ohne uns dieser Erfahrung, dieses Wahrnehmungsprozesses, zu entsinnen. Und daraus folgern die Anhänger der Nur-Geist-Schule, dass zum Zeitpunkt der ursprünglichen Objektwahrnehmung ein selbsterkennendes Bewusstein in den Erkenntnisprozess einbezogen gewesen sein muss.

Shantideva gibt uns eine andere Erklärung für das Erinnerungsvermögen:

> (23cd) Erinnerung kommt durch die Beziehung zu
> anderen Erfahrungen zustande,
> ähnlich, wie das Gift der Wasserratte wirkt.

Aus Sicht der Madhyamikas sind Subjekt und Objekt gleichrangige Faktoren, weil beide aufeinander angewiesen sind. Anders ausgedrückt: Das eine hängt vom anderen ab und gewinnt durch das andere seine Gültigkeit. Die Madhyamikas räumen dem Bewusstsein daher keine herausgehobene Stellung ein.

Wenn wir uns eine Sinneswahrnehmung ins Gedächtnis rufen, zum Beispiel die Wahrnehmung eines blauen Farbtons, vermischt sich nach Aussage von Khunu Lama Rinpoche die eigentliche Erinnerung an das blaue Objekt mit der Erinnerung an die Wahrnehmung. Die Objekterinnerung kann sich niemals losgelöst von der Erinnerung an den Wahrnehmungsprozess, der mit dem betreffenden Objekt verknüpft ist, einstellen. Aus diesem Grund kommt uns bei der Erinnerung an das Objekt auch die eigene Wahrnehmung wieder in den Sinn. Darum besteht keinerlei Notwendigkeit, zur Erklärung des Erinnerungsvermögens eine eigenständige selbstwahrnehmende Fähigkeit geltend zu machen.

Anschließend führt die Nur-Geist-Schule ein weiteres Argument an, um das Konzept des sich selbst erkennenden Bewusstseins zu rechtfertigen.

> (24) »Unter bestimmten Voraussetzungen kann der Geist
> den Geist von anderen sehen, warum dann nicht sich selbst?«
> Bei Anwendung einer magischen Salbe
> kann das Auge den verborgenen Schatz sehen,
> nicht jedoch die Salbe selbst.

Durch tiefe meditative Versenkung, so das Argument der Nur-Geist-Schule, können bestimmte Menschen zu einer Klarsichtigkeit gelangen, die es ihnen ermöglicht, den Geist anderer Menschen wahrzunehmen. Aufgrund dessen müsse der Geist auch in der Lage sein, das wahrzunehmen, was ihm viel näher und vertrauter ist – sich selbst.

In ihrer Entgegnung greifen die Madhyamikas auf eine andere Analogie zurück. Zwar könnten manche Menschen, indem sie sich magischer Kräfte und Substanzen bedienen, Gegenstände wahrnehmen, die im Erdreich verborgen liegen; dennoch verleihe dies dem menschlichen Auge nicht die Fähigkeit, sich selbst wahrzunehmen. Ebenso wenig gewährleiste das Wahrnehmungsvermögen für den Geist eines anderen die Fähigkeit zur Wahrnehmung des eigenen Geistes.

Der Nur-Geist-Schule zufolge berauben wir uns, wenn wir das Vorhandensein dieser Befähigung zur Selbstwahrnehmung in Abrede stellen, der Basis, auf der wir die Gültigkeit der Erkenntnisprozesse erweisen können. Daher kommt Shantideva noch einmal darauf zu sprechen: Was das Auge

sieht, das Ohr hört und der Geist erkennt, wird keineswegs
negiert.

> (25) Nicht die Wahrnehmungen von Auge und
> Ohr
> oder die Erkenntnisse des Geistes wollen wir
> hier bestreiten,
> vielmehr der Ursache des Leids die Grundlage
> entziehen:
> der Vorstellung, dass solche Phänomene
> wahrhaft existieren.

Wir negieren lediglich die *fehlerhafte* Wahrnehmung dessen,
was wir sehen, hören und erkennen – unser Festhalten an der
Vorstellung, all diese Phänomene verfügten über eine eigenständige, von ihnen selbst herrührende, immanente Realität.
Denn diese Fehlwahrnehmung, dieses Verkennen der Wirklichkeit, ist die eigentliche Ursache dafür, dass wir leiden.

Unser Anhaften an einem »Ich« durchschauen

Um verstehen zu können, warum diese grundlegende Unwissenheit – das Festhalten an der Vorstellung von einer unabhängigen Existenz der Dinge und Geschehnisse – die eigentliche
Ursache unserer Unfreiheit ist, sollten wir zumindest in groben Zügen darüber Bescheid wissen, welcher Prozess psycho-
logisch und phänomenologisch gesehen bei der Entstehung
von Geistestrübungen in uns abläuft. Sobald wir spüren, dass
sich solche negativen Emotionen wie Wut, Hass und Anhaftung in uns regen, sollten wir prüfen, in welchem Licht uns
die Person oder die Sache erscheint, die unsere Emotion auslöst: Wie nehmen wir sie wahr?

Bei unseren Interaktionen mit der Welt nehmen wir die Dinge gewöhnlich so wahr, als hätten sie einen objektiven, eigenständigen Status, als existierten sie »dort draußen«. Dies geschieht aufgrund unserer Neigung, über unsere dualistischen Wahrnehmungen zur Welt in Beziehung zu treten. Wir haben die Tendenz, uns an unseren Wahrnehmungen zu orientieren und uns in der Weise an die Vorstellungsbilder, die sie uns vermitteln, zu halten, als verfügten diese über eine Art objektive, eigene Realität. Zumal in jenen Momenten gilt dies, in denen wir von starken Emotionen überwältigt werden.

Ein Beispiel: Haben wir ein starkes Verlangen nach einer Person oder Sache, dann erscheint uns das Objekt unseres Verlangens in solch einem Moment als etwas ganz und gar Vollkommenes und Begehrenswertes. Diese Attraktivität scheint unabhängig von unserer Wahrnehmung zu existieren. Umgekehrt haben wir bei heftigen Empfindungen von Wut oder Hass den Eindruck, als verfügten die Person beziehungsweise der Gegenstand, die unsere Wut auslösen, tatsächlich – unabhängig von unserer Wahrnehmung – über jene Eigenschaften, die bei uns Ablehnung und Abscheu hervorrufen. Sobald wir in heftige Emotionen verstrickt sind, neigen wir zur Schwarzweißmalerei; als seien die Dinge entweder hundertprozentig gut oder aber hundertprozentig schlecht. Bei solchen Gelegenheiten sollten wir unbedingt zu erkennen versuchen, wie wir uns tatsächlich zur Welt verhalten und wie sehr der Umstand, dass wir die Dinge und Geschehnisse fälschlich so wahrnehmen, als verfügten sie über eine unabhängige, ihnen selbst innewohnende Realität, unseren Bezug zu der uns umgebenden Welt beeinträchtigt.

Wenn wir solch heftige Emotionen wie beispielsweise Wut, Anhaftung oder Eifersucht sorgfältig analysieren, werden wir entdecken, dass im Mittelpunkt ihres Entstehungsprozesses ein starkes »Ich«-Empfinden steht – das deutlich ausgeprägte Gefühl, als eigenständiges Selbst oder »Ich« zu existieren. Unserer emotionalen Erfahrung liegen solche Gefühlsregungen beziehungsweise Gedanken zugrunde wie »Ich will das nicht!«, »Mir ist das zuwider!« oder »Ich finde es verlockend!«. Wie können wir mit diesem intensiven »Ich«-Empfinden umgehen und ihm etwas entgegensetzen? – Die Analyse ist der eine Schritt. Beim nächsten Schritt können wir uns dann, um diesen Geistestrübungen entgegenzuwirken, darum bemühen, weniger stark an der Vorstellung anzuhaften, der Gegenstand, an dem sich unsere Emotionen entzünden, habe eine fest gefügte, greifbare Beschaffenheit.

Nehmen wir als konkretes Beispiel Ihre Einstellung zu Besitz, zu einem Gegenstand, den Sie sehr schätzen: zu Ihrem Auto vielleicht oder Ihrer Uhr. Üben etwa Uhren eine starke Faszination auf Sie aus, dann sollten Sie versuchen, sich in Erinnerung zu rufen, welche Reaktionen die Uhr vor dem Kauf bei Ihnen ausgelöst hat – damals, als sie noch im Schaufenster des Uhrengeschäfts lag. Vergleichen Sie diese nun mit den Gefühlen, die Sie heute, nachdem Sie die Uhr erworben haben, mit ihr verbinden. Jetzt, da es sich um »Ihre« Uhr handelt, hat sie einen Platz in Ihrem »Ich«-Bewusstsein, welches in dem Gedanken »ich bin« zum Ausdruck kommt. Als Sie sich die Uhr in der Auslage des Geschäftes angeschaut haben, fanden Sie diese gewiss sehr reizvoll. Allerdings war damals die Verbindung zu Ihrem »Ich«-Empfinden weniger ausgeprägt, weil sie noch nicht Ihnen »gehört« hat. Hier lässt sich also beobachten, wie unterschiedlich unsere Gefühle sein können, obwohl sie sich auf ein und denselben Gegenstand beziehen.

Ganz allgemein können Emotionen wie Wut und Anhaftung in unterschiedlicher Stärke auftreten, je nachdem, in welchem Maß wir an der Vorstellung von einem Selbst beziehungsweise an dem Gedanken »ich bin« festhalten. Auf einer groben Ebene neigen wir dazu, uns das Selbst oder »Ich« als etwas real Existierendes vorzustellen: als eine von unserem Körper und Geist unabhängige Entität, die – einem Kontrolleur gleich – über eine Art eigenständige, auf niemand anderen angewiesene Realität verfügt. Das Festhalten an solch einem »Ich«-Empfinden vollzieht sich ganz unwillkürlich.

Falls es sich beispielsweise als notwendig erweisen sollte und wir das Gefühl hätten, dass dies für uns von Vorteil wäre, fänden wir es völlig akzeptabel, von medizinischen Optionen wie einer Herztransplantation oder der Amputation eines unserer Gliedmaßen Gebrauch zu machen. Bestünde die Möglichkeit, wären wir wahrscheinlich auch bereit, unseren Körper gegen einen anderen Körper zu tauschen, sofern dies zu unserem Wohlergehen beitragen würde. Wären wir vielleicht, wenn wir das Gefühl hätten, dabei einen guten Tausch zu machen, sogar bereit, unseren Geist zu tauschen?

Was können wir alldem entnehmen? – Diese Bereitschaft zeugt von unserem Glauben an ein Selbst oder »Ich«, das von unserem Körper oder unserem Geist völlig unabhängig ist. Shantideva hat in seinem Text deutlich gemacht, dass ein derartiges Selbst nicht vorhanden ist. Demzufolge existiert das Selbst, die Person, lediglich auf der Grundlage der Daseinsanhäufungen, der psychophysischen Komponenten. Eine Entität namens »Selbst« oder »Ich«, die an sich, getrennt von Körper und Geist, existiert, gibt es nicht.

Der entscheidende Punkt hierbei: Indem Sie darüber nachdenken, dass ein derartiges – den innersten Wesenskern einer Person ausmachendes – Selbst nicht existiert, werden Sie sich zweifellos in entsprechend geringerem Maß an solch eine Vorstellung von einem Selbst klammern. Und das führt dazu, dass

Sie längst nicht mehr so sehr auf eine fest umrissene Vorstellung von einem »Selbst« oder »Ich« fixiert sind.

Wenn Sie alle äußeren Objekte als Projektionen des Geistes – als etwas, das der in Irrtum und Täuschung befangene eigene Geist hervorgebracht hat – betrachten, werden Sie erheblich weniger an den Objekten der Außenwelt anhaften. Davon war bereits an anderer Stelle die Rede. Und ebenso wird Ihr unwillkürliches Festhalten an solch einem Selbst sich umso mehr zu lockern und zu lösen beginnen, je klarer Ihnen wird, dass es solch ein unabhängiges, eigenständiges Selbst nicht gibt.

Illusion und Geist

Anschließend setzt Shantideva sich mit einer weiteren These der Nur-Geist-Schule auseinander:

> (26) »Die Illusionen sind nichts anderes als der Geist«, erklärst du,
> und dennoch behauptest du zugleich, sie seien nicht mit ihm identisch.
> Aber müssen sie nicht, wenn der Geist wirklich ist, etwas anderes sein?
> Und wie kann der Geist wirklich sein, wenn sie sich nicht von ihm unterscheiden?

Eine Illusion, so wird hier geltend gemacht, ist vom Geist weder verschieden noch mit ihm identisch: Die Illusion ist nicht der Geist selbst. Da sie aber weder eins ist mit dem Geist, noch losgelöst von ihm besteht, muss sie eine Projektion des Geistes sein.

Wenn die Illusion in der äußeren Welt existiert, so argumentiert Shantideva, wie kann die Nur-Geist-Schule dann behaupten, sie sei lediglich eine Projektion des Geistes? Falls der Illusion andererseits keinerlei äußere Wirklichkeit zukäme, würde sie zur bloßen Geistesschöpfung. Wie aber ließe sich dann vom Standpunkt der Nur-Geist-Schule aus plausibel machen, dass Alltagsgegenstände wie Formen, Tische und Vasen tatsächlich existieren? Aus Sicht der Nur-Geist-Schule dürften sie in keiner Weise wirklich sein.

Aber die Anhänger der Nur-Geist-Schule vertreten die Auffassung, dass die Gegenstände der äußeren Welt, obgleich sie Trugbildern gleichen und nicht existieren, durchaus beobachtet werden können.

> (27) »Eine Illusion kann wahrgenommen werden«,
> erklärst du, »obwohl sie nicht wirklich existiert.«
> Gleiches gilt für den Geist: Obwohl illusionsgleich, nimmt er wahr.
> »Der Daseinskreislauf allerdings muss eine reale Grundlage haben«, sagst du,
> »denn andernfalls gliche er dem leeren Raum.«

Ebenso gilt, erwidert Shantideva, dass wir vom Geist, obwohl er aus dem Blickwinkel der letztendlichen Wahrheit nicht existiert, dennoch sagen können, er lasse sich beobachten. Darauf entgegnen die Anhänger der Nur-Geist-Schule, der Daseinskreislauf müsse eine objektive, substanzielle Realitätsgrundlage haben. Denn sonst würde er dem leeren Raum gleichen. Und dieser ist für sie lediglich eine gedankliche Abstraktion.

Raum ist für die Anhänger der Nur-Geist-Schule zwar etwas Abstraktes; nichtsdestoweniger stehen sie aber auf dem Standpunkt, er müsse eine substanzielle Realitätsgrundlage haben. Dies veranlasst Shantideva abermals zu dem Hinweis, allein der Geist verfüge aus Sicht der Nur-Geist-Schule über tatsächliche Existenz.

(28) Würde jedoch das Unwirkliche auf etwas
Wirklichem beruhen,
wie könnte es dann eine Wirkung entfalten?
Euer [sich selbst erkennender] Geist wäre ohne
Begleitung.
ganz für sich allein [ohne wahrgenommenes
Objekt].

(29) Wäre der Geist frei von Objektbezogenheit,
müssten wir alle in Soheit weilende Buddhas
sein.
Welchen Vorteil soll es also haben,
davon zu sprechen, alles sei »nur Geist«?

Ihre eigene Logik nötigt demnach die Anhänger der Nur-Geist-Schule anzuerkennen, dass der Geist unabhängig von allen Objekten existiert. Denn letzten Endes ist ja einzig und allein der Geist wirklich existent. Gesetzt den Fall, dies träfe zu, dann käme dies dem Dharmakaya-Zustand gleich, in dem sämtliche auf die äußere Welt bezogenen Gedankenprozesse verschwunden sind und keinerlei dualistische Erscheinungen zurückbleiben.

Im Endeffekt werden die Anhänger der Nur-Geist-Schule gelten lassen müssen, dass der Geist, da außer ihm nichts anderes existiert, von allen dualistischen Hervorbringungen frei sein muss. Denn aus ihrer Sicht sind ja sämtliche Formen von Dualität bloße Illusion, folglich etwas Nicht-Existierendes. Dies würde weiterhin bedeuten, dass alle empfindenden Wesen – da mit Geist ausgestattet – Buddhas sind:

vollkommen erleuchtet, frei von trügerischen Vorstellungen und dualistischen Wahrnehmungen. So macht Shantideva deutlich, dass die Auffassungen der Nur-Geist-Schule auf absurde Schlussfolgerungen hinauslaufen.

Die Position des Mittleren Weges

Wozu benötigen wir eigentlich das Leerheitsverständnis des Mittleren Weges? Der Erörterung dieser Frage wendet sich Shantideva im Folgenden zu. Als Erstes gibt er einen Einwand gegen die Madhyamaka-Position zur Leerheit von unabhängiger Existenz wieder:

> (30) »Und selbst wenn wir wissen, dass alles einer
> Illusion gleicht,
> wie soll dies die Leid bringenden Emotionen
> vertreiben,
> wo doch sogar in einem Magier
> Verlangen nach einer von ihm selbst
> geschaffenen Frau entstehen kann.«

Shantidevas Entgegnung auf diese Kritik in der nächsten Strophe lautet:

> (31) Letzteres geschieht, weil der Schöpfer dieser
> Illusion das gewohnheitsmäßige Verlangen
> nach den Objekten der Wahrnehmung nicht
> abgelegt hat.
> Und darum ist seine gewohnheitsmäßige
> Neigung, beim Betrachten solcher Dinge
> Leerheit zu gewahren, nur schwach ausgeprägt.

Selbst bei einem Illusionisten, dem Schöpfer einer imaginären Frau, so räumt er ein, regen sich mitunter Lustempfindungen, obwohl er doch eigentlich genau weiß, dass er eine bloße Illusion vor sich hat. Dies sei, sagt Shantideva, auf des Magiers gewohnheitsmäßige Neigungen und Gedankenmuster zurückzuführen.

In gleicher Weise unterliegen wir, auch nachdem wir die illusionsgleiche Natur der Phänomene, ihre Leerheit, erkannt haben, der gewohnheitsmäßigen Tendenz, so an den Dingen und Geschehnissen zu haften, als verfügten sie über eine ihnen selbst innewohnende, unabhängige Realität. Dies geschieht aufgrund von unwillkürlichen Gewohnheiten, die sich im Verlauf vieler Leben herausgebildet haben.

Wenn hier von karmisch angelegten Samen beziehungsweise von Neigungen die Rede ist, sollte man unbedingt vor Augen haben, dass es in erster Linie zwei Arten von Samen oder Neigungen gibt: Im einen Fall handelt es sich um Dispositionen oder Prägungen im Sinn von Potenzialen, die sich im Bewusstsein später in offensichtlicheren Erscheinungsformen manifestieren können, während es in allen anderen Fällen weniger um Potenziale geht als vielmehr um Tendenzen, die sich zu gewohnheitsmäßigen Mustern verfestigen und dadurch unsere Wahrnehmungen und Einstellungen beeinflussen.

Indem wir eine innige Vertrautheit mit unserer Einsicht in Leerheit entwickeln, uns immer wieder auf sie besinnen, erklärt Shantideva, können wir uns allmählich dem Einfluss dieser nachhaltig wirksamen gewohnheitsmäßigen Impulse entziehen. Sobald wir zu einer tiefer gehenden Einsicht in Leerheit Zugang gefunden haben und wir in keiner Weise mehr in Extreme verfallen, werden alle dualistischen Tendenzen wie auch jegliches Festhalten an dualistischen Vorstellungen verschwinden. Und durch ständige Vertrautheit, das heißt, indem wir unentwegt solch eine tiefgründige Einsicht entwickeln, überwinden wir schließlich auch unsere gewohnheitsmäßige Neigung, an der Vorstellung von unabhängiger Existenz festzuhalten.

Es ist unerlässlich, dass wir bis an die Wurzel – zur Einsicht in subtile Leerheit – vordringen, da so jedweder Form von substanzieller und unabhängiger Eigenrealität die Grundlage entzogen wird. Dabei kommt es entscheidend darauf an, dass unsere Einsicht in Leerheit nicht, wie etwa bei der Nur-Geist-Schule, unvollständig bleibt. Denn die Nur-Geist-Schule stellt einerseits zwar die Realität der äußeren Welt in Abrede, andererseits macht sie jedoch für den Geist beziehungsweise das Bewusstsein eine Art absoluten Realitätsanspruch geltend: Anhaftung findet hier nach wie vor reichen Nährboden, weil man noch nicht zu einem wirklich umfassenden Leerheitsverständnis gelangt ist.

Im Vergleich zur Position der Nur-Geist-Schule geht die Svatantrika-Madhyamaka-Schule einen Schritt weiter: Weder der Geist noch die äußeren Objekte, so erklären ihre Anhänger, verfügen über eine substanziell wirkliche Existenz. Nichtsdestoweniger gilt für sie, dass dem Geist wie auch seinen Objekten eine subtile Form von unabhängiger Eigenrealität zukommt. Daher bleibt ihr Leerheitsverständnis ebenfalls unvollständig.

Beim Leerheitsverständnis der Prasangika-Madhyamikas verhält es sich anders. Da hier das Vorhandensein jeder Art von unabhängiger, immanenter Realität zurückgewiesen wird, ist diese alles umfassende Einsicht in Leerheit vollständig und letztgültig: Und durch sie wird jegliche Tendenz, irgendetwas für absolut zu halten, aufgelöst. Dies ist demnach das wahre Leerheitsverständnis, das es zu kultivieren gilt.

In der nächsten Strophe fordert Shantideva uns allerdings zu Achtsamkeit auf.

> (32) Gewöhnt man sich durch Übung an [das Gewahrsein von] Leerheit,
> wird die Gewohnheit, die Dinge als substanziell wirklich anzusehen, immer schwächer werden.
> Und wer sich bei allem in [dem Gewahrsein von] Nicht-Existenz übt,
> wird schließlich auch [eine mögliche Fixierung auf] Leerheit hinter sich lassen.

Damit man nicht Gefahr läuft, Leerheit zu verdinglichen oder zu vergegenständlichen, bedarf es selbstkritischer Bewusstheit. Darauf weist Shantideva uns hier ausdrücklich hin. Denn man könnte zu dem Schluss kommen, obgleich alle Dinge und Geschehnisse leer sind von unabhängiger Existenz, sei Leerheit selbst etwas Absolutes. Sobald allerdings unsere Anschauung von Leerheit vollkommen ist, legt Shantideva dar, wird auch diese Tendenz, sie zu vergegenständlichen, verschwinden.

Die Textauslegung bei Khenpo Künpäl weicht an dieser Stelle zwar ein wenig von derjenigen in Minyak Künsös Kommentar ab, im entscheidenden Punkt stimmen letztlich jedoch beide überein – in der Notwendigkeit, vollständige Einsicht in Leerheit zu gewinnen, damit wir uns so zugleich vom Festhalten an der Vorstellung, Leerheit sei wirklich existent, freimachen können.

In den nächsten beiden Strophen macht Shantideva deutlich, dass wir durch Leerheitsmeditation einen Zustand erreichen können, der von begrifflichen Vorstellungen, von Konzepten, frei ist.

(33) Wenn es heißt, es gebe nichts,
ist kein »Etwas«, kein Objekt vorhanden, das
untersucht werden könnte.
Denn wie kann ein jeder Grundlage entbehren-
des Nichts
vor dem Geist als ein Etwas gegenwärtig
bleiben.

(34) Wenn weder Wirkliches noch Nichtwirkliches
vor dem Geist erscheint,
bleibt diesem nichts anderes zu tun,
als frei von Vorstellungen in vollkommenem
Frieden zu verweilen.

Für ihn als Madhyamika, erklärt Shantideva, behalten alle auf
der konventionellen Wirklichkeitsebene geltenden Regeln und
Gesetzmäßigkeiten – beispielsweise das Gesetz von Ursache
und Wirkung oder die Möglichkeit, Befreiung zu erlangen –
ihre Gültigkeit. Im Rahmen ihrer Lehre von der tatsächlichen
Existenz der Dinge und Geschehnisse sprechen die Realisten
allerdings ebenfalls vom Weg zur Befreiung und von der Möglichkeit, vollständige Befreiung zu verwirklichen. Doch wir können, argumentiert Shantideva, durchaus auf der einen Seite die
Auffassung vertreten, dass alle Dinge letzten Endes unwirklich
sind und über keine Eigenexistenz verfügen, und andererseits
zugleich schlüssig von der Möglichkeit sprechen, Buddhaschaft
zu verwirklichen. Dies legt er in den Strophen 35–37 dar.

(35) Wie das wunscherfüllende Juwel und der
Wunder wirkende Baum
alle Hoffnungen erfüllen und alle Wünsche
zufrieden stellen,

ebenso erscheinen die Siegreichen aufgrund
von Wunschgebeten
denjenigen Wesen auf der Welt, die angeleitet
werden möchten.

(36) Auch nach dem Tod seines Erbauers
heilt der Schrein des Garuda noch über lange
Zeit
Krankheiten aller Art
und neutralisiert Gifte.

(37) In gleicher Weise manifestieren sich,
in Einklang mit der Aktivität des Erwachens
die Schreine [Körper] der Siegreichen und
vollbringen jegliche Wohltat,
auch wenn der Bodhisattva über das Leid
hinausgelangt ist.

Shantideva lässt seinen Kontrahenten folgende Frage stellen:

(38ab) »Wie aber«, so fragst du, »können Ehrerbietungen,
wenn man sie Wesen darbringt, deren Geist von
Vorstellungen frei ist, heilsam wirken?«

Seine Antwort:

(38cd) Ob ein Buddha lebt, heißt es [in den Schriften],
oder hinübergegangen ist:
Die Ehrerbietungen, die man ihm darbringt,
bewirken gleich großes Verdienst.

(39) Auf der relativen wie auf der letztendlichen
Ebene
entsteht den Schriften zufolge Verdienst
– ein Verdienst, das jenem entspricht,
welches uns bei einem wahrhaftig anwesenden
Buddha zuteil wird.

MEDITATION

Nehmen Sie sich wieder die nötige Zeit zu einer kurzen Meditation. Stellen Sie sich vor, dass Sie eine heftige emotionale Erfahrung machen – zum Beispiel auf einen anderen Menschen wütend sind oder aber sehr stark an jemandem hängen. Als Nächstes sollten Sie sich vergegenwärtigen, wie Sie, befangen in dieser Emotion, reagieren würden, falls Sie in der einen oder anderen Situation mit der betreffenden Person zu tun hätten. Analysieren Sie Ihr Verhalten gegenüber jenem Menschen, auf den sich Ihre Wut richtet beziehungsweise an dem Sie so sehr hängen, und vergleichen Sie es mit dem Verhalten, das Sie anderen Menschen gegenüber normalerweise an den Tag legen. Schauen Sie sich an, inwiefern sich diese Verhaltensweisen unterscheiden, und vergleichen Sie die beiden Szenarien miteinander. Auf diese Weise werden Sie die psychischen Prozesse kennen lernen, die an einer starken Geistestrübung wie Wut beteiligt sind, und nachvollziehen können, wie solche den Geist trübenden Emotionen in der Anhaftung an gewissen verdinglichten Eigenschaften der betreffenden Person wurzeln.

6 Die Authentizität
des Mahayana

REFLEXIONEN ZUR WEISHEITSPRAXIS

Wie wir Glück bewirken können
Die gesamte Welt der empfindenden Wesen, also auch ihr
jeweiliger Lebensraum, erklärt Chandrakirti in »Eintritt in
den Mittleren Weg«, ist das Resultat von Ursachen und Bedingungen. Damit meint Chandrakirti vor allem diejenigen Ursachen und Bedingungen, die für das Karma der empfindenden
Wesen ausschlaggebend sind. Erst entsteht ein Individuum,
schließlich vergeht es und hört auf zu existieren. Wenn wir das
Kontinuum der Ursachen und Bedingungen zurückverfolgen,
stellen wir fest, dass letzten Endes alles eine Frage von – positivem oder negativem – Karma ist.

Karma wiederum lässt sich auf die Absicht und Motivation der handelnden Person zurückführen. Alles hängt
demnach von der Geisteshaltung jedes Einzelnen ab. Ein
gezähmter und ruhiger Geisteszustand zeitigt erfreuliche,
wohltuende Konsequenzen. Eine ungezügelte, negative
Geistesverfassung und Motivation hingegen hat unliebsame Erfahrungen von Schmerz und Leid zur Folge. Der
Geist, so hat der Buddha in verschiedenen Sutras erklärt, ist
daher der Schöpfer aller empfindenden Wesen: Er ist der
Schöpfer von Samsara. Entsprechendes gilt für Nirvana. In

gewissem Sinn bringt der Geist demnach Samsara wie auch Nirvana hervor.

In einer Hinsicht sind alle Menschen gleich: Jedem von uns wohnt von Natur aus der Drang inne, glücklich zu sein und Leid zu vermeiden. Und wie können wir dafür sorgen, dass unser Wunsch nach Glück in Erfüllung geht? Indem wir diejenigen Ursachen und Bedingungen ausfindig machen, die tatsächlich ausschlaggebend dafür sind, dass uns in zunehmendem Maß Glück und Zufriedenheit zuteil werden, während wir zugleich jene Faktoren, die Schmerz und Leid hervorrufen, beseitigen beziehungsweise uns von ihnen freimachen. Das ist die eigentliche Essenz der Dharma-Praxis.

Unsere persönliche Verfassung – ob wir glücklich sind, uns ärgern oder wie auch immer sonst uns zumute ist – hängt natürlich von vielerlei Umständen ab, unter anderem von den körperlichen Gegebenheiten; beispielsweise davon, ob wir erschöpft oder entspannt sind. Andererseits hängt ein Gutteil unserer Gedankenprozesse jedoch keineswegs in erster Linie von diesen physiologischen Gegebenheiten ab. Das heißt: Indem wir eine innere Transformation in Gang setzen, können wir letzten Endes die angestrebte Veränderung unserer Geistesverfassung zustande bringen.

Wenn von Geist beziehungsweise Bewusstsein gesprochen wird, sollten wir nicht die Vorstellung haben, hier sei von einer monolithischen Entität die Rede. Denn ebenso wie es vielerlei Arten von Materie gibt, umfasst auch die Innenwelt unseres Geistes eine Vielzahl von Bewusstseinsformen – unterschiedliche Dispositionen, Geisteszustände, gedankliche Abläufe und dergleichen.

Soweit es um die äußere Welt geht, um materielle Objekte, sehen wir ein, dass manche von ihnen uns von Nutzen sind, während andere uns schaden. Weil wir zu unterscheiden vermögen, vermeiden wir es, mit schädlichen Substanzen in Kontakt zu kommen. Positive Dinge dagegen machen wir uns zunutze und erschließen uns die ihnen innewohnenden Möglichkeiten.

Ebenso sind wir auch in Bezug auf unsere innere Welt zur Unterscheidung fähig. Und indem wir unter der Vielzahl unserer Geisteszustände eine Auswahl vornehmen, können wir das Potenzial und die Kraft derjenigen Geisteszustände erhöhen, die uns nicht bloß für den Augenblick ein Gefühl heiterer Gelassenheit bescheren, sondern die dazu führen, dass wir auch in Zukunft glücklicher und positiver gestimmt sein und über mehr innere Ruhe und Gelassenheit verfügen werden.

Bestimmte Arten von Gedanken und Emotionen allerdings versetzen uns bereits im Moment ihres Auftretens in Unruhe, sie machen uns innerlich zu schaffen und lassen eine negative Atmosphäre entstehen. Und selbst bei denjenigen Gedanken und Emotionen, die anfangs für ein Glücksgefühl oder für ein Gefühl der Freude sorgen, kann sich in manchen Fällen auf lange Sicht herausstellen, dass sie sich in Wahrheit destruktiv auswirken. Deshalb ist es unerlässlich, schädliche Gedanken und Emotionen von solchen, die tatsächlich heilsam sind, genau zu unterscheiden.

Und bei den heilsamen Geisteszuständen gilt es darüber hinaus zwischen kurzfristig und langfristig heilsamen Auswirkungen zu unterscheiden. Zeigt sich, dass diese beiden Kriterien miteinander unvereinbar sind, dann sollten wir den sich langfristig auswirkenden Geisteszuständen größere Bedeutung beimessen. In anderen Fällen wiederum erleben wir womöglich zunächst einmal Schwierigkeiten, Verdruss und wenig Freude. Wenn wir allerdings unsere innere Ruhe wahren und uns auf den jeweiligen Geisteszustand einlassen – uns den Herausforderungen stellen, mit denen wir konfrontiert werden –, können solche Situationen letztlich die Entstehung von glücklicheren

Geisteszuständen fördern und zu größerer innerer Stabilität führen.

Deshalb ist es wichtig, dass wir die langfristigen und die kurzfristigen Konsequenzen einander gegenüberstellen und sie gegeneinander abwägen. Solch ein Unterscheidungsvermögen versetzt uns in die Lage, diejenigen positiven Geisteszustände zu entwickeln, die auf lange Sicht heilsame Auswirkungen nach sich ziehen.

Wenn wir daraufhin erörtern, welche Handlungen und Geisteszustände stärker zum Tragen kommen sollten und welche es abzulegen gilt, sollten wir uns bei der Entscheidungsfindung ebenso wie bei der Durchführung dieser Aufgabe von der Vernunft, von unserem Urteilsvermögen, leiten lassen. Diejenige Geistesgabe, die uns zu einer angemessenen Einschätzung befähigt, wird als *unterscheidendes Gewahrsein* bezeichnet. Und dieses ist in der Tat ein Charakteristikum unseres Menschseins.

Zwar haben alle empfindenden Wesen von Natur aus den Wunsch, glücklich zu sein und das Leid zu überwinden. In *der* Hinsicht sind sie gleich. Eines aber haben wir Menschen den anderen Lebewesen voraus: die Fähigkeit, uns über die langfristigen wie auch die kurzfristigen Konsequenzen einer Handlung Klarheit zu verschaffen. Wir Menschen verfügen also über eine größere Vorstellungskraft und sind deshalb eher in der Lage, unser Streben nach Glück und der Vermeidung von Leid zu verwirklichen.

Unter den verschiedenen Arten von unterscheidendem Gewahrsein hat jenes die größte Bedeutung, durch das wir die letztendliche Natur der Wirklichkeit zu erfassen vermögen: Einsicht in Leerheit. Wir können uns vielerlei Faktoren zunutze machen, um diese Weisheit zu entwickeln. Insbesondere sollten wir uns eingehend mit denjenigen Schriften beschäftigen, die uns die Leerheitsphilosophie erschließen – so, wie wir es im Rahmen dieses Buches tun.

Zweierlei Geisteskultur

In Asien, zumal innerhalb der buddhistischen Überlieferung, haben die Philosophen dem Verständnis unserer Innenwelt offenbar besonders große Aufmerksamkeit geschenkt. Demgegenüber scheint das Interesse der abendländischen Wissenschaft im Allgemeinen mehr der Erforschung der äußeren Welt zu gelten. In Anbetracht dessen können wir sagen, dass sich im Morgen- und im Abendland zwei unterschiedliche Geisteskulturen herausgebildet haben und sich im einen Fall das Augenmerk stärker auf die Erforschung der Innen-, im anderen Fall vorwiegend auf die Erforschung der Außenwelt richtet. Als Menschen sind wir aber darauf angewiesen, beide Welten zu erkunden.

Naturwissenschaft und Technologie gibt es zwar auch in der östlichen Kultur, allerdings nicht in so hoch entwickelter Form, sondern eher noch in einem Anfangsstadium. Umgekehrt kann man im Westen zwar verschiedene Fachrichtungen der Psychologie studieren, da aber die westliche Geisteskultur die Erforschung der Außenwelt in den Vordergrund stellt, befindet sich hier das Fach Psychologie noch in einem Anfangsstadium. Ebenso, wie wir im Osten mehr naturwissenschaftliche und technologische Entwicklung benötigen, besteht im Westen Bedarf an einem weiter gehenden Verständnis dessen, was den Geist, das Bewusstsein und das Ich beziehungsweise das Selbst ausmacht.

Ziemlich viele Menschen aus dem Westen entwickeln daher in einem akademischen Rahmen ein Interesse für östliche Religionen – weniger, weil sie nach einem spirituellen Weg für sich selbst suchen, sondern eher, um einen Bereich zu erforschen, der ihre intellektuelle Wissbegierde geweckt hat. Das halte ich für eine ausgesprochen gesunde Entwicklung. Denn durch eine eingehendere Beschäftigung mit den Standpunkten anderer Menschen erscheint uns die Welt – und nicht zuletzt unser eigenes Leben – auf eine bereichernde Art und Weise in neuem Licht.

ERLÄUTERUNGEN ZUM TEXT

Einsicht in Leerheit und die Authentizität des Mahayana

Wir wenden uns jetzt, bei Strophe 40 einsetzend, wieder dem Wurzeltext zu. Auch für die Befreiung vom Daseinskreislauf ist Einsicht in Leerheit unverzichtbar. Darauf kommt Shantideva in dem hier beginnenden Textabschnitt zu sprechen. Die beiden tibetischen Kommentare geben voneinander abweichende Deutungen dieser Strophen, was wiederum zur Folge hat, dass jeder von ihnen den Wurzeltext in andere Abschnitte untergliedert.

Von hier an, so erklärt Khenpo Künpäl in seinem Kommentar, sei Shantideva vor allem daran gelegen, die Gültigkeit beziehungsweise die Authentizität der Mahayana-Schriften unter Beweis zu stellen. Demgegenüber heißt es in Minyak Künsös Kommentar, Shantideva wolle hier in erster Linie die These untermauern, dass Einsicht in Leerheit selbst für die Befreiung von Samsara unabdingbar ist. Da jeder der beiden Kommentatoren im Text eine andere thematische Schwerpunktsetzung erkennt, gelangen sie natürlich auch zu unterschiedlichen Interpretationen.

Als Erstes nimmt die Argumentation des Wurzeltextes darauf Bezug, welch große Bedeutung die Madhyamaka-Schule der Einsicht in Leerheit beimisst. Dazu lässt Shantideva seinen

Kontrahenten folgende Frage stellen: »Da wir uns doch von Samsara befreien können, indem wir durch Meditation die Natur der vier edlen Wahrheiten zu verstehen lernen, wozu benötigen wir dann noch Einsicht in Leerheit?«

> (40) »Wenn doch das Sehen der [vier edlen]
> Wahrheiten befreit«, fragst du,
> »wozu brauchen wir dann diese Sicht der
> Leerheit?«
> Weil es, wie in den Schriften erklärt wird,
> ohne sie keine Erleuchtung gibt.

In seiner Entgegnung argumentiert Shantideva, der Buddha selbst habe in den Schriften gesagt, ohne den Weg der Leerheit sei nicht einmal die Befreiung vom Daseinskreislauf möglich. Die Schriften, auf die Shantideva sich hier bezieht, sind die Mahayana-Sutras von der Vollkommenheit der Weisheit, die Prajnaparamita-Sutras.

In den Sutras von der Vollkommenheit der Weisheit stellt der Buddha fest, dass wir keinesfalls Freiheit erlangen können, solange wir an der Auffassung festhalten, die Phänomene seien wahrhaft existent. Auch für das Erreichen von Nirvana, dem Aufhören des Leids, so sagt er, ist Einsicht in Leerheit unbedingt notwendig. Das Argument Shantidevas basiert allerdings auf der Annahme, dass es sich bei den Mahayana-Schriften um authentische Lehren des Buddha handelt.

Andere buddhistische Überlieferungen – wie der Hinayana-Buddhismus – halten demgegenüber die Authentizität der Mahayana-Schriften für zweifelhaft. Daher ist Shantideva sehr an dem Nachweis gelegen, dass es sich bei den Mahayana-Schriften um authentische Belehrungen des Buddha handelt. Und so lässt Shantideva seinen Kontrahenten in der nächsten Strophe eben diese Authentizität der Mahayana-Schriften in Frage stellen.

> (41) Du sagst, das Mahayana sei nicht [als Buddhas Wort] verbürgt.
> Warum sollten dann aber die Schriften eurer Überlieferung authentisch sein?
> »Weil wir beide ihre Gültigkeit anerkennen«, wirst du sagen.
> Diese war jedoch zunächst auch für euch [Hinayana-Anhänger] nicht erwiesen.

Shantideva formuliert sein Gegenargument in Form einer Frage: »Worin gründet dann aber die Authentizität eurer Schriften?« Die Madhyamikas machen hier geltend, dass die Zuverlässigkeit der von den Hinayana-Anhängern als authentisch anerkannten Schriften, auch nicht von vornherein verbürgt war. Im Fall der Hinayana-Schriften, so die Entgegnung ihrer Kontrahenten, seien sich allerdings beide Seiten über die Gültigkeit der Schriften einig, während die Authentizität der Mahayana-Schriften von den Anhängern des Hinayana angezweifelt werde.

Dies mache deutlich, erklären die Madhyamikas daraufhin, dass die Authentizität der Hinayana-Schriften keineswegs etwas Selbstverständliches sei. Denn auch sie war nicht von vornherein verbürgt. Mit anderen Worten: Zweifellos muss es für die Hinayana-Anhänger mancherlei Gründe gegeben haben, die Gültigkeit ihrer Schriften anzuerkennen.

Entsprechend, so fährt Shantideva in der nächsten Strophe fort, wirst du nach Abwägung der Gründe, auf denen mein Vertrauen in die Gültigkeit der Mahayana-Schriften beruht, dich ebenfalls genötigt fühlen, ihre Authentizität anzuerkennen.

(42) Die Gründe, um derentwillen du zu deiner
      Überlieferung Vertrauen hast,
      gelten in gleicher Weise für das Mahayana.
      Und hätte etwas als wahr zu gelten, nur weil
      zwei darin übereinstimmen,
      wären auch die Veden und Ähnliches wahr.

Beharrst du nach wie vor auf deinem Argument, die Hinayana-
Schriften müssten deshalb als gültig und authentisch betrachtet werden, weil beide Seiten – Hinayana und Mahayana –
übereinstimmend ihre Gültigkeit anerkennen, dann müsstest
du nach dem gleichen Muster ebenso den Wahrheitsanspruch
anderer Lehren, beispielsweise denjenigen der Veden, akzeptieren. Denn stets werden sich zwei Gruppen finden lassen,
die ihre Authentizität bestätigen.

Falls der bloße Umstand, dass es Menschen gibt, welche die
Gültigkeit und Authentizität der Mahayana-Schriften anfech-
ten, so fährt Shantideva in der nächsten Strophe fort, einen
hinreichenden Grund liefert, deren Gültigkeit in Frage zu stellen, werden wir die Gültigkeit der Hinayana-Schriften gleichfalls in Frage stellen müssen.

(43) Du sagst: »Beim Mahayana handelt es sich,
      weil es angefochten wird, nicht um Buddhas
      Wort.«
      Aber von Nichtbuddhisten werden auch die für
      dich gültigen Schriften in Frage gestellt,
      und andere buddhistische Schulrichtungen
      fechten sie ebenfalls an und weisen sie zurück.
      Daher müsstest du deine Überlieferung nun
      verwerfen.

Gewiss wird es immer Menschen geben, Buddhisten wie Nichtbuddhisten, die Zweifel haben an der Gültigkeit bestimmter Hinayana-Schriften. Doch dieser Umstand allein, der Zweifel mancher Menschen an diesen Schriften, besagt nicht, dass sie kein Vertrauen verdienen. Kurzum: Shantidevas Argumentation zufolge können sämtliche Gründe, die von den Hinayana-Anhängern als Beleg für die Authentizität der Hinayana-Schriften vorgebracht werden, gleichermaßen für die Mahayana-Lehren geltend gemacht werden. Mit dieser Argumentation versucht Shantideva, den Nachweis für die Authentizität der Mahayana-Schriften zu erbringen.

Noch weitere Argumente können als Beleg für die Gültigkeit der Mahayana-Schriften dienen. Würden die Mahayana-Lehren – ein System, das verschiedene Stufen, Grundlagen und spirituelle Pfade darlegt – nicht existieren, so erklärt zum Beispiel Nagarjuna, wären wir zur Verwirklichung vollkommener Erleuchtung außerstande. Sich einfach nur dem Pfad der 37 Aspekte des Weges zu widmen, wie es die Hinayana-Unterweisungen lehren, reiche nicht aus. Dieser Pfad der 37 Aspekte ist allen drei Verwirklichungsebenen gemeinsam – der Verwirklichung der »Hörer« (*shravaka arhat*), der der »Alleinverwirklicher« (*pratyekabuddha arhat*) und der vollkommenen Verwirklichung eines Buddha. Angesichts eines erheblichen Unterschieds auf der Ebene der Verwirklichung würden wir zweifellos auch einen erheblichen Unterschied auf der Ebene der Verursachung erwarten. Nagarjunas Argumentation zufolge lässt sich die Gültigkeit des gesamten buddhistischen Weges nur dadurch erweisen, dass wir uns auf die in den Mahayana-Schriften wiedergegebenen Lehren stützen.

Buddhaschaft und die Drei Kayas

Den Hinayana-Sutras zufolge war und blieb Buddha Shakyamuni bis zum Alter von 29 Jahren der Prinz Siddhartha. Während der nächsten sechs Jahre, in denen er einen auf den Mönchsgelübden basierenden Lebenswandel pflegte, widmete er sich seinen Meditationsübungen und wurde daraufhin im Alter von etwa 35 Jahren vollkommen erleuchtet. Im Lauf der nun folgenden 45 Jahre, in der Zeit nach seiner vollkommenen Erleuchtung, stellte der Buddha sein Wirken in den Dienst der empfindenden Wesen, entwickelte Aktivitäten zur Erfüllung ihrer Wünsche und Ziele. Danach, in Kushinagara, trat der Buddha im Alter von 80 Jahren ins *parinirvana* ein.

Die Hinayana-Schriften besagen, an diesem Punkt sei der Buddha ins Nichtsein entschwunden und die Kontinuität seines Bewusstseins habe nicht länger fortbestanden. Träfe dies zu, so müssten wir akzeptieren, dass die Verwirklichung des Buddha – nach dem Ansammeln von Verdienst und Weisheit für die Dauer von drei unermesslich langen Äonen – den empfindenden Wesen lediglich 45 Jahre lang zugute kam!

Statt in einem Zustand völliger Nichtexistenz zu »sein«, in dem das Bewusstseinskontinuum aufgehört hat zu existieren, worauf Nirvana in diesem Fall ja hinausliefe, würde ich persönlich lieber ein Bewusstseinskontinuum haben, auch wenn dies mit dem Verbleib im Daseinskreislauf verknüpft wäre.

In den Mahayana-Schriften wird demgegenüber die Auffassung vertreten, Prinz Siddhartha, der vollkommen erleuchtet wurde, sei ein *nirmanakaya* – ein Buddha-Körper der vollkommenen Ausstrahlung oder Emanation – und als solcher bereits vollkommen erleuchtet gewesen. Die natürliche Erscheinungsform eines derartigen Wesens ist der *dharmakaya*, der Buddha-Körper der (letztendlichen) Wirklichkeit. Von dieser Sphäre aus wird solch ein Wesen zum *sambhogakaya*, zum Buddha-

Körper der vollkommenen schöpferischen Kraft, oder Kreativität, der als Ausgangspunkt für die vielfältigen physischen Verkörperungen eines Buddha dient.

Einerseits mag es so scheinen, als übersteige diese Vorstellung von Buddhaschaft unser Begriffsvermögen. Aus einer anderen Perspektive hingegen zeichnet sie sich durch wesentlich größere Klarheit und Schlüssigkeit aus: sobald wir nämlich die Beschreibung der Buddhaschaft – ihre in der Mahayana-Literatur erläuterten Kennzeichen, Qualitäten und so weiter – zur Komplexität jener Kausalbedingungen in Beziehung setzen, die für die Verwirklichung des vollkommen erleuchteten Zustands zusammentreffen müssen. Meiner Ansicht nach ist diese Vorstellung von Buddhaschaft weitaus stimmiger und ergibt mehr Sinn als der in den Hinayana-Schriften beschriebene Zustand der Nichtexistenz.

Die Auswirkungen von Weisheit

Wirkungen, erklärt der Buddha in den Sutras, entstehen stets in Entsprechung zu ihrer Ursache. Dies ist das allgemein gültige Kausalitätsprinzip.

Als Ursache veranlasst Unwissenheit die Menschen, ganz unterschiedliche Handlungen auszuführen, die positiv oder negativ sein können. Diese Handlungen rufen ihrerseits vielerlei Wirkungen hervor – zum Beispiel die Wirkung, in einem der verschiedenen Daseinsbereiche wiedergeboren zu werden. Und auch im Rahmen einer einzigen Wiedergeburt ist ein großes Spektrum von Wirkungen zu verzeichnen – beispielsweise in Form der Umwelt, in die ein Mensch hineingeboren wird.

Die Mannigfaltigkeit der empfindenden Wesen ist unglaublich groß. Woher rührt sie? Sie ergibt sich aus der Mannigfaltigkeit der Ursachen und Bedingungen, aufgrund derer diese

Wesen entstehen. Und all diese Daseinsformen in ihrer ganzen Vielfalt sind voller Leid.

Vermag also eine Ursache wie der unwissende Geist eine derartige Vielfalt von Wirkungen hervorzubringen, dann ist es durchaus denkbar, dass Weisheit und ihre Ursachen ebenfalls zu vielfältigen und facettenreichen Resultaten führen. Würden wir hingegen behaupten, Weisheit habe lediglich eine einzige Wirkung – sie diene der Verwirklichung von vollkommener Erleuchtung, ohne dass diese in der Folge dem Wohlergehen anderer empfindender Wesen zugute komme –, müsste dies wohl den Gedanken nahe legen, Unwissenheit sei, da sie derart unterschiedliche Wirkungen hervorrufen kann, eine wirkungsvollere Ursache. Das aber würde wirklich nicht viel Sinn ergeben!

Zu den Ursprüngen der Mahayana-Schriften

Noch entscheidender: Alle buddhistischen Schulrichtungen erkennen die elementaren Prinzipien an, die in den vier edlen Wahrheiten zum Ausdruck kommen. Die in den vier edlen Wahrheiten dargelegten Lehren bilden das Fundament für den gesamten buddhistischen Weg. Um ein umfassendes Verständnis der dritten Wahrheit, der Wahrheit vom Aufhören (des Leids), zu entwickeln, sind wir, wie ich bereits erwähnt habe, auf die in den Mahayana-Schriften zusammengefassten Lehren angewiesen. Ohne die dort zu findenden detaillierten Erläuterungen kann sich kein volles Verständnis der Wahrheit vom Aufhören einstellen.

Möglicherweise sind wir der Meinung, viele der Hinayana-Schriften – beispielsweise diejenigen, die in Pali abgefasst wurden – seien als authentische Bekundungen des Buddha allgemein anerkannt, die Mahayana-Schriften hingegen nicht.

Denn sie zählen nicht zu jenen Lehren, die bei den drei nach dem Dahinscheiden des Buddha einberufenen Mönchsversammlungen in den Kanon der Lehrschriften aufgenommen wurden. Dies könnte Argwohn erregen. Um derartigem Unbehagen zu begegnen, weist Bhavaviveka in seiner Schrift »Glanzvolle Beweisführung« *(Tarkajvala)* darauf hin, dass die Mahayana-Schriften von Bodhisattvas wie Vajrapani gesammelt und zusammengestellt wurden.

Viele der Hinayana-Schriften gehen auf öffentlich gehaltene Lehrvorträge zurück, während die Inhalte der Mahayana-Schriften nicht in aller Öffentlichkeit gelehrt worden sind. Daher sollten diese Schriften meiner Ansicht nach nicht einfach nur nach herkömmlichen historischen Kriterien beurteilt werden. Ihr Zustandekommen muss unter Umständen mehr im Sinn einer Sicht der Dinge aufgefasst werden, die man vielleicht als mystisch bezeichnen könnte.

Beispielsweise hat der Buddha, während er zahlreiche zur Überlieferung des Vajrayana gehörende Unterweisungen gab, die Gestalt und Identität der Meditationsgottheiten angenommen. Entsprechend müssen Inhalte von Schriften, die auf den Buddha zurückgeführt werden, in vielen Fällen nicht unbedingt im Lauf seines menschlichen Daseins auf dieser Erde gelehrt worden sein.

Denn auch nach dem Dahinscheiden des Buddha könnte einzelnen Praktizierenden kraft ihrer karmischen Reifung die visionäre Erfahrung eines Gottheiten-Mandalas zuteil geworden sein und dergleichen mehr. Schriften könnten dadurch entstehen, dass Praktizierende auf der Ebene mystischer Erfahrung solche »Begegnungen« erleben. Bis heute finden sich große Praktizierende, die »verborgene Texte« *(termas*; wörtl.: Schätze) zutage fördern. Solche Meister mit den entsprechenden Qualifikationen können Texte zugänglich machen, die in früheren Zeiten verborgen wurden. Allerdings sollten wir dabei stets vor Scharlatanen auf der Hut sein! Immerhin aber macht diese Möglichkeit deutlich, dass wir den Ursprung einer buddhistischen Praxis nicht unweigerlich auf den historischen Buddha selbst zurückführen müssen.

Unter zeitgenössischen Gelehrten wird folgendes Problem erörtert: Der Schreibstil zahlreicher Mahayana-Schriften – wie etwa der Sutras von der Vollkommenheit der Weisheit – lässt sprachgeschichtlich auf einen Zeitpunkt in der eher jüngeren Vergangenheit schließen. Die hier feststellbaren Stilmerkmale entsprechen nicht der zu Lebzeiten des Buddha verbreiteten Darstellungsweise. Deshalb, so wird argumentiert, dürften diese Schriften nicht als authentisch anerkannt werden. Ein Beispiel dafür wäre auch das *Kalachakra-Tantra*.[13]

Sprachgebrauch und Schreibstil, das gebe ich gerne zu, spiegeln hier wahrscheinlich nicht den ursprünglichen Charakter von Buddhas Worten wider. Denkbar wäre jedoch, dass solche stilistischen Divergenzen auf die jeweiligen Verfasser zurückzuführen sind. So gibt es im tibetischen Buddhismus zahlreiche wiederentdeckte Texte, die Padmasambhava zugeschrieben werden. Aufgrund der Unterschiede in der philosophischen Orientierung und der persönlichen Eigenheiten des jeweiligen Entdeckers stoßen wir auch in den Texten, die Padmasambhava zugeschrieben werden, auf eine gewisse stilistische Varianz. Aus dieser Perspektive betrachtet, könnten der Schreibstil und die Sprache jener Mahayana-Schriften, die auf den Buddha zurückgeführt werden, ebenfalls eine gewisse Heterogenität aufweisen, da diese Texte ja auf den visionären, mystischen Erfahrungen unterschiedlicher Menschen beruhen.

Das Kriterium der persönlichen Erfahrung

Was ich hier zur Rechtfertigung der Mahayana-Schriften vortrage, klingt für Sie möglicherweise ein wenig abenteuerlich. Wenn man herausfinden möchte, ob sie Gültigkeit beanspruchen dürfen, ist wahrscheinlich die Herangehensweise der empirischen Wissenschaften am überzeugendsten: Sie sollten also Ihre eigenen Nachforschungen anstellen. Unabhängig davon, ob sich nachweisen lässt, dass es sich bei diesen Schriften um die Originalworte des Buddha handelt, sollten wir zu ermitteln versuchen, ob sie von Nutzen und heilsam für uns sind. Darauf kommt es an!

Falls ein Text keinen Nutzen bringt, das heißt, wenn er keine heilsamen Auswirkungen auf Sie hat, bleibt er wertlos, selbst wenn es sich um den Originalwortlaut des Buddha handeln sollte. Andererseits: Lässt sich nicht nachweisen, dass es sich bei einem Text tatsächlich um des Buddha eigene Worte handelt, ist er dessen ungeachtet aber heilsam und wirkungsvoll, dann besitzt er selbstverständlich großen Wert.

Wenn wir von der Geschichte des Buddhismus in Indien einmal absehen und uns lediglich die Lebensläufe früherer Meister aus Tibet anschauen, werden wir vielleicht einräumen müssen, dass in den Biographien dieser Lamas so manches überzeichnet und übertrieben dargestellt worden sein mag. Trotzdem sollten wir nicht all diese Werke als schlichte Phantasieprodukte abtun. Wahr scheint jedenfalls zu sein, dass viele große Meister eine hohe Realisationsstufe erreicht haben.

Konzentrieren auch wir uns also lieber auf die eigene spirituelle Praxis, statt uns hoffnungslos in derartige Spekulationen zu verlieren. Solch eine Einstellung wird uns, was den Wert von Buddhas Lehren anbelangt, ganz gewiss zu einer von Herzen kommenden Überzeugung verhelfen. Darauf kommt es meines Erachtens viel mehr an, als Antworten auf solch spekulative Fragen zu finden wie zum Beispiel diejenige, ob der Buddha tatsächlich persönlich diese oder jene Unterweisung erteilt hat.

Dessen ungeachtet sind die »Beweise« für die Authentizität der Mahayana-Schriften nicht ohne Bedeutung. Denn sind erst einmal Zweifel an ihrer Gültigkeit aufgekommen ist es nur natürlich, dass wir Antworten erhalten wollen, die unser Vertrauen untermauern. In diesem Sinn haben die in diesen Strophen thematisierten Debatten durchaus ihren Wert.

MEDITATION

Gegenstand unserer Meditation soll diesmal der Geist sein. Da Samsara wie auch Nirvana durch einen Geisteszustand hervorgebracht werden – im ersten Fall handelt es sich um die Auswirkungen eines ungezügelten, im zweiten Fall um diejenigen eines gezähmten Geisteszustands –, kommt der Geist einem Schöpfer gleich, spielt also die entscheidende Rolle. In dieser Meditationssitzung wollen wir uns den Geist genau anschauen und dabei versuchen zu erkennen, worin er besteht.

Normalerweise ist es so: Wenn wir äußere Objekte wahrnehmen, bringt die Anziehung, die sie gewohnheitsmäßig auf uns ausüben, es mit sich, dass sie uns vertraut vorkommen. Aufgrund dieser Vertrautheit nimmt der Geist die Erscheinungsform des betreffenden Objekts an. Beispielsweise entstehen, wenn wir eine Vase wahrnehmen, in unserem das Sehen betreffenden Wahrnehmungsvermögen Sinnesdaten, die jener Vase entsprechen: Wir haben den Eindruck, als nähme die Wahrnehmung die Erscheinungsform dieser Vase an. Dabei kommt es uns so vor, als hätten diese Wahrnehmungen etwas Greifbares. Weil unser Geist irgendwie mit dem Objekt verschmolzen zu sein scheint, bleibt uns die Natur des Geistes verborgen.

Zum Teil liegt das an unserer Überbetonung der Außenwelt – an ihrer Vergegenständlichung, ihrer Objektivierung – und zum anderen Teil daran, dass unsere Gedanken sich unablässig mit zukunftsbezogenen Hoffnungen und Befürchtungen wie auch mit der Erinnerung an Vergangenes beschäftigen. Vielfach sind wir außerdem in Gedanken des Bedauerns und Begehrens verstrickt. All diesen Umständen können wir entnehmen, dass unser derzeitiges Bewusstsein im Allgemeinen getrübt, verschleiert ist.

Was können wir dagegen tun? – Halten Sie Ihren Geist ganz bewusst davon ab, sich mit der Erinnerung an Vergangenes zu befassen beziehungsweise, indem er sich in Hoffnungen und Befürchtungen ergeht, in die Zukunft vorauszueilen. Richten Sie Ihre Aufmerksamkeit einfach auf den gegebenen Augenblick, und lassen Sie nicht zu, dass der Geist äußeren Objekten oder Geschehnissen hinterherjagt. Vergegenständlichen Sie die Dinge nicht, sondern verweilen Sie im natürlichen Zustand des Geistes, indem Sie einfach im gegenwärtigen Augenblick ruhen. Auf diese Weise werden Sie die Erfahrung einer gewissen geistigen Klarheit machen können.

Darin ähnelt der Geist ein wenig dem Wasser: Ist das Wasser aufgewühlt, zum Beispiel durch Wellen oder durch Luftblasen, können wir jene Klarheit, die es eigentlich kennzeichnet, nicht sehen. In entsprechender Weise sollten wir den Geist zur Ruhe kommen lassen, damit die Gedankenblasen und Wellen, die ihn in Aufruhr versetzen, sich auflösen können, und wir sollten versuchen, in diesem von Konzepten freien Zustand zu verweilen.

Erwähnen möchte ich noch, dass es sich hierbei keineswegs um eine besonders tiefgründige Meditationstechnik handelt und entsprechende Methoden auch in nichtbuddhistischen Meditationsüberlieferungen zu finden sind.

Versuchen Sie in dieser Sitzung also, über die angesprochene Offenheit beziehungsweise Klarheit des Geistes zu meditieren. Verbringen Sie eine gewisse Zeit in der Präsenz dieses Geisteszustands, ohne den möglicherweise aufkommenden Gedanken nachzugehen. Seien Sie lediglich des gegenwärtigen Geistesmoments gewahr. Verweilen Sie dann einfach in diesem von Konzepten freien Zustand.

7 Leerheit gemäß der Lehre vom Mittleren Weg

ERLÄUTERUNGEN ZUM TEXT

Der Geist eines Arhat

Folgt man Khenpo Künpäls Kommentar, so will Shantideva mit den hier vorgebrachten Argumenten die Überlegenheit des spirituellen Weges, den die Mahayana-Lehren beschreiben, deutlich machen.

(44) Echte Mönche sind die Wurzel des
Dharma,
Mönch zu sein ist allerdings schwierig.
Und schwerlich werden diejenigen, deren
Geist sich in Gedanken verstrickt,
die Fesseln des Leids abstreifen können.

(45) Befreiung, so sagst du, tritt in dem Moment ein,
in dem keinerlei befleckte Emotionen mehr
vorhanden sind.
Doch auch ein von befleckten Emotionen
befreiter Mensch
unterliegt weiterhin dem Einfluss von Karma.

Diese beiden Strophen geben folgenden Gedankengang wieder: Wenn wir den Umstand hervorheben, dass der Dharma in der klösterlichen Gemeinschaft verankert ist, während wir zugleich der Lehre von der Leerheit die Anerkennung versagen, dann bedeutet dies, dass es Mitgliedern der Klostergemeinschaft unmöglich ist, Arhats zu werden. Anders ausgedrückt: Wenn für die Lehre des Buddha der Gemeinschaft der Arhats eine grundlegende Bedeutung zukommt, wäre die schiere Existenz solch einer Gemeinschaft, solange wir die Lehre von der Leerheit nicht anerkennen, überhaupt nicht plausibel.

Selbst wenn wir die Lehre von der Leerheit nicht anerkennen, so würde ein Hinayana-Buddhist darauf vielleicht antworten, könnten wir die Existenz einer Gemeinschaft von Arhats postulieren. Denn mit Hilfe eines wirklichen, durch Meditation herbeigeführten Verständnisses der vier edlen Wahrheiten sei es uns auch ohne Einsicht in Leerheit durchaus möglich, vollständige Befreiung vom Daseinskreislauf zu erlangen.

Einsicht in Leerheit, darauf weist der Madhyamika in seiner Entgegnung hin, ist für die Befreiung vom Daseinskreislauf aber unerlässlich. Denn jene Unwissenheit, die sich im Festhalten an unserer Vorstellung von der wahren Existenz der Phänomene bekundet, ist die Wurzel unseres Gefangenseins im Daseinskreislauf, seine eigentliche Ursache. Solange wir die von dieser Ursache – der grundlegenden Unwissenheit – herrührenden Fesseln nicht durchtrennt haben, sind wir nicht in der Lage, wirkliche Befreiung zu erreichen. Ohne Einsicht in Leerheit bleibt Meditation darauf beschränkt, in einem von Konzepten freien Zustand zu verweilen. Indem wir lediglich einen Zustand anstreben, in dem keine Gedanken mehr auftreten, können wir niemals eine vollständige Befreiung vom Daseinskreislauf erwirken.

In Bezug auf Strophe 46 sind die beiden tibetischen Kommentatoren unterschiedlicher Auffassung. Die Strophe lautet folgendermaßen:

(46) »Nur für eine Weile«, so sagst du. »Denn
unweigerlich
ist die Ursache der Wiedergeburt,
das Verlangen, erschöpft.«
Gewiss, Verlangen aufgrund von befleckten
Emotionen haben sie nicht.
Wie aber sollten sie wohl dem mit der Unwissenheit verknüpften Verlangen entgehen?

Auf Shantidevas Argumentation erwidern die Hinayana-
Anhänger: Mag sein, dass diese zur Befreiung von Samsara
gelangten Arhats noch nicht die vollständige Freiheit von den
durch Geistestrübungen hervorgerufenen gewohnheitsmäßigen Mustern erreicht haben. Nichtsdestoweniger haben sie
den Daseinskreislauf an der Wurzel durchtrennt. Deshalb
gibt es für sie keine Wiedergeburt mehr.

Nur indem wir uns einem Weg widmen, der uns zur vollen
Einsicht in die Selbst-losigkeit von Personen wie auch in die
Selbst-losigkeit der Phänomene führt, können wir den unein-
geschränkt allwissenden Zustand eines Buddha verwirklichen.
Die Beschreibung solch eines Weges, so Shantideva, kann man
aber lediglich in den Lehren des Mahayana finden. In diesem
Sinn lässt sich sagen, die Mahayana-Schriften seien den Lehren des Hinayana überlegen. Denn nur im Mahayana findet
man den Weg zur vollkommenen Erleuchtung.

Und was die Arhats betreffe, denen es gelungen sei, sich von
Samsara zu befreien, könne man die Auswirkungen der karmisch geprägten Denk- und Handlungsmuster, argumentiert
Shantideva, nach wie vor feststellen. So zeige sich beispielsweise im Fall von Shariputra und Maudgalyayana, dass sie
zwar die Befreiung von Samsara erreicht hätten, nicht jedoch
die Freiheit von jenen gewohnheitsmäßigen Mustern, die

sich aufgrund ihrer Geistestrübungen *in der Vergangenheit* ausgeprägt haben.

Shantideva fährt fort:

> (47) Dieses Verlangen wird durch Empfindungen
> hervorgerufen,
> und Empfindungen haben selbstverständlich
> auch sie [die Arhats].
> Noch gibt es in ihrem Geist Vorstellungen,
> und an diesen haften sie.

Verlangen als solches, erklärt Shantideva, wohnt diesen so genannten Arhats, die nach Ansicht der Hinayana-Anhänger die vollständige Befreiung von Samsara erreicht haben, zwar nicht mehr inne. Da sie, bedingt durch grundlegende Unwissenheit, an der Vorstellung von einem Selbst festhalten, kann aber weiterhin eine Form des Anhaftens auftreten. Den Arhats, so möglicherweise die Entgegnung der Hinayana-Anhänger, könne gar kein Verlangen mehr innewohnen, weil es in ihrem Geist keine getrübten Zustände mehr gebe. Diese so genannten Arhats, würde ein Madhyamika daraufhin erwidern, haben aber nach wie vor Empfindungen – und sehen sie als real an: Dadurch wird Anhaftung entstehen. Selbst aus der Perspektive eines Hinayana-Anhängers sind daher diese so genannten Arhats nicht vollständig von Samsara befreit. Denn das Potenzial für weitere Wiedergeburten ist durchaus noch vorhanden.

Solange sich der menschliche Geist nicht von der Tendenz befreit hat, etwas für wirklich zu halten, für tatsächlich existent, erklärt Shantideva in der nächsten Strophe, klammert er sich weiterhin an Vorstellungen und ist daher auch noch nicht frei von Anhaften und Verlangen.

(48) Der Geist, der von [Einsicht in] Leerheit
getrennt ist,
wird vielleicht innehalten, tritt dann aber erneut
in Erscheinung,
so wie bei einer von Wahrnehmungen freien
meditativen Versenkung.
Darum bedarf es der Leerheitsmeditation.

Solange das Verlangen bestehen bleibt, liegen im Geisteskontinuum eines Menschen auch die Voraussetzungen für eine
Wiedergeburt vor. Deshalb werden in einem Geistesstrom,
dem es an Einsicht in Leerheit mangelt, jene Umstände, die
ein Individuum an den Daseinskreislauf fesseln, wieder auftreten.

Damit verhält es sich ähnlich wie bei jemandem, der in einem von Konzepten freien, keinem Gedanken nachhängenden
Meditationszustand verweilt: Sobald er oder sie den Zustand
der meditativen Versenkung nicht mehr beibehält, setzen die
begrifflichen Denkprozesse wieder ein. Um an jenen Punkt zu
gelangen, an dem wir völlig frei sind von jeglicher Tendenz,
uns an die Vorstellung von einer wahren Existenz der Dinge
zu klammern, benötigen wir Einsicht in Leerheit.

Einsicht in Leerheit – auch für die Befreiung
vom Daseinskreislauf unverzichtbar
Folgen wir Minyak Künsös Kommentar, so besagen diese Verszeilen, dass Einsicht in Leerheit auch für die Befreiung vom
Daseinskreislauf unbedingt notwendig ist. Demnach beziehen
sie sich auf die zentrale These von der Unverzichtbarkeit der
Einsicht in Leerheit. Angesprochen wurde diese Thematik
durch den Einwand der Hinayana-Anhänger in den beiden

ersten Zeilen von Strophe 40, der sinngemäß auf folgende Frage hinauslief: »Wozu benötigen wir Einsicht in Leerheit, wenn wir doch Befreiung von Samsara erlangen können, indem wir den Lehren von den vier edlen Wahrheiten entsprechend praktizieren?«

Gemäß dieser Interpretation beinhalten die Strophen 44–48 folgenden Gedankengang: Dient die – aus Arhats bestehende – klösterliche Gemeinschaft als Ausgangspunkt für die Lehre des Buddha, dann wäre es ohne die Lehre von der Leerheit nicht nur unmöglich, den vollkommen erleuchteten Zustand der Buddhaschaft zu verwirklichen, sondern man könnte ohne sie auch nicht die Befreiung von Samsara erreichen. Solange unser Geist durch die Tendenz zur Objektivierung gefesselt ist, besteht keine Möglichkeit zur Befreiung.

Wenn jemand erklären würde, wir könnten Befreiung erlangen, indem wir uns lediglich dem Pfad der Meditation über die 16 Merkmale der vier edlen Wahrheiten widmen – zum Beispiel der Meditation über Vergänglichkeit –, und dadurch dem Selbst als einer unabhängigen und substanziellen Realität jede Grundlage entziehen, würde ein Madhyamika diese Behauptung mit der Begründung zurückweisen, dass eine Einsicht in Selbst-losigkeit auf einer derart groben Ebene nicht zur vollständigen Befreiung führen kann. Bei jenem Arhat, für den die Hinayana-Anhänger geltend machen, er sei ein vollkommen befreites Wesen, handele es sich in Wirklichkeit gar nicht um einen Arhat.

Denn im Geisteskontinuum der betreffenden Person gebe es nach wie vor die Tendenz, an der Vorstellung von einer den Phänomenen wirklich innewohnenden Eigenexistenz festzuhalten. Beispielsweise würde solch ein Mensch von Verlangen geprägte Emotionen und Gedanken an den Tag legen. Ferner würden bei ihm die Resultate von karmisch sich auswirkenden

Handlungen, von gewohnheitsmäßigen Mustern und dergleichen mehr sichtbar werden.

Allerdings werden Hinayana-Anhänger unter Umständen
weiterhin den Standpunkt vertreten, kraft seiner Einsicht in
Selbst-losigkeit sei solch ein Mensch von Verlangen frei. Der
Madhyamika würde dem jedoch entgegenhalten, im Hinayana
habe man einen unzureichenden Begriff von Verlangen. Denn
dieser berücksichtige lediglich grobe, handfeste und bewusste
Ebenen des Verlangens. Im Geist eines »Arhat« seien immer
noch subtile Formen von Verlangen vorhanden, die aber nach
den Kriterien des Hinayana nicht als Befleckung, nicht als
Geistestrübung angesehen würden. Doch ebenso, wie ein
Hinayana-Anhänger akzeptiere, dass es zwei Arten von Unwissenheit – also neben der grundlegenden Unwissenheit,
der eigentlichen Ursache für den Daseinskreislauf, noch eine
subtilere Unwissenheit – gibt, könnten auch zwei Arten von
Verlangen postuliert werden: zum einen ein eher offenkundi-
ger, bewusster Zustand des Verlangens und andererseits eine
subtilere Form.

Sogar im Geist des so genannten Arhat setzt sich ein subtiles
Festhalten an der Vorstellung von wirklicher Existenz fort.
Und von diesem subtilen Festhalten werden weitere getrübte
Zustände im Geisteskontinuum herrühren, Verlangen und
Anhaften zum Beispiel. Solange diese Tendenz zur Objek-
tivierung und zum Festhalten an einer wirklichen Existenz
der Dinge in unserem Geist bestehen bleibt, kann keine Rede
davon sein, dass wir von Verlangen und Anhaften frei sind.

Eine Einsicht, die sich bloß auf die groben Ebenen von
Selbst-losigkeit erstreckt, reicht nicht aus. Vielmehr bedarf es
einer weiter gehenden Einsicht – der Einsicht, dass sämtliche
Personen und Phänomene leer sind von unabhängiger Existenz.
Mag sein, dass negative Emotionen und Gedanken auf den

gröberen Ebenen zeitweise sogar verschwinden. Solange uns aber diese tiefgründige Einsicht in die Natur von Leerheit fehlt, werden die entsprechenden Emotionen, die den Geist aufwühlenden und trübenden Gedanken, stets wiederkehren. Denn das Potenzial dazu wohnt uns nach wie vor inne. Nicht nur für die Verwirklichung vollkommener Erleuchtung ist solch eine Einsicht in Leerheit daher unerlässlich, sondern ebenso für die Befreiung vom Daseinskreislauf.

Leerheit aus Sicht der Prasangika-Madhyamikas und der Svatantrika-Madhyamikas

Wenn man ein Verständnis von Leerheit entwickelt, sollte man sich unbedingt darüber im Klaren sein, dass die einzelnen Schulrichtungen der buddhistischen Philosophie in Bezug auf die Bedeutung und den Bedeutungsumfang dieses Begriffs unterschiedlicher Auffassung sind. Die Svatantrika-Madhyamikas vertreten den Standpunkt, dass es sämtlichen Phänomenen an wirklicher Existenz mangelt. Doch was meinen sie mit dieser Aussage?

Zwar stellen die Svatantrikas eine wahrhafte Existenz der Phänomene in Abrede. Nichtsdestoweniger vertreten sie die Auffassung, dass jegliches Phänomen über eine Art *Selbstnatur (svabhava)* verfügt, ihm eine eigene Natur innewohnt. Ein gewisses Maß an objektiver Existenz erkennen sie also an. Diese Selbstnatur, diese unabhängige Seinsweise der Phänomene, postulieren sie in Verbindung mit einer untrüglichen Erkenntnis. Und so behaupten sie, dass es keine Erscheinungsform des Seins gibt, die autonom – unabhängig vom wahrnehmenden Geist – existiert. Kommt aber den Phänomenen eine Art objektive Realität zu, dann müssen gültige Wahrnehmungen folgerichtig als untrüglich bezeichnet werden.

Demgegenüber spricht die Prasangika-Madhyamaka-Schule keinem Phänomen eine eigene Natur beziehungsweise eine objektive Seinsweise zu. Und auch die von den Svatantrika-Madhyamikas anerkannte Selbstnatur wird nach Auffassung der Prasangika-Madhyamikas zu einem Objekt, das es zu negieren gilt.

In gewissem Sinn sind aus Sicht eines Prasangika all unsere gewöhnlichen Wahrnehmungen trügerisch. Unsere visuelle Wahrnehmung einer Vase beispielsweise mag in Bezug auf die Vase Gültigkeit haben – insofern, als sie die Vase in verlässlicher Weise wahrnimmt und das Wahrnehmungsobjekt, die Vase, existiert. In anderer Hinsicht ist diese Wahrnehmung allerdings trügerisch. Denn sie nimmt die Vase so wahr, als würde sie autonom existieren, über eine Art unabhängige, ihr selbst innewohnende Realität verfügen.

Nach Ansicht der Svatantrika-Madhyamikas hat dagegen diese visuelle Wahrnehmung der Vase nicht nur hinsichtlich der Vase Gültigkeit, sondern ebenso in Bezug auf die unabhängige, der Vase eigene Realität. Auch sofern die Vase aufgrund der visuellen Wahrnehmung als ein objektiv existierendes Phänomen aufgefasst wird, dem eine eigene Natur innewohnt, halten sie die Wahrnehmung für zutreffend. Als Kriterium für eine gültige Wahrnehmung dient der Svatantrika-Madhyamaka-Schule darüber hinaus deren Gültigkeit in Hinblick auf die immanente Natur des wahrgenommenen Objekts. Für die Prasangika-Madhyamikas hingegen kommt der Vase keinerlei objektive, unabhängige Existenz zu – nicht einmal in einem konventionellen Sinn –, weil eben die Prasangikas die Existenz einer Selbstnatur nicht anerkennen. Die visuelle Wahrnehmung, die ihr Objekt so auffasst, als verfüge es über eine objektive Existenz und als wohne ihm eine eigene Natur inne, ist demzufolge falsch und die Folge einer Täuschung.

Obwohl beide Madhyamaka-Schulrichtungen die Leerheitsphilosophie anerkennen, hat also die Negation einer Selbstnatur und einer objektiven, eigenständigen Realität für jede von ihnen einen anderen Bedeutungshorizont. Außerdem sehen beide philosophische Schulrichtungen zwar in der grundlegenden Unwissenheit die Wurzel aller Befleckungen des Geistes, deren eigentliche Ursache. Soweit es um die subtilen Abstufungen dieser Fehlwahrnehmung geht, vertritt dennoch jede von ihnen eine andere Auffassung. Beide erkennen allerdings die Tatsache an, dass infolge unserer Unwissenheit solche offenkundigen Geistesgifte wie Verlangen, Anhaften und Festhalten entstehen.

Weil es nach Überzeugung der Svatantrika-Madhyamikas eine Art immanente Natur gibt, erkennen sie auch nicht an, dass die Anziehung, die aufgrund dieser Überzeugung von den Objekten ausgeht, trügt. Demgegenüber ist nach Auffassung der Prasangika-Madhyamikas solch eine Anziehung trügerisch und Ausdruck unserer störenden Emotionen. Da also die beiden Schulrichtungen der Madhyamaka-Philosophie das zu negierende Objekt auf unterschiedliche Weise bestimmen und die subtile Unwissenheit jeweils anders definieren, unterscheiden sich auch ihre Auffassungen in Bezug auf die Natur jener Geisteszustände, die von der Unwissenheit herrühren.

Verschiedene Stufen der Selbst-losigkeit von Personen

Lassen Sie uns hier innehalten, um ein wenig nachzudenken. Der Gegenstand, den wir dabei untersuchen wollen, ist die Person. In Hinblick auf eine Person können wir verschiedene Stufen von Selbst-losigkeit, oder Leerheit, unterscheiden. Zum Beispiel können wir sagen, dass der Person keine dauerhafte, unabhängige, unteilbare Realität zukommt. Eine weitere Stufe der Leerheit einer Person besteht im Nichtvorhandensein einer eigenständigen, sich ihrer selbst vergewissernden, substanziellen Realität. Ferner können wir sagen, dass der Person keine wirkliche Existenz zukommt, ebenso wenig eine Eigenexistenz, eine immanente Existenz. Auch die Selbst-losigkeit eines einzelnen Phänomens betreffend, einer Person zum Beispiel, können wir demzufolge von unterschiedlichen Subtilitätsstufen sprechen.

Die Vorstellung eines unabhängigen, einheitlichen und dauerhaften Selbst entspricht der Vorstellung von *atman* – jenem von den nichtbuddhistischen Lehren innerhalb der klassischen indischen Überlieferungen postulierten Selbst. Von diesem Selbst wird gesagt, es existiere unabhängig von den psychophysischen Komponenten, den geistigen und körperlichen »Anhäufungen«. Ferner stellt man sich vor, solch ein Selbst sei gewissermaßen der Kontrolleur oder Kommandeur einer substanziellen Realität. Die Negation solch eines Selbst macht *eine* Ebene der Selbst-losigkeit einer Person aus.

Eine weitere Ebene der Leerheit besteht im Nichtvorhandensein, oder in der Leerheit, der Person als Basis oder realer Bezugspunkt für den Begriff »Person«. Die Person ist zwar diejenige Realität in der außersprachlichen Welt, auf die der Begriff »Person« verweist – dies jedoch nicht *an sich*, das heißt unabhängig von der Sprache und vom Denken. Die Beziehung zwischen der Person und dem auf sie verweisenden Begriff »Person« beruht vielmehr auf Übereinkunft. Ferner gibt es die Leerheit der Person im Sinn von etwas wahrhaft Existierendem. Dies entspricht der Definition der Svatantrika-Madhyamaka-Schule von »Leerheit der Person«. Die subtilste Ebene der Leerheit einer Person ist ihre Leerheit von Eigenexistenz, die jedwede Form einer der Person selbst innewohnenden Identität negiert.

In Hinblick auf ein einziges Seiendes – eine einzige Entität –, in unserem Beispiel eine Person, finden wir demnach fünf verschiedene Stufen von Selbst-losigkeit oder Leerheit. Und den fünf verschiedenen Stufen der Leerheit einer Person stehen auf der anderen Seite fünf Stufen der Verdinglichung gegenüber. Von diesen fünf sind, verglichen mit den nachfolgenden, die ersten Stufen die gröberen. Demnach können wir, in Entsprechung zur Stufe der Verdinglichung einer Person, auch bei den in der Folge sich ergebenden Geistesgiften wie Wut, Hass, Anhaftung und Eifersucht unterschiedliche Abstufungen postulieren.

Das Verständnis der störenden Emotionen und Gedanken im Sinn der Hinayana-Lehre, erklären diese Verszeilen, ist vergleichsweise gering entwickelt und unzureichend. Daher könne von einem Menschen, der lediglich diese Ebene der störenden Emotionen und Gedanken überwunden hat, keineswegs gesagt werden, er sei ein Arhat, also jemand, der frei ist vom Daseinskreislauf.

Mag schon sein, argumentiert Shantideva, dass jemand dem Hinayana zufolge die trügerischen Vorstellungen – gemessen an der Definition der Hinayana-Anhänger – überwunden hat. Dennoch setzen sich, da die betreffende Person die im Festhalten an einer Eigenexistenz der Phänomene sich zeigende Unwissenheit nicht aufgelöst hat, in ihrem Geisteskontinuum getrübte Zustände weiter fort, die auf eben jene Unwissenheit zurückgehen. Und diese getrübten Zustände werden sich als Emotionen und Gedanken manifestieren. Folglich kann sich solch ein Mensch noch nicht wirklich vom Daseinskreislauf befreit haben.

Drei zusätzliche Strophen

Die nächsten drei Strophen ziehen einen Vergleich zwischen den Mahayana- und den Hinayana-Schriften. Dem indischen Kommentator Prajnakaramati zufolge sind diese drei Strophen allerdings nicht von Shantideva verfasst. In der Tat steuern sie zur Gesamtargumentation kaum etwas wirklich Nennenswertes bei.

(49) Wenn du alles, was in den Sutras geschrieben steht,
       als die vollendete Rede* des Buddha betrachtest,
       warum siehst du dies dann beim Mahayana,
       das mit dem Großteil eurer Schriften
       vollkommen übereinstimmt, nicht genauso?

(50) Wenn ein einziger Fall, in dem diese Übereinstimmung nicht gegeben ist,
       dazu führt, dass alles als fehlerhaft gilt,
       sollte dann nicht ebenso eine einzige Übereinstimmung bewirken,
       dass alles als die Rede der Siegreichen gilt?

(51) Selbst Mahakashyapa und andere [höchst Verwirklichte] vermochten nicht
       die Tiefgründigkeit dieser Lehre auszuloten.
       Wie könnte man da sagen,
       weil du sie nicht begreifst, müsse sie verworfen werden?

---

* Im Sinn von: Körper, Rede und Geist.

Leerheit ist der Schlüssel

In der Interpretation der nächsten Strophe scheinen beide Kommentare wiederum ein wenig voneinander abzuweichen. Letztlich jedoch vertreten sie meines Erachtens einhellig jenen Standpunkt, der besagt, dass ein Bodhisattva frei bleibt von den beiden Extremen: dem Extrem des Daseinskreislaufs wie auch dem Extrem eines nur für ihn (oder sie) allein verwirklichten Friedens von Nirvana.

> (52) Weiterhin in Samsara zu verweilen,
>   allerdings befreit von jeglichem Verlangen und
>   von jeglicher Angst,
>   und zum Wohl derer zu wirken, die aus Unwissenheit leiden,
>   darin bestehen die Früchte [der Verwirklichung] von Leerheit.

Nur indem er sich einem Weg der Leerheit widmet, kann der Bodhisattva tatsächlich die – von diesen beiden Extremen freie – Buddhaschaft verwirklichen. Sämtliche Strophen bis hierher dienen als Beleg für die zentrale These, dass Einsicht in Leerheit unverzichtbar ist; nicht nur für die Verwirklichung vollkommener Erleuchtung, sondern ebenso für die Befreiung von Samsara. Bodhisattvas bleiben im Daseinskreislauf und streben nicht eigennützig nach einem friedvollen Zustand von Nirvana nur für sich selbst: Der Altruismus der Bodhisattvas, von dem man sagt, er sei die Frucht der Leerheitsmeditation, ist so groß, dass sie aus freien Stücken danach trachten, im Daseinskreislauf wiedergeboren zu werden.

Da keine schlüssige Widerlegung von Leerheit zu finden sei, erklärt Shantideva anschließend, bestehe an der Notwendigkeit, Einsicht in Leerheit zu entwickeln, kein Zweifel.

(53) Daraus ist zu ersehen, dass die Lehre von der
Leerheit
gegen alle Einwände gefeit ist.
Lasst uns also, frei von jedem Zweifel,
Leerheitsmeditation betreiben.

(54) Für die störenden Emotionen ist Leerheit das
Heilmittel,
und sie lichtet die Verdunkelung des Gewahr-
seins.
Wie könnte daher jemand, der den Wunsch
nach baldiger Allwissenheit hegt,
nicht über Leerheit meditieren?

(55) Alles, was wirklich Schmerz und Leid
verursacht,
mag Gegenstand unserer Besorgnis sein.
[Einsicht in] Leerheit hingegen wird jegliches
Leid von uns nehmen.
Warum also sollte sie uns Angst machen?

(56) Falls es so etwas wie ein »Ich« wirklich gäbe,
würde es zugegebenermaßen von Angst und
Schrecken gepeinigt werden.
Da ein Selbst oder »Ich« jedoch gar nicht
existiert,
wem könnte dann noch angst und bange
werden?

Einsicht in Leerheit, so legt Shantideva dar, ist in der Tat das
Gegenmittel gegen die quälenden Emotionen und die übrigen
mentalen Schleier – gegen alles, was eine klare Einsicht in die

Natur des Daseins verhindert. Diejenigen, die den vollkommen erleuchteten Zustand der Buddhaschaft und der Allwissenheit verwirklichen wollen, sollten das Verständnis von Leerheit darum alsbald kultivieren.

Mit Recht, erklärt er weiter, erfasst uns angesichts einer Ursache für leidvolle Erfahrungen normalerweise Besorgnis oder Furcht. Im Geist eines zu wirklicher Leerheitseinsicht gelangten Menschen jedoch finden derartige Erfahrungen keinen Platz, weil die Voraussetzungen dafür einfach nicht mehr vorliegen.

Würde es dieses so genannte »Ich« oder »Selbst« tatsächlich geben, dann wäre eine Grundlage vorhanden, auf der Angst entstehen könnte. Wenn jedoch, weil ein derartiges Selbst nicht existiert, niemand da ist, den diese Erfahrung betreffen könnte, wo sollte sich dann wohl Angst einstellen?

Shantidevas Argumentation läuft im Wesentlichen auf Folgendes hinaus: Stünde hinter dem Wort »ich« ein real existierendes Dasein, etwas wahrhaft Seiendes, dann könnte aufgrund dieses wirklichen »Ich« Angst aufkommen. Doch dergleichen findet sich ja nicht. Ein Selbst ist nicht vorhanden. Um wessen Angst sollte es sich also handeln?

Die Identitätslosigkeit von Personen

Eine weitere wichtige Textpassage, die mit Strophe 57 beginnt, fasst ausführliche Überlegungen zum Nachweis von Leerheit zusammen. Im ersten Unterabschnitt dieser Passage geht es um den Nachweis der Identitätslosigkeit von Personen. Wie ich bereits erwähnt habe, lassen sich zwei Arten von Leerheit unterscheiden: die Leerheit oder Selbst-losigkeit von Personen und die Leerheit von Phänomenen. Hinsichtlich ihrer Natur besteht zwischen diesen beiden Kategorien von Selbst-losigkeit nicht einmal ein subtiler Unterschied. Aufgrund der Beschaffenheit des Objekts, an dem Leerheit hier jeweils aufgezeigt wird, heißt es allerdings, in die Leerheit von Personen sei leichter Einsicht zu gewinnen als in diejenige der Phänomene. Auch die Reihenfolge, in der diese beiden Arten von Leerheit in den Schriften zur Sprache kommen, spiegelt das wider. Shantidevas Text beispielsweise thematisiert zunächst einmal die Selbst-losigkeit von Personen und danach erst die Leerheit der Phänomene.

Eigenexistenz, das sollten wir verstehen, lässt sich ganz und gar nicht mit einer körperlichen Erkrankung oder mit Geistestrübungen vergleichen, die in einem Prozess des Erwachens aufgelöst werden können. Denn mit der unabhängigen Existenz verhält es sich nicht so, als hätte sie früher einmal existiert, könnte aber durch spirituelle Praxis und Meditation beseitigt werden. Vielmehr hat sie von vornherein nie existiert. Die mentalen Schleier oder Geistestrübungen hingegen sind sehr wohl existent. Die Negation von Eigenexistenz ist also etwas anderes als die Auflösung von Geistestrübungen. Unweigerlich stellt sich jedoch die Frage: »Wenn es unabhängige Existenz niemals gegeben hat, warum müssen wir sie dann überhaupt negieren?« Die Antwort: Zwar hat es sie nie gegeben. Trotzdem nehmen wir sie unserer grundlegenden Unwissenheit halber so »wahr«, als wäre sie tatsächlich vorhanden.

Das zu negierende Selbst
Um uns den Weg zu einem Verständnis dieser Textpassage über die Leerheit des Selbst zu ebnen, kommt es zunächst einmal darauf an, eine klare Vorstellung davon zu entwickeln, was genau hier eigentlich negiert werden soll. Denn Leerheitsmeditation ist auf eine korrekte Bestimmung des zu negieren-

den Objekts angewiesen. Wenn wir von Leerheit sprechen, sollten wir Folgendes verstehen: Wird gesagt, die Dinge seien leer von unabhängiger Existenz, dann lässt sich das nicht etwa mit solchen Aussagen vergleichen wie: »Ein Tempel ist menschenleer.« Denn die Grundlage von Leerheit, der Tempel, und dasjenige, wovon er leer ist, die Menschen, sind hier zwei getrennte Entitäten. Im Unterschied dazu wird durch die Negation von unabhängiger Existenz die Seinsweise, die dem Objekt selbst scheinbar zukommt, in Abrede gestellt.

Welche Bedeutung hat *Selbst* oder *Identität*, wenn wir von Selbst-losigkeit oder Identitätslosigkeit sprechen? Chandrakirti erklärt in seinem Kommentar zu Aryadevas »Vierhundert Strophen«, in Zusammenhang mit Selbst-losigkeit bezeichne *Selbst* ein unabhängiges, eigenständiges Sein. Wann immer wir einem Ding oder Geschehnis, gleichgültig, um welches Beispiel es sich handelt, eine unabhängige, eigenständige, über eine immanente Realität verfügende Seinsweise zusprechen, wird das in dieser Weise wahrgenommene Merkmal zu dem Objekt, das es zu negieren gilt. Denn genau solch eine Seinsweise wird im Kontext der Lehren von der Selbst-losigkeit bestritten.

Diese Definition des *Selbst* gibt Chandrakirti in seinem Kommentar zu einer bestimmten Strophe von Aryadevas eben genanntem Text. Kein Ding oder Geschehnis, so erklärt er dort, verdanke seine Existenz autonomen Kräften, existiere aus eigener Kraft. Vielmehr existieren sämtliche Phänomene in Abhängigkeit von anderen Ursachen und Bedingungen – von anderen Faktoren. Daher kommt ihnen kein unabhängiger und eigenständiger ontologischer Status zu. Dieser unabhängige und eigenständige Status wird als *Selbst* bezeichnet. Da es sämtlichen Dingen und Geschehnissen an solch einer unabhängigen, eigenständigen Existenz mangelt, sagt man,

dass sie über keine *Selbst*existenz verfügen, leer sind von Eigenexistenz.

Unsere Selbstwahrnehmung, der in uns aufsteigende Gedanke »ich bin«, hat verschiedene Aspekte. In »Eintritt in den
Mittleren Weg« spricht Chandrakirti von zwei Aspekten unserer Selbstwahrnehmung: dem bloßen Zentrum unseres
»Ich«-Bewusstseins und dem Objekt, an dem – als etwas vermeintlich von sich aus Existierendem – wir anhaften. Der letzt-
genannte, nicht jedoch der erste Aspekt ist für uns das Objekt,
das es zu negieren gilt. Für unsere Selbstwahrnehmung, erklärt
Chandrakirti, bildet das konventionelle »Ich«, das Subjekt all
unserer Handlungen und Erfahrungen, den zentralen Bezugspunkt. Weil wir auf dieses Selbst konzentriert sind, nehmen
wir es dann so wahr, als wohne ihm von sich aus Realität inne.
Durch solches Anhaften an einer – vermeintlich – von sich
aus bestehenden Realität des Selbst handeln wir uns vielerlei
Verwirrung, alle möglichen Geistestrübungen ein. Eben dieses
Anhaften, sagt Chandrakirti, sollte ein Yogi erkennen, um es
aufzulösen.

Unter Zuhilfenahme philosophischer Begriffe könnten wir
erkenntnistheoretische Unterscheidungen vornehmen, beispielsweise zwischen einem *in Erscheinung tretenden Objekt* einerseits und einem *Bezugsobjekt der Wahrnehmung* andererseits.
Aber auch durch schlichte Selbstbeobachtung, indem wir uns
einfach nur unser gewöhnliches »Selbst«- oder »Ich«-Empfin-
den anschauen, können wir in diesem Empfinden ein starkes
Anhaften an einem Selbst entdecken, einen Glauben an eine
von sich aus existierende Entität. Ganz unwillkürlich spielt
dieser Glaube an einen eigenständigen, einheitlichen Akteur
in unserem persönlichen Identitätsbewusstsein eine große Rolle. Es habe den Anschein, schreibt Tschangkya Rölpä Dordsche,
als glaubten manche seiner Zeitgenossen an ein unabhängig

existierendes Selbst »da draußen«, welches das zu negierende Objekt sei. Ihre Vorstellungen von sich selbst als einem Individuum, die sie unwillkürlich in sich tragen, ihr Selbstverständnis als ein eigenständig und unabhängig existierendes Selbst, ließen sie hingegen unangetastet.

Losgelöst von jenem Selbst, das Gegenstand unseres unwillkürlichen Anhaftens ist, gibt es jedoch kein zu negierendes Objekt. In der Art und Weise, wie uns das Selbst in unserer Alltagserfahrung erscheint, sind bereits all die Objekte, die es zu negieren gilt, enthalten. Unser Leerheitsverständnis sollte keinesfalls so sein, dass wir, während wir uns mit der Negation dieser Vorstellung von einem individuellen Selbst befassen, über bloße Wortakrobatik, über ein Jonglieren mit exotisch anmutenden Begriffen wie *wirkliche Existenz* und *immanente Existenz*, nicht hinauskommen. Ansonsten laufen wir Gefahr, dass das unwillkürlich sich einstellende Anhaften an diesem Selbst unangetastet und damit letztlich alles beim Alten bleibt.

Dann ist das Selbst, nach dem wir suchen, womöglich nichts weiter als eine Ausgeburt unserer Phantasie ohne tatsächlichen Bezug zu unserem unwillkürlich sich bekundenden Empfinden, ein individuelles Selbst zu sein. Wenn wir in diese Falle tappen, wird die Negation des Selbst für uns ein fruchtloses Unterfangen bleiben, und unser angeborenes Selbstanhaften wird ungeschoren davonkommen können. Bestenfalls werden wir es vielleicht bewerkstelligen, einen sehr groben Aspekt des zu negierenden Objekts aufzulösen.

Den Realitätsanspruch der Welt auf der Ebene der konventionellen Wahrheit weiterhin gelten zu lassen, selbst nachdem man eine unabhängige Existenz sämtlicher Phänomene negiert hat, ist ein besonders schwieriger Punkt innerhalb der Madhyamaka-Philosophie, sagt der große Tsongkhapa. Es war bereits die Rede davon, dass uns an dieser Stelle natürlich Zweifel kommen werden: »Wie sollte ich, nachdem ich eine Eigenexistenz der Phänomene geleugnet habe, noch über Identität nachdenken und sprechen können, ohne mich in logische Widersprüche zu verstricken?« Diese Frage verweist auf den Kern des philosophischen Problems. Und hier macht die Unterscheidung zwischen dem *in Erscheinung tretenden Objekt* und dem *Bezugsobjekt der Wahrnehmung* durchaus Sinn, weil sie uns hilft, genau darauf zu achten, dass wir nicht die faktische Existenz des Selbst negieren. Denn warum sollten wir andernfalls, wenn es überhaupt kein Selbst gäbe, nach Erleuchtung streben? Warum sollten wir uns dann bemühen, den Weg zur Vollendung einzuschlagen? Solch ein Unterfangen hätte keinen Sinn, weil es niemanden gäbe, der Freiheit oder Vollendung erlangen könnte!

Die Vorstellung von Eigenexistenz beeinträchtigt laut Tsongkhapa all unsere Erfahrungen und Wahrnehmungen – von der unmittelbaren Einsicht in Leerheit einmal abgesehen. Es ist notwendig, dass wir das zu negierende Objekt genau bestimmen, anhand unserer persönlichen Erfahrung untersuchen, wie sich das angeborene Selbstempfinden ganz unwillkürlich in uns regt, und unsere Erfahrung eingehend hinterfragen. Wenn das Selbst, das es zu negieren gilt, existieren würde, auf welche Art und Weise würde es dies tun? Zumindest eine gewisse Vorstellung sollten wir schon davon haben, wie dieses hypothetische Selbst beschaffen wäre. Nur indem wir sorgsam untersuchen, in welcher Weise wir das Selbst tatsächlich erfahren, werden wir verstehen können, wie Einsicht in Leerheit die Vorstellung von unabhängiger Existenz auflösen kann.

Das Bewusstsein, erklärt Aryadeva in »Vierhundert Strophen«, legt den Samen für den Daseinskreislauf. Und unschädlich machen können wir diesen Samen nur, indem wir über die Selbst-losigkeit der Objekte – des Bewusstseins in diesem Fall – Klarheit gewinnen. Wenn wir zu einer umfassenden Einsicht in Leerheit, das Nichtvorhandensein von Eigenexistenz, gelangen, werden unsere negativen Emotionen wie Wut und Anhaftung jenen Objekten gegenüber, die diese Emotionen auslösen, deutlich schwächer ausgeprägt sein. Einsicht in Leerheit vermindert offenbar den überwältigenden Einfluss, den die Geistesgifte auf uns ausüben.

Innerhalb einer Gruppe von Menschen machen jedem Individuum eigene Hoffnungen, Befürchtungen und Problemen zu schaffen. Ein breites Spektrum von Geisteszuständen wird erkennbar. Eigentlich aber haben diese Zustände in all ihrer Unterschiedlichkeit keine Grundlage, keine solide Basis, ganz gleich, wie stark die mit ihnen einhergehenden Empfindungen sein mögen. Doch obgleich ihnen keine Realität innewohnt, hat es den Anschein, als seien sie fest in der Wirklichkeit verankert. Das ist fast so wie bei einem Zauberkunststück, das ein überaus geschickter Illusionist uns vorführt. Von welcher Natur diese Realität ist, bleibt im Endeffekt unerfindlich. Klingt das seltsam?

In unserem Alltag arbeiten wir hart, oftmals durch Geisteszustände motiviert, die von heftigen Emotionen wie Wut, Stolz und Anhaftung bestimmt werden. Was genau aber sind die Objekte, auf die sich unsere starken Emotionen beziehen? Könnten wir sie ausfindig machen, wenn wir nach ihnen suchen würden? Gibt es da überhaupt etwas zu finden? In dieser Weise gilt es, unsere Alltagserfahrung zu hinterfragen. Sollten Sie allerdings im Verlauf Ihres kritischen Nachdenkens zu dem Schluss kommen, auch das Streben nach Buddhaschaft sei sinnlos, weil ihr keine Eigenexistenz innewohne, dann deutet dies darauf hin, dass Sie Gefahr laufen, in eine nihilistische Haltung abzugleiten.

Eine Hand, hat Dromtönpa einmal gesagt, ist in der Sphäre der Leerheit leer, ebenso leer wie das Feuer. Wenn Sie allerdings Ihre Hand ins Feuer legen, wird das Feuer Ihnen Verbrennungen zufügen! Das beschreibt den Sachverhalt ziemlich genau, meinen Sie nicht? Wenn Sie zu einem Menschen, der Ihnen erzählt: »O ja, alles gleicht einer Illusion, alles ist wie in einem Traum, nichts ist real«, hingehen und ihn mit einer Nadel piken, wie wird er dann reagieren? Lassen Sie die betreffende Person ruhig herausfinden, ob es eine Realität gibt!

Ich sage keineswegs, dass die Dinge nicht existieren. Die Dinge und Geschehnisse existieren durchaus, und sie haben Auswirkungen auf unsere Empfindungen von Freude und Leid. Aber die Dinge existieren nicht in der Weise, wie es unserer Wahrnehmung entspricht. Darum geht es hier.

Die Unauffindbarkeit des Selbst

Was unsere Vorstellung von wahrer Existenz anbelangt, gilt es zwei Arten zu unterscheiden: erstens jene angeborene, unwillkürlich sich bekundende, die auch im Geistesstrom von Tieren zu finden ist; ferner die durch den rationalen Denkprozess beziehungsweise philosophisches Nachdenken zustande kommende Vorstellung von Individualität. Bei Vorstellungen der zweiten Art spricht man von *geistig angeeignetem Anhaften an einem individuellen Selbst*. Die erstgenannte Vorstellung, jenes von klein auf vorhandene Anhaften an Eigenexistenz, ist die Wurzel des Daseinskreislaufs. Im Sinn einer Hilfestellung, eines Schritts auf dem Weg zur Beseitigung dieses angeborenen, unwillkürlichen Anhaftens, können wir zunächst einmal das geistig angeeignete Anhaften an einer unabhängigen Existenz der Phänomene auflösen.

Wie bereits dargelegt, ist es offenkundig, dass das Selbst beziehungsweise die Person, die mit anderen wie mit der Welt interagiert und dabei unliebsame oder erfreuliche Erfahrungen macht, existiert. Allerdings wurzelt unsere unwillkürliche Selbsterfahrung in der unterschwelligen Überzeugung, es sei ein einheitliches, eigenständiges Selbst vorhanden, dem eine Art *Realität an sich* zukomme. Falls solch ein Selbst tatsächlich existieren sollte, müssten wir es, wenn wir danach suchen würden, auch finden können. Je mehr wir nach der Realität eines derartigen Selbst suchen, desto klarer sollte sie zum Vorschein kommen.

Es stimmt, dass das Selbst nicht *unabhängig* vom Geist-Körper-Komplex existiert. Ebenso wenig existiert es jedoch in der Weise, wie es unserem unwillkürlichen, angeborenen Selbstempfinden erscheint. Sofern ein von sich aus reales Selbst existieren sollte, müsste es innerhalb der psychophysischen Komponenten existieren, in den geistigen und körperlichen »Anhäufungen«, die eine Person konstituieren. Mit anderen Worten: Es müsste im Bereich unseres Körper und unseres Geistes zu finden sein.

Nagarjuna erklärt in seiner Schrift »Die Kostbare Girlande« *(Ratnavali)*, die Person sei weder das Element Erde noch eines der übrigen vier Elemente Feuer, Wasser, Luft oder Raum.[14] Unter den Bestandteilen des Körpers könnten wir demnach die Person beziehungsweise das Selbst nicht finden, wenn wir danach suchen würden. Und der Versuch, das Selbst innerhalb des Bewusstseinskontinuums aufzuspüren, wäre gleichermaßen zum Scheitern verurteilt. Denn das Bewusstsein ist das Bewusstsein *der* Person; die Person *sein* kann es daher nicht.

Ebenso wenig aber handelt es sich beim Geist-Körper-Komplex oder bei dem Kontinuum des Geist-Körper-Komplexes um die Person. Würden wir nach der im Begriff *Person* beziehungsweise *Selbst* angesprochenen Realität suchen, dann könnten wir diese weder in einem der verschiedenen Körperteile finden noch innerhalb eines Bewusstseinsmoments. Weder in Verbindung mit dem Geist-Körper-Komplex noch getrennt von diesem könnten wir solch eine Realität entdecken. Kurzum, innerhalb des Kontinuums von Geist und Körper können wir rein gar nichts ausfindig machen, von dem sich sagen ließe, es sei tatsächlich diejenige Realität, auf die der Begriff *Person* oder *Selbst* verweist.

Wenn wir nach der in dem Ausdruck *Tathagata* angesprochenen Realität suchen, erklärt Nagarjuna in seiner Schrift »Grundlegende Weisheit des Mittleren Weges« *(Mulamadhyamakakarika)*, werden wir selbst den Tathagata – den Buddha, auf den wir vertrauen und dem wir unsere Verehrung erweisen – nicht ausfindig machen können.[15] In Bezug auf die »Anhäufungen« oder psychophysischen Komponenten des Buddha, seinen Körper und seinen Geist, lässt sich nicht geltend machen, dass sie der Buddha sind; ebenso wenig aber ist die Identität des Buddha unabhängig von seinem Körper und seinem Geist auffindbar. Weder verfügt der Buddha von sich aus über die »Anhäufungen«, noch sind diese von sich aus die Daseinsgrundlage für den Buddha. Wenn wir uns mittels einer derartigen Analyse auf die Suche begeben, stellt sich heraus, dass wir selbst den Buddha nicht ausfindig machen können.

Was genau meinen wir damit, wenn wir sagen, die Dinge und Geschehnisse seien leer? Weil die Entstehung aller Dinge und Geschehnisse auf die Ansammlung oder Anhäufung von Ursachen und Bedingungen – auf andere Faktoren als sie selbst – zurückgeht, deshalb sind sie leer: ohne eine eigenständige, unabhängige Natur. Dieses Nichtvorhandensein einer unabhängigen Natur beziehungsweise einer von sich aus bestehenden

Realität ist gleichbedeutend mit Leerheit. Würden wir indes annehmen, Leerheit sei eine eigene, von den Dingen und Geschehnissen getrennte ontologische Kategorie, befänden wir uns im Irrtum.

Shantidevas nächstes Anliegen – wir kehren nun also wieder zum Text zurück – besteht darin, in mehreren Kontemplationen nacheinander die verschiedenen Teile des Körpers zu untersuchen, um zu fragen, ob es sich bei dem jeweiligen Körperteil um die Person handelt.

> (57) Die Zähne, das Haar, die Fingernägel sind nicht das »Ich«,
> genauso wenig die Knochen oder das Blut,
> und das »Ich« findet sich auch nicht im Nasenschleim,
> in der Galle, in der Lymphe oder im Eiter.

> (58) Das Körperfett und der Schweiß sind nicht das »Ich«,
> Lunge und Leber machen es gleichfalls nicht aus.
> Weder sind andere innere Organe das »Ich«
> noch die Exkremente oder der Urin.

> (59) Fleisch und Haut sind nicht das »Ich«,
> ebenso wenig die Körperwärme und der Atem.
> Die Hohlräume des Körpers sind es nicht,
> aber auch nicht die sechs Formen von Sinnesbewusstsein.

Im nächsten Kapitel werden wir sehen, dass Shantideva auf diese drei Strophen eine Reihe von Kontemplationen über die verschiedenen Aspekte des Bewusstseins und anderer Daseinsfaktoren folgen lässt. Darin wird er weiter der Frage nachgehen, ob einer von ihnen mit der »wirklichen Person« gleichzusetzen ist.

MEDITATION

Versuchen Sie jetzt, über Leerheit zu meditieren. Sobald wir das »Selbst« ausfindig machen wollen, erklärt Shantideva in seinem Text, können wir es offensichtlich nicht finden. Das bedeutet allerdings nicht, dass es nicht existiert. Schließlich wissen wir aus eigener Erfahrung, dass wir Schmerz und Freude erleben. Etwas oder jemand, dessen sind wir gewiss, macht diese Erfahrungen, lässt sich aber trotz aller Nachforschungen nicht aufspüren. Über das Selbst, zu diesem Schluss gelangen wir daraufhin, lässt sich nur sagen, dass es in einem nominellen Sinn – aufgrund einer Benennung, einer Begriffszuordnung – existiert.

Versuchen Sie bitte, sich vor dem Hintergrund dieser Überlegungen darüber klar zu werden, wie die Dinge, das eigene Selbst inbegriffen, Ihrem Geist erscheinen. Haben Sie den Eindruck, den Dingen komme bloß ein nomineller Status zu, oder zeigen sie sich Ihnen in einem anderen Licht?

Sicherlich machen die Dinge nicht den Eindruck, als seien sie einzig und allein in einem nominellen Sinn real. Sondern sie scheinen über eine Art objektive, unabhängige Existenz zu verfügen, aus eigener Kraft zu existieren. Keineswegs vermitteln uns die Dinge den Eindruck, als existierten sie lediglich aufgrund von Benennung. Vielmehr genießen sie scheinbar einen objektiven, unabhängigen Status. Unser Nachdenken bringt uns also zu der fundierten Überzeugung, dass die Dinge nicht in der Weise existieren, wie es den Anschein hat.

Während der Geist in meditativer Ausgeglichenheit auf Leerheit verweilt, sollten Sie nicht einmal ansatzweise ein Gefühl haben wie: »Aha, das ist Leerheit.« Oder: »Ich meditiere über Leerheit.« Seien Sie stattdessen bestrebt, sich eingerichtet in die schiere Abwesenheit von unabhängiger Existenz zu vertiefen: in die Unauffindbarkeit der Phänomene selbst bei sorgfältigster Nachforschung. Ihr Geist sollte gleichsam eins geworden sein mit der Leerheit, ohne dass Sie noch irgendeine Art von Subjekt-Objekt-Dualität – so als würden Sie etwas »da draußen« beobachten – wahrnehmen. Meditieren Sie nun auf diese Weise für ein paar Minuten über Leerheit.

8 Die Natur des Selbst
und seine Existenz

REFLEXIONEN ZUR WEISHEITSPRAXIS

Einsicht in Leerheit – die Basis des Mitgefühls
Der altruistische Erleuchtungsgeist *(bodhichitta)*, die Wurzel
der Erleuchtung, bedarf der Ergänzung durch Weisheit, durch
Einsicht in Leerheit, erklärt Nagarjuna. Wenn wir vollkommene Erleuchtung verwirklichen wollen, gilt es daher, diese
Wurzel, die Grundlage solch einer Verwirklichung, in uns
selbst vollständig zur Entfaltung zu bringen. Und die Wurzel
des altruistischen Erleuchtungsgeistes ist *großes Mitgefühl*, das
ergänzt und verstärkt wird durch Weisheit, die der Leerheit
gewahr ist.[16]

Diese drei Faktoren – Bodhichitta, großes Mitgefühl und
zur Leerheitseinsicht gelangende Weisheit – beinhalten die
Essenz des Weges zur vollkommenen Erleuchtung. Wer alle
drei Grundelemente des Weges praktiziert, kann den Zustand
vollendeter Allwissenheit erreichen. Fehlt hingegen eines der
drei Elemente, bleibt Buddhaschaft unerreichbar. Bei diesen
drei Aspekten des Weges handelt es sich, so können wir sagen,
um die notwendigen und hinreichenden Voraussetzungen für
die Verwirklichung von Buddhaschaft.

Wir haben die Leerheitssicht erörtert und darüber gesprochen, dass Weisheit, die der Leerheit gewahr ist, unsere grundlegende Unwissenheit restlos beseitigen und uns so zur Frei-

heit von Leid verhelfen kann. Einsicht in Leerheit befähigt uns, zu erkennen, dass es sich bei dem unwissenden Geist, der an einer Eigenexistenz der Phänomene festhält, um einen verfälschten, einen befleckten oder getrübten Geisteszustand handelt. Und eben weil es sich um einen befleckten Zustand des Geistes handelt, ist es uns möglich, die Befleckungen oder Trübungen zu beseitigen. Alle Wesen tragen also von Natur aus das Potenzial zur Befreiung in sich. Einsicht in Leerheit, in das Nichtvorhandensein einer unabhängigen Existenz, versetzt uns zugleich in die Lage, ein aufrichtiges und sehr kraftvolles Mitgefühl für all die empfindenden Wesen zu entwickeln, die deshalb im Daseinskreislauf gefangen sind, weil sie die Natur der Wirklichkeit in fundamentaler Weise verkennen und missverstehen.

Die Kraft des Mitgefühls

Für einen praktizierenden Buddhisten hat das Mitgefühl auf dem spirituellen Weg ohne Frage einen ganz entscheidenden Stellenwert. Aber auch ganz allgemein gilt: Je selbstloser und mitfühlender jemand ist, desto mehr wird der oder die Betreffende auf das Wohlergehen anderer empfindender Wesen bedacht sein. Ja, sogar aus einer eigennützigen Perspektive wird ein Mensch umso couragierter und entschlossener sein, je stärker sein Mitgefühl ist.

Alle großen Weltreligionen sind sich über die Bedeutung des Mitgefühls einig. Nicht nur preisen sie es in den höchsten Tönen, sondern sie fördern es auch nach Kräften. In ihren Lehren findet man zahlreiche gut anwendbare Methoden zur Entwicklung von Mitgefühl. Sicher, in der Philosophie und den metaphysischen Anschauungen bestehen Unterschiede zwischen den großen Religionen. Und aufgrund dieser Unterschiede weichen auch ihre Definitionen des Mitgefühls ein wenig voneinander ab – zum Beispiel in Hinblick auf die dem Mitgefühl innewohnenden Möglichkeiten und dergleichen. Über den zentralen Stellenwert jedoch, der dem Mitgefühl zukommt, herrscht unter all den großen Überlieferungen weitgehende Übereinstimmung; ebenso über den Zusammenhang, der zwischen unserer Mitgefühlspraxis und der Entwicklung unseres natürlichen Einfühlungsvermögens, unserer Fähigkeit zur Anteilnahme am Leid der anderen, besteht.

Mit Mitgefühl im Herzen verfügen wir anscheinend auch über mehr Mut und größere Entschlossenheit. Warum ist das so? Weil wir, glaube ich, mit Mitgefühl im Herzen nicht mehr ganz und gar von unseren Konflikten und jenen Dingen, die uns belasten, in Anspruch genommen werden. Vielmehr sind wir dann geneigt, dem Leid und dem Wohl anderer Wesen größere Aufmerksamkeit zu schenken, und besser in der Lage, auf der Basis eigener Erfahrungen einen Bezug zum Leid der anderen zu finden. Infolgedessen ändert sich unsere Sicht der Dinge und in manchen Fällen sogar die tatsächliche Erfahrung eigenen Leids, eigener Schmerzen und Probleme. Was uns zuvor geradezu unerträglich vorgekommen sein mag, stellt sich nun als weniger schwerwiegend dar – vielleicht sogar als eher unbedeutend. So gewinnt ein selbstloser und mitfühlender Mensch den Eindruck, dass die eigenen Probleme und Konflikte im Grunde recht gut zu ertragen sind. Diese widrigen Umstände haben daraufhin ein geringeres Potenzial, unseren inneren Frieden zu beeinträchtigen.

Solch einen mitfühlenden ganz und gar auf das Wohlergehen der anderen empfindenden Wesen bedachten Geisteszustand erreicht man durch rationale Überlegungen, durch systematisch entwickelte Gedankengänge. Zwar gehen mit dieser kraftvollen Empfindung möglicherweise noch andere starke Emotionen einher. Wenn solche Emotionen aufkommen, wird ihnen allerdings kaum Raum bleiben, den Geist in Aufruhr zu versetzen – einfach deshalb, weil diese Emotionen auf rationale Überlegungen zurückgehen. Mit anderen Worten: Das menschliche Denk- und Einsichtsvermögen spielt bei ihrer Entwicklung eine wichtige Rolle.

Im Alltag dagegen machen wir vielfach Erfahrungen und treffen auf Situationen, die dazu führen, dass sich Emotionen bei uns mit Macht entladen. Allerdings betrachte ich derartige Reaktionen auf eigentlich belanglose Vorfälle als Ausdrucksformen der Leid verursachenden Geistestrübungen. Denn was sonst bewirken sie, als uns innerlich aufzuwühlen und den Geist aus dem Gleichgewicht zu bringen? Ist unser Geistesstrom hingegen von mitfühlenden Gedanken und von Herzensgüte erfüllt, geraten wir angesichts von widrigen Umständen, die normalerweise eine heftige emotionale Reaktion auslösen würden, nicht gleich innerlich in Aufruhr. Denn eine grundlegende Stabilität ist vorhanden, innere Festigkeit.

Anteilnahme am Leid der anderen

Viele Menschen meinen, Mitgefühl bestehe darin, sich voller Mitleid eines Mitmenschen oder eines anderen empfindenden Wesens zu erbarmen. Und in ihren Augen hat derjenige, dem das Mitgefühl zuteil wird, in gewisser Weise das schlechtere Ende erwischt, ist der Geringere von beiden. Das trifft meines Erachtens nicht zu. Aufrichtiges Mitgefühl kann nur aus der Einsicht erwachsen, dass andere Wesen – genau wie wir selbst – glücklich sein und das Leid überwinden wollen. Aus dieser Einsicht erwächst angesichts des Leids, das andere Wesen erfahren, aufrichtige Anteilnahme beziehungsweise ein Gefühl von inniger Verbundenheit: echtes Mitgefühl. Wir fühlen uns mitverantwortlich für unsere Mitmenschen und sind von ganzem Herzen auf ihr Wohlergehen bedacht. Dem Mitgefühl liegt also die Erkenntnis zugrunde, dass wir und andere in unserem Streben nach Glück ganz und gar gleich sind. Daher begegnen wir dem natürlichen Wunsch der anderen, glücklich sein und das Leid überwinden zu wollen, mit aufrichtigem Respekt und erkennen an, dass sie ein Anrecht haben auf die Erfüllung dieses Wunsches.

Aber könnte Mitgefühl, wenn es doch durch Anteilnahme und eingehende Besinnung auf das Leid der anderen hervorgerufen wird, nicht vielleicht bis zu einem gewissen Grad auf Kosten unseres inneren Friedens, der inneren Ausgeglichenheit gehen? So fragen wir uns womöglich: »Bürden wir uns denn, indem wir Mitgefühl entwickeln, nicht noch zusätzliches Leid auf?« Das halte ich für eine ganz entscheidende Frage, die reiflich erwogen werden will.

Zunächst einmal besteht, wie ich finde, ein großer Unterschied zwischen den schmerzlichen und leidvollen Erfahrungen, die wir naturgemäß ertragen müssen, weil sie untrennbar zum eigenen Lebenszyklus dazugehören, und jenen Erfahrungen, die wir machen, weil wir aus freien Stücken am Leid der anderen Anteil nehmen. Im Fall eigener unliebsamer Erfahrungen sind wir dem Schmerz und dem Leid ausgesetzt, ohne selbst sonderlich viel ausrichten zu können: Welche Erfahrungen wir hier machen, das entzieht sich unserer Kontrolle.

Nehmen wir hingegen am Leid der anderen Anteil, mag dadurch zwar unsere innere Ausgeglichenheit ein wenig in Mitleidenschaft gezogen werden. Weil wir diese Erfahrung aber freiwillig zu einem bestimmten Zweck auf uns genommen haben, sind die Auswirkungen auf unseren Geist von ganz anderer Art. Wir werden, davon bin ich überzeugt, auf diesen Schmerz und dieses Leid nicht mit totaler Niedergeschlagenheit reagieren: Uns überkommt nicht das Gefühl, eine quälend schwere Bürde zu tragen. Stattdessen wird uns tief im Innersten eine freudige Empfindung zuteil, ein Selbstbewusstsein, das aus Stärke geboren wurde.

Um einen derart kraftvollen Geisteszustand von so großem spirituellem Wert und so heilsamer Wirkung wie das Mitgefühl entwickeln zu können, genügt es allerdings nicht, sich lediglich auf das Leid der anderen zu besinnen. Vielmehr sollten Sie zuallererst über Ihr eigenes Leid nachdenken und ein aufrichtiges Empfinden dafür entwickeln, dass dieses Leid schier unerträglich ist. Je mehr dieses Empfinden an Tiefe und Intensität gewinnt, desto eher werden Sie imstande sein, sich in das Leid der anderen hineinzuversetzen.

Beim Anblick von Lebewesen, die akut unter Schmerz leiden, erfasst uns normalerweise spontanes Mitgefühl. Sehen wir dagegen jemanden, den wir nach weltlichen Maßstäben für erfolgreich halten – der vermögend, einflussreich und von vielen Freunden umgeben ist –, kann es vorkommen, dass wir Neid verspüren statt Mitgefühl. Dies zeigt, dass unsere Einsicht in die von Leid geprägte Natur des menschlichen Daseins nicht wirklich in die Tiefe geht. Damit sich dies ändern kann, sollten wir unbedingt zunächst einmal zulassen, dass sich eine tief gehende Einsicht in die leidvolle Natur des eigenen Daseins einstellt.

Schritt für Schritt vorgehen

Sicher, beim offenkundigen Leid handelt es sich um eine schmerzliche und unerfreuliche Erfahrung. Doch bei dieser Erkenntnis sollten wir es keinesfalls bewenden lassen. Nicht weniger wichtig ist die Einsicht, dass auch das Leid der Veränderung, erst recht aber das alles durchdringende Leid des konditionierten Daseins uns mit unliebsamen Erfahrungen konfrontiert. Um zu dieser Einsicht zu gelangen, benötigen wir vor allem eine Meditationspraxis, die es uns gestattet, Schritt für Schritt vorzugehen. Dazu sollten wir zwei meditative Ansätze miteinander kombinieren: die analytische Meditation auf der einen und die Meditation des ruhigen Verweilens, der einsgerichteten Sammlung, auf der anderen Seite. Da es sich beim Mitgefühl um eine Geistesqualität und beim Geist um ein endloses Kontinuum handelt, wird Ihre spirituelle Praxis eine stabile Grundlage erhalten, wenn Sie diesem Weg, der analytische Meditation und einsgerichtete Sammlung miteinander verbindet, lange Zeit folgen.

Durch die Macht der Gewohnheit wird diese grundlegende Stabilität zum Bestandteil des Geistes. Wer von der Wiedergeburt überzeugt ist, wird bei zwei Kindern aus derselben Familie von unterschiedlichen, aus der Vergangenheit herrührenden Prägungen beziehungsweise Veranlagungen dieser Kinder sprechen. Das eine Kind, so sagen wir, zeige diese oder jene Veranlagung, während bei dem zweiten Kind andere Neigungen zu erkennen seien. Im jetzigen Leben haben wir einen neuen Körper erhalten, während sich das Bewusstsein aus dem vorigen Leben fortsetzt. In diesem Sinn ist die Vorstellung von der Stabilität und Dauerhaftigkeit der im Geistesstrom entwickelten Qualitäten zu verstehen.

Im Unterschied dazu sind andere menschliche Eigenschaften, zum Beispiel das sportliche Leistungsvermögen, ganz und gar vom Körper abhängig. Eine derartige Fähigkeit können wir nicht unbegrenzt, sondern nur innerhalb eines gewissen Rahmens steigern. Gleichgültig, wie talentiert etwa eine Hochspringerin oder ein Weitspringer sein mögen – eine bestimmte Grenze können sie mit ihren Sprüngen einfach nicht überwinden. Außerdem haben diese Fähigkeiten nur

Bestand, solange auch die entsprechenden physischen Voraussetzungen vorliegen. In das nächste Leben kann man sie nicht mitnehmen. Das Geisteskontinuum hingegen dauert fort. Darum erweist eine auf dem Geist beruhende Qualität oder Fähigkeit sich als dauerhafter.

Durch Geistesschulung können wir also solche Qualitäten entwickeln wie Mitgefühl, Liebe und Weisheit, die der Leerheit gewahr ist. Indem wir uns immer inniger mit diesen Qualitäten vertraut machen, sind wir in der Lage, sie bis hin zu ihren höchsten Potenzialen zu entfalten. Das mag zwar zunächst einiges Bemühen erfordern, sobald Sie allerdings über einen gewissen Punkt hinausgelangt sind, wird diese Entwicklung ganz von allein, spontan und selbstverständlich vonstatten gehen. Weitere Bemühungen erübrigen sich dann. Deshalb können wir sagen, dass sich solche Qualitäten unbegrenzt entwickeln lassen.

Wenn wir im Sport unser Training für längere Zeit unterbrechen, werden wir, um an das vorherige Leistungsniveau anknüpfen zu können, das gesamte Trainingsprogramm wieder von vorn durchlaufen müssen. Haben wir dagegen eine Geistesqualität bis zur Stufe der Spontaneität entwickelt, brauchen wir diese Qualität – selbst wenn wir ihr längere Zeit keine Aufmerksamkeit mehr geschenkt haben – bloß einmal ein klein wenig in Anwendung zu bringen, und schon hat sie wieder den vorherigen Stand erreicht. Dieser Unterschied ergibt sich aus den anders gearteten Voraussetzungen: daraus, dass die erreichte Fähigkeit oder Qualität im ersten Fall auf einer körperlichen, im zweiten Fall aber auf einer geistigen Grundlage entwickelt wurde.

Die Entwicklung des Geistes über mehrere aufeinander folgende Lebensspannen hinweg ist in diesem Sinn zu verstehen. Selbst falls Sie in Ihrem jetzigen Leben keine allzu großen

Fortschritte erzielen sollten, bleiben jene Qualitäten, die Sie sich geistig angeeignet haben, bestehen und können daher in Zukunft aktiviert werden.

Um unser Mitgefühlspotenzial ins Unermessliche steigern zu können, benötigen wir unbedingt Einsicht in Leerheit. Wenn unser Geist in einem Zustand der Verwirrung, Unsicherheit und Unwissenheit verharrt, kommen uns gelegentlich bereits wenige Momente oder kurze Zeitspannen quälend und unerträglich vor. Wir alle haben das schon erlebt. Ist hingegen unser Geist von Weisheit und Einsicht erfüllt, empfinden wir sogar die Bewältigung einer mit großen emotionalen Belastungen verbundenen Aufgabe nicht als Tortur. Deshalb sollten wir auf jeden Fall dafür sorgen, dass wir an Weisheit hinzugewinnen, indem wir ein Leerheitsverständnis entwickeln. Dazu bedarf es unter anderem der intensiven Beschäftigung mit Texten, die uns die Lehre von der Leerheit in ihren Grundzügen nahebringen – wie zum Beispiel Shantidevas *Bodhicharyavatara*.

ERLÄUTERUNGEN ZUM TEXT

Widerlegung der nichtbuddhistischen Auffassungen vom »Selbst«

An die Erörterung der Leerheit oder Identitätslosigkeit von Personen anknüpfend, kommen wir nun auf Shantidevas Zurückweisung des von verschiedenen philosophischen Schulrichtungen, insbesondere von der Samkhya-Schule, postulierten Selbst zu sprechen. Die Anhänger der Samkhya-Lehre definieren das Selbst als ein unabhängiges, eigenständiges Bewusstsein. Ferner verwirft Shantideva hier die Anschauungen der Vaisheshika-Schule. Deren Anhänger akzeptieren die Vorstellung vom

Selbst als einer materiellen, an sich und unabhängig existierenden Realität. Beiden Auffassungen vom Selbst widerspricht er in den Strophen 60–69.

Was die Zurückweisung des von diesen beiden nichtbuddhistischen Schulrichtungen postulierten Selbst anbelangt, möchte ich nicht allzu sehr ins Detail gehen. Ein gewisses Maß an Kontext werden Sie gleichwohl benötigen. Beschränken wir uns also auf die wesentlichen Punkte der Samkhya-Theorie vom Selbst: Nach dieser Lehre wird die Wirklichkeit in 25 Kategorien klassifiziert. Bei 23 der 25 Kategorien handelt es sich um Manifestationen jener einen, die als Ursubstanz, oder Grundprinzip, bezeichnet wird. Die verbleibende Kategorie, das Selbst, wird als wahrnehmendes Bewusstsein im Sinn einer eigenständigen Realität aufgefasst. Die 23 Kategorien stellt man sich als Daseinsfaktoren vor, an deren Erfahrung das Selbst sich erfreut.

Solange wir unerleuchtet bleiben, wird uns der Samkhya-Lehre zufolge nicht klar, dass all diese Kategorien aus dem Grundprinzip hervorgehen. Deshalb verharren wir in einer Welt der Vielheit und Dualität. Sobald uns aber klar wird, dass es sich bei diesen Kategorien in Wahrheit um Manifestationen dieses Prinzips handelt, so sagen sie, wird das Selbst befreit, und die Erscheinungswelt verliert ihren dualen Charakter. Die eigentliche Zurückweisung der Samkhya-Vorstellung von dem Grundprinzip, definiert als Gleichgewichtszustand dreier Kräfte – der neutralen (Reinheit bzw. Ausgeglichenheit), der positiven (Aktivität) und der negativen (Trägheit bzw. Dunkelheit) –, folgt später. Hier widerspricht Shantideva lediglich ihrer Vorstellung von einem Selbst.

Nach der Samkhya-Lehre erfreut sich das Selbst daran, das Subjekt zu sein, dem die Erfahrungen zuteil werden – Erfahrungen von Freude, Schmerz und so weiter. Es ist von Dauer, weil es weder geboren wird noch stirbt. Es hat keine Aufgaben zu erfüllen, denn es ist nicht der Schöpfer all der Manifestationen auf der Ebene der Vielheit. Das Selbst verfügt nicht über die Eigenschaften der drei Grundaspekte – neutral, positiv und negativ. Es weist, mit anderen Worten, die entsprechenden Merkmale nicht auf. Was diese Merkmale anbelangt, ist das Selbst also ganz anders beschaffen als das Urprinzip. Da das Selbst alles durchdringend ist, hat es an sich keine speziellen Aufgaben. Seiner Natur nach ist das Selbst Bewusstsein. Aufgrund seiner Unteilbarkeit ist es eine einheitliche Realität: alles durchdringend, unendlich und ohne Grenzen. Darin bestehen nach der Samkhya-Lehre die Merkmale des Selbst. In den folgenden Strophen lenkt Shantideva unser Augenmerk auf die inneren Widersprüche dieser Vorstellung vom Selbst. Falls Sie einem philosophisch hochgebildeten nichtbuddhistischen Inder begegnen, wird dieser gewiss noch viele weitere Argumente zur Rechtfertigung der Samkhya-Anschauungen vorbringen können!

Angenommen, so die erste Überlegung im Rahmen dieser Strophen, bei dem dauerhaften Selbst handele es sich um jenes Bewusstsein, das für die klanglichen Wahrnehmungen zuständig ist, um das Hörbewusstsein, wie können die Anhänger der Samkhya-Lehre dann behaupten, das Wahrnehmen, oder Erkennen, zähle zu seinen Eigenschaften?

> (60) Wäre das Hörbewusstsein dauerhaft,
> würde daraus folgen, dass es jederzeit klangliche
> Wahrnehmungen hätte.
> Gäbe es kein Objekt, was nähme dann was wahr?
> Mit welchem Recht sagst du in diesem Fall,
> dass Bewusstsein vorhanden ist?

(61) Falls Bewusstsein dasjenige ist, welches nicht
wahrnimmt,
folgt daraus, dass auch ein Stück Holz über
Bewusstsein verfügt.
In Abwesenheit eines wahrnehmbaren Objekts
findet also keine Wahrnehmung statt.

Wie könnt ihr, fragt Shantideva die Anhänger der Samkhya-
Lehre, dem Selbst die Qualität des Erkennens zusprechen?
Wenn das Selbst zum Beispiel mit dem Hörbewusstsein identisch wäre, würde das bedeuten, dass es unablässig Hörwahr-
nehmungen hätte. Würdet ihr andererseits behaupten, Wahrnehmungen kämen auch in Abwesenheit ihrer Objekte – der
Klangphänomene in diesem Fall – zustande, könnte selbst
ein Stück Holz Bewusstsein haben.

Denn genau dies wäre aus der Aussage, dass es für das Zustandekommen einer Wahrnehmung keines Objekts bedarf,
zu folgern. Ohne Wahrnehmungsobjekt, so müsst ihr also
einräumen, kann keinerlei Wahrnehmung zustande kommen.

Shantideva fährt fort:

(62) »Das Bewusstsein könnte doch eine Form
wahrnehmen«, sagst du.
Aber warum hört es dann nicht mehr?
»Weil der Klang nicht mehr da ist«, wirst du
womöglich sagen.
In dem Fall gibt es allerdings auch keine
Hörwahrnehmung.

(63) Und wie könnte sich etwas, in dessen Natur es
liegt, Klang zu erfassen,

dahin gehend wandeln, dass es Form erfasst?
»Ein und derselbe Mann«, so sagst du, »kann
gleichzeitig Vater und Sohn sein.«
Doch das sind bloße Bezeichnungen,
seine Natur charakterisiert es nicht.

(64) »Reinheit«, »Aktivität«, »Trägheit«
haben mit [Bezeichnungen wie] Vater oder
Sohn nichts gemein.
Und ein Formbewusstsein, das Klang erfasst
– noch nie haben wir dergleichen beobachtet!

(65) »Aber wie ein Schauspieler übernimmt es«,
wirst du sagen, »unterschiedliche Rollen.«
Dann wäre dieses Bewusstsein allerdings kein
wandelloses Ding.
»Es ist ein einzig Ding«, wirst du sagen, »das
auf unterschiedliche Weise in Erscheinung
tritt.«
Ach wirklich? Noch nie hat es ein derartiges
Einssein gegeben!

(66) »Doch [es gibt] unterschiedliche Erscheinungs-
weisen ohne Realität«, machst du geltend.
Dann beschreibe jetzt ihre grundlegende Natur.
Diese sei einfach nur Bewusstsein, sagst du
– woraus folgen würde, dass alle Wesen identisch sind.

(67) Was Geist hat und was keinen Geist hat,
wäre ebenfalls eins: Darin nämlich, dass sie
existieren, sind beide gleich.

Falls die Unterscheidungsmerkmale trügen,
auf welcher Grundlage beruhen sie dann?

Anschließend weist Shantideva die Vaisheshika-Theorie vom Selbst zurück, der zufolge es sich bei diesem um eine leb- und geistlose materielle Substanz handelt.

> (68) Etwas ohne Geist kann aus unserer Sicht das
> Selbst nicht sein,
> denn »ohne Geist zu sein« bedeutet,
> wie eine Vase oder dergleichen zu sein.
> »In Verbindung mit Geist«, sagst du, »verfügt
> das Selbst aber über Bewusstsein.«
> Daran sieht man, dass es nicht von unbewusster
> Natur sein kann.

> (69) Welche Veränderung könnte außerdem, falls
> das Selbst unwandelbar wäre,
> seine Verbindung mit dem Geist bewirken?
> Und solch ein Selbst könnten wir dann ebenso
> gut
> dem – inaktiven und nicht über Geist verfügen-
> den – leeren Raum zusprechen.

Die Kontinuität des konventionellen Selbst

Im nächsten, etwas kürzeren Abschnitt, der von Strophe 70 bis 77 reicht, setzt Shantideva sich mit den Einwänden gegen die Leerheit des Selbst auseinander. Einer dieser Einwände lautet, wenn das Selbst nicht existiere, werde das karmische Gesetz von Ursache und Wirkung außer Kraft gesetzt. Mit dieser Kritik wenden sich andere philosophische Schulrichtungen gegen die Zurückweisung ihrer Vorstellung vom Selbst durch die Madhyamikas.

> (70) »Falls«, so sagst du, »das Selbst nicht existieren
> würde,
> worin bestünde dann die Verbindung zwischen
> einer Handlung und ihrem Resultat?
> Kaum wäre die Handlung vollzogen, ver-
> schwände der Handelnde.
> Für wen also würde die karmische Frucht
> heranreifen?«

Hier wird ein ganz entscheidender Aspekt angesprochen: Wenn wir kein beständiges, dauerhaftes Selbst akzeptieren, das vom vorherigen Leben in dieses Leben hinübergelangt und das auch in Zukunft kontinuierlich fortbesteht, welche Verbindung sollte es dann zwischen jener Person geben, die das Karma ansammelt, und derjenigen, die seine Auswirkungen erfährt? Wie, so lautet der Einwand, können wir ohne ein fortwährend existierendes Selbst behaupten, dass es sich bei diesen beiden Menschen um ein und dieselbe Person handelt? Falls sie nicht identisch wären, stünde das im Widerspruch zu elementaren Prinzipien der karmischen Gesetzmäßigkeit von Ursache und Wirkung.

Die Prinzipien des Karma besagen, dass die Konsequenzen von karmisch sich auswirkenden Handlungen nur derjenige erfahren kann, der sie selbst ausgeführt hat. Und auch umgekehrt gilt: Jeder von uns wird unweigerlich mit den karmischen Konsequenzen der eigenen Handlungen konfrontiert – es sei denn, deren Wirkungskraft hat sich bereits erschöpft oder ist auf die eine oder andere Weise aufgehoben worden. Würde es sich also bei der Person, die das Karma ansammelt, und derjenigen, die seine Frucht, die karmischen Auswirkungen, erfährt, um zwei verschiedene Menschen handeln, würde das gegen die karmische Gesetzmäßigkeit verstoßen.

Shantidevas Entgegnung auf diesen Einwand finden wir in der nächsten Strophe:

> (71) Die Handlung und ihre Frucht beruhen nicht
> auf derselben Grundlage,
> und somit hat ein Selbst hier keine Einfluss-
> möglichkeiten.
> In diesem Punkt sind wir uns einig.
> Welchen Sinn macht es also, dass wir darüber
> debattieren?

> (72) Unmöglich kann man die Ursache
> und ihre Wirkung gleichzeitig zu sehen bekom-
> men.
> Und nur im Kontext eines einzigen Geistes-
> stroms
> kann davon die Rede sein, dass der Handelnde
> später die Frucht ernten wird.

Mit anderen Worten: Die karmisch bedeutsame Handlung ist die Ursache und ihr Heranreifen zur Wirkung die Folge. Von der zeitlichen Ebene her gesehen haben jedoch diejenige Person, die in der Vergangenheit für die karmisch sich auswirkende Handlung verantwortlich war, und jene Person, die deren tatsächliche Konsequenzen erlebt, nicht ein und dieselbe Identität. Die eine existiert in einem bestimmten Moment, während die andere zu einem anderen Zeitpunkt existiert.

Wollte man behaupten, auch nach einiger Zeit handele es sich hier noch um ein und dieselbe Identität, widerspräche dies selbst den Konventionen unserer Alltagserfahrung. Weshalb aber sagen wir dann, dass wir es in beiden Fällen mit derselben Person zu tun haben? – Weil sie beide demselben Daseinskontinuum angehören. Während die Person unablässig, in jedem Augenblick, Veränderungen durchläuft, bleibt das zugrunde liegende Kontinuum bestehen.

Das können wir zum Beispiel am Kontinuum unseres Körpers veranschaulichen. Aus physiologischer Sicht setzt sich unser Körper zum jetzigen Zeitpunkt aus vollkommen anderen Zellen zusammen als in jüngeren Jahren. Auf der zellulären Ebene hat ein umfassender Wandel stattgefunden. Genau deshalb, weil es diesen Wandel gibt, können wir von einem Alterungsprozess sprechen. Was bei einem Jugendlichen hübsch und anziehend aussehen mag, wird später runzelig und unansehnlich. Vom Kontinuum her betrachtet handelt es sich jedoch um ein und denselben Körper. Und darum können wir Dinge sagen wie: »Als ich jung war, habe ich das und das Buch gelesen.«

Wenn wir von einer auf dem Geisteskontinuum beruhenden Identität eines bestimmten Individuums auf der zeitlichen Ebene ausgehen, können wir die Kontinuität sogar noch weiter gehend nachvollziehen. Sind wir zum Beispiel dank einem zu erhöhter Klarheit gelangten Bewusstsein in der Lage, uns an vergangene Leben zu erinnern, so können wir sagen: »Als ich der und derjenige war, wurde ich hier geboren.« Wir können dann also innerhalb eines weit größeren Zeitrahmens vom Kontinuum einer einzelnen Person sprechen. Auf der Basis solch eines Bewusstseinskontinuums können wir vom Zusammenhang zwischen Karma und den Auswirkungen, zu denen es heranreift, sprechen.

Für einen Madhyamika wie Shantideva gibt es kein unabhängig und eigenständig existierendes Selbst. Vielmehr wird das Selbst als bloße Bezeichnung verstanden, als sprachliche Konvention. Aus dieser Perspektive können wir von unterschiedlichen Aspekten des Selbst sprechen. So lässt sich etwa von dem aus einem früheren Leben herrührenden Selbst sprechen, welches dasselbe ist wie das Selbst jetzt in diesem Leben. In Bezug auf eine bestimmte Person können wir zum Beispiel von einem tibetischen, durch eine ethnische Identität gekennzeichneten Selbst sprechen. Oder wir können von dem Selbst eines voll ordinierten Mönchs sprechen und dergleichen. Sogar auf ein einziges Individuum bezogen, können wir also von unterschiedlichen Aspekten des Selbst sprechen. Von einer bestimmten Person lässt sich sagen, sie sei männlichen Geschlechts, ein Tibeter, ein Buddhist, ein Mönch, ein voll ordinierter Mönch, und so weiter. Auch wenn all diese unterschiedlichen Aspekte des Selbst zu ein und derselben Person gehören, sind sie nicht alle gleichzeitig entstanden. Vielmehr hat sich ihre Identität in verschiedenen Zusammenhängen und aufgrund von jeweils anderen Umständen ausgeprägt.

Mit Blick auf das Kontinuum dürfen wir also sagen, das Selbst sei in einem gewissen Sinn beständig oder stetig, ohne zu der Aussage, es wandle sich unablässig, in Widerspruch zu geraten. Denn schaut man auf seinen unaufhörlichen Wandlungsprozess, so ist das Selbst wechselhaft und unbeständig. Wenn wir die Auffassung vertreten, als Kontinuum sei es stetig, in Hinblick auf seine unaufhörlich sich wandelnde Existenz hingegen unbeständig, verwickeln wir uns daher keineswegs in logische Widersprüche. Selbstverständlich soll dies nicht besagen, das Selbst sei in dem Sinne beständig, dass es stets gleich bleibt!

Ist der Geist das Selbst?

Wie wir gesehen haben, akzeptieren die Madhyamikas ein Selbst im Sinn einer sprachlichen Bezeichnung, eines Begriffs, auf der Grundlage von Körper und Geist. Darf das Selbst also mit dem Geist gleichgesetzt werden? Tatsächlich vertreten einige philosophische Schulrichtungen im Buddhismus die Auffassung, beim Selbst handele es sich um das Bewusstsein. Bhavaviveka, ein Meister aus Indien, erklärt zum Beispiel in seiner Schrift »Glanzvolle Beweisführung«, im Endeffekt sei das Selbst mit dem geistigen Bewusstsein (der sechsten Bewusstseinsart) gleichzusetzen. Die Prasangika-Madhyamikas lassen diese Auffassung nicht gelten. Nichts von all dem, was einer sprachlichen Bezeichnung objektiv zugrunde liegt – weder das körperliche Kontinuum noch das Bewusstsein –, darf nach ihrer Überzeugung als das Selbst, oder die Person, betrachtet werden.

Falls wir die These verträten, das Bewusstsein sei das Selbst, für welches Bewusstsein, so fragt Shantideva, würden wir uns dann entscheiden?

> (73) Die vergangenen und die zukünftigen Gedan-
> ken sind nicht das Selbst,
> denn sie sind nicht mehr beziehungsweise noch
> nicht vorhanden.
> Ist also der gerade entstandene Gedanke das
> Selbst?
> Wenn ja, so wird dieses zunichte, sobald jener
> vergeht.

Ist das vergangene Bewusstsein das Selbst? Oder dasjenige, das sich in Zukunft einstellen wird? Oder das gegenwärtige? Das vergangene Bewusstsein besteht schon nicht mehr, und das zukünftige steht uns erst noch bevor. Falls hingegen der

183

gegenwärtige Bewusstseinsmoment das Selbst wäre, würde das Selbst oder die Person, da es hier lediglich um einen Augenblick geht, ebenfalls aufhören zu existieren, sobald dieser Augenblick vorüber ist. Ferner ließe sich, wenn das Selbst mit dem Bewusstsein identisch wäre, die Vorstellung von Subjekt und Objekt nicht aufrechterhalten. Überdies könnte dann nicht die Rede davon sein, dass das Selbst und sein Bewusstsein in einer wie auch immer gearteten Beziehung zueinander stünden. Schließlich *ist* das Bewusstsein hier ja die Person.

Die relative Welt bestehen lassen

Mit dem Selbst, erklärt Shantideva kurz und knapp, verhält es sich wie mit dem Stamm einer Bananenstaude: Schicht um Schicht können wir von ihm abschälen, ohne jemals auf einen hölzernen Kern zu stoßen.

> (74) Nehmen wir als Beispiel den Stamm einer
> Bananenstaude:
> Wenn wir seine Faserstruktur durchschneiden,
> finden wir nichts.
> Ebenso wenig werden wir durch Analyse
> ein »Ich«, ein wirkliches Selbst, ermitteln.

Wenn wir unter den psychophysischen Komponenten – Körper, Empfindung, Wahrnehmungen, Bewusstsein – nach dem Selbst suchen, stellen wir lediglich fest, dass das Selbst unauffindbar bleibt. Ein realer Wesenskern unseres Daseins, von dem wir sagen könnten, er sei das wirkliche Selbst, lässt sich nicht ausfindig machen.

Gegen die Negation des Selbst durch die Madhyamikas wird ein weiterer Einwand erhoben, der folgendermaßen lautet:

Wenn das Selbst nicht existiert, gibt es keine empfindenden Wesen. Gibt es aber keine empfindenden Wesen, wem gegenüber entwickeln wir dann Mitgefühl?

> (75) »Wenn aber Lebewesen nicht wirklich
> existieren«, wirst du sagen,
> »wem gilt dann das Mitgefühl?«
> Denjenigen, die wir aufgrund der Unwissenheit
> als solche bezeichnen
> und deretwegen wir uns verpflichten, vollkom-
> mene Erleuchtung zu verwirklichen.

Letztendlich, entgegnet Shantideva auf diesen Einwand, gibt es zwar kein unabhängig existierendes Selbst und folglich auch keine unabhängig existierenden Lebewesen. Auf der Ebene der relativen Wahrheit aber gibt es diese empfindenden Wesen doch! Wenn Shantideva hier von »Unwissenheit« spricht, meint er damit nicht das Festhalten an einer unabhängigen Existenz: jene grundlegende Unwissenheit, die am Ausgangspunkt unseres unerleuchteten Daseins steht. Vielmehr hat »Unwissenheit« in dieser Strophe eine ähnliche Bedeutung wie in Chandrakirtis Schrift »Eintritt in den Mittleren Weg«, wo es an einer Stelle heißt, das Universum sei das Produkt des unwissenden Geistes.

Im Kontext der relativen Wahrheit – also im Geltungsbereich der konventionellen Welt, auf der Ebene unserer Alltagserfahrung – ist das Selbst sehr wohl existent, erklärt Shantideva. Demzufolge existieren hier empfindende Wesen, für die wir Mitgefühl entwickeln können. Denn diesen Wesen widerfährt reales Leid.

Als Nächstes geht Shantideva auf eine mit dem vorigen Einwand zusammenhängende Fragestellung ein: Wenn es keine empfindenden Wesen gibt, wie steht es dann mit den Praktizierenden auf dem Weg zu ihrem Ziel, der Verwirklichung vollkommener Erleuchtung?

> (76) »Da es die Lebewesen nicht gibt«, so fragst du,
> »wem wird dann die Frucht zuteil?«
> Wohl wahr! Der Wunsch entsteht aus
> Unwissenheit.
> Damit aber das Leid vollständig überwunden
> werden kann,
> sollte man die Vorstellung vom Ziel, die in
> Unwissenheit entwickelt wurde,
> nicht verwerfen.

Gewiss, dieser Einwand ist berechtigt, räumt Shantideva ein: Wenn wir uns mit der Gültigkeit der konventionellen Welt nicht begnügen, sondern ergründen wollen, was außerhalb dieses Rahmens vorhanden ist, werden wir kein einziges empfindendes Wesen entdecken können.

Auf der Ebene der relativen Welt jedoch gibt es empfindende Wesen, denen Leid widerfährt. Um Freiheit von Leid zu verwirklichen, können wir uns daher einem Weg widmen, der uns in die Lage versetzt, die Ursache des Leids zu beseitigen – Unwissenheit. Die Ursache besteht in dem unwissenden Geist, der an einer Eigenexistenz der Dinge und Geschehnisse festhält.

Im Wesentlichen sagt Shantideva hier Folgendes. Die ursächlich wirkende Unwissenheit, aus der Leid, Verwirrung und dergleichen mehr entstehen, sollten wir unbedingt von Grund auf beseitigen. Anders verhält es sich mit der konventionellen Realität: Die Welt der Relativität, die Welt von Ursache und Wirkung, darf nicht negiert werden.

Daran könnte sich nun eine weitere Frage anschließen: Wenn die Realität der konventionellen Welt nicht negiert werden darf, akzeptieren wir dann nicht, dass den Dingen und Geschehnissen auf der konventionellen Ebene eine Art objektiver, unabhängiger Status zukommt? Erkennen wir dadurch nicht an, dass sich in der außersprachlichen Wirklichkeit eine objektiv und eigenständig existierende Entsprechung zu unseren Vorstellungen und Begriffen aufzeigen lässt? Bist du der Auffassung, so die Frage an Shantideva, auch diese Objektivität und Eigenständigkeit der Dinge und Geschehnisse dürfe nicht negiert werden?

> (77) Ursache des Leids ist der Stolz, mit dem wir
> »ich« sagen.
> Verstärkt wird er durch den trügerischen
> Glauben an ein Selbst infolge von Unwissenheit.
> Nichts könne dem beikommen, wirst du viel-
> leicht meinen.
> Jedoch ist Meditation über das Nicht-Selbst
> hier das allerbeste Gegenmittel.

Das Festhalten am realen Charakter dieser Daseinsform, antwortet Shantideva, sei in der Tat die Ursache für Leid und der Ausgangspunkt für das Entstehen von Wut, Verlangen und trügerischen Vorstellungen. Dadurch werde wiederum ein noch stärkeres Festhalten an der Vorstellung von einem Selbst hervorgerufen, weshalb dieser unwissende, die Dinge und Geschehnisse für real haltende Geisteszustand aufgelöst werden müsse.

Der Forderung, dieses Festhalten müsse aufhören, werden wir unter Umständen zustimmen. Allerdings fragen wir uns vielleicht, ob das überhaupt möglich sei, und wenn ja, wie?

Shantidevas Antwort: Wir *können* dieser Unwissenheit ein Ende bereiten, weil wir in der Lage sind, den ihr entgegenwirkenden Geisteszustand zu entwickeln – Einsicht in Leerheit. Diese wirkt der Art und Weise, in der unser Geist an einem nicht existierenden Selbst festhält, unmittelbar entgegen. Da es ein derartiges Selbst in Wahrheit nicht gibt, wird die zur Natur der Wirklichkeit vordringende Einsicht gewahr, dass kein Selbst vorhanden ist. Leerheitsmeditation ist also fest verankert in rationalen oder logischen Überlegungen. Daher kann sie zum Verschwinden der grundlegenden Unwissenheit führen und bewirken, dass der Geist nicht länger an einer Eigenexistenz des Selbst festhält.

MEDITATION

Meditieren Sie nun über Mitgefühl. Dazu stellen Sie sich zunächst einmal ein empfindendes Wesen vor, das unter akuten Schmerzen leidet oder andere leidvolle Erfahrungen macht. Schenken Sie diesem Wesen Ihre ungeteilte Aufmerksamkeit, und entwickeln Sie dann folgende Gedanken: Ganz genau wie ich hegt dieses empfindende Wesen von Natur aus den Wunsch, glücklich zu sein und das Leid zu überwinden. Und es hat nicht nur den Wunsch, das Leid zu überwinden, sondern verfügt auch über die entsprechenden Möglichkeiten.

Rufen Sie sich dann in Erinnerung, dass die eigentliche Ursache des Leids jener Zustand des Geistes ist, der aufgrund des Festhaltens an der Vorstellung von unabhängiger Existenz die Dinge und Geschehnisse verkennt und missversteht. Vergegenwärtigen Sie sich, dass es sich hierbei um einen beeinträchtigten, einen verfälschten Geisteszustand handelt und dem Geist das Potenzial innewohnt, diese verfälschte Wahrnehmung der Wirklichkeit zu korrigieren.

Diese Korrektur können wir dadurch erzielen, dass wir eine tief gehende Einsicht in die Natur von Leerheit entwickeln. Besinnen Sie sich auf diese Potenziale. Sodann sollten wir aufrichtiges Mitgefühl für sämtliche Wesen entwickeln, und unser Bestreben sollte es sein, diese Fähigkeit in uns zu vergrößern.

Richten Sie vor dem Hintergrund dieser Gedanken Ihr Augenmerk zunächst auf ein empfindendes Wesen. Ziehen Sie dann allmählich weitere empfindende Wesen in Ihre Betrachtung mit ein, zum Beispiel Ihre nächsten Mitmenschen. Dehnen Sie die Kontemplation anschließend auf eine wachsende Zahl von Wesen aus.

Achten Sie darauf, ob Sie auch Menschen, die Sie nicht mögen, mit einbeziehen können; etwa solche, die Ihnen etwas zuleide getan haben. Machen Sie sich Gedanken über ihre Gefühle. Unabhängig davon, wie die Betreffenden sich Ihnen gegenüber verhalten, sollten Sie sich darauf besinnen, dass auch sie von Natur aus den Wunsch haben, glücklich zu sein und nicht mehr zu leiden.

Weil sämtliche Wesen von Grund auf gleich sind in ihrem natürlichen Streben nach Glück und Überwindung des Leids, können wir Anteilnahme und starkes Mitgefühl für jedes einzelne Wesen entwickeln. Wenn wir unseren Geist schulen, indem wir unser Augenmerk auf bestimmte Wesen richten – auf Freunde, auf Feinde und auf Menschen, zu denen wir ein neutrales Verhältnis haben –, werden wir unser Mitgefühl auf alle Wesen ohne Ausnahme ausdehnen können. Das ist der entscheidende Punkt.

Andernfalls laufen wir Gefahr, die Vorstellung zu hegen, da draußen gebe es anonyme empfindende Wesen, für die wir Mitgefühl entwickeln können, bringen aber tatsächlich für diejenigen Menschen, mit denen wir in direktem Kontakt stehen, insbesondere für unsere Nächsten, nicht das geringste Mitgefühl auf. Nur allzu leicht kann es geschehen, dass wir solch eine innerlich widersprüchliche Haltung an den Tag legen. Seien Sie sich über diese praktischen Bezüge zu Ihrem Alltag im Klaren, während Sie über Mitgefühl meditieren.

9 Die Natur der Phänomene

Das Ganze und seine Teile

Als Nächstes führt Shantideva uns die Identitätslosigkeit oder Selbst-losigkeit der Phänomene vor Augen und bezieht sich dabei zunächst auf die vier Grundlagen der Achtsamkeit – die Achtsamkeit in Hinblick auf den Körper, auf die Empfindungen, den Geist und die Phänomene. Laut Shantidevas Text besinnen wir uns zunächst auf die Natur des eigenen Körpers, indem wir die allgemeinen und die besonderen Merkmale des Körpers zum Gegenstand der Kontemplation machen: den Alterungsprozess zum Beispiel oder die unreinen Substanzen, die für das körperliche Dasein kennzeichnend sind. Auf die Einzelheiten dieser Kontemplation werde ich hier nicht näher eingehen.

Auf den Körper bezogene Achtsamkeitsmeditationen, bei denen wir uns auf die Natur des eigenen Körpers besinnen, gehören zu jenen Methoden, die normalerweise in den Hinayana-Schriften dargelegt werden. Wir können diese Kontemplation aber in einen weiter gefassten Horizont stellen: Indem wir uns auf die Natur von Körper, Empfindungen, Geist und Phänomenen bei sämtlichen Wesen besinnen, deren Anzahl so grenzenlos ist wie der Raum, wird sie zu einer Geistesschulung des Mahayana-Weges. Und wenn wir die Kontemplation zur

Besinnung auf die Leerheit dieser vier Faktoren – Körper, Empfindungen, Geist und Phänomene – nutzen, praktizieren wir eine Achtsamkeitsmeditation, in deren Blickpunkt die letztendliche Wahrheit steht.

Für diese vier Achtsamkeitsmeditationen über Leerheit gibt uns das neunte Kapitel von Shantidevas *Bodhicharyavatara* eine systematisch aufgebaute Praxis an die Hand. Lassen Sie uns den menschlichen Körper als Beispiel nehmen. Er besteht aus vielen verschiedenen Teilen: Kopf, Arme, Beine und so weiter. Andererseits gibt es auch das Ganze, den Körper, als alles umfassende Einheit. Bei dem Gedanken *Körper* stellt sich im Geist, zumindest an der Oberfläche, die Vorstellung ein, hier sei von *einer* Entität die Rede, auf die wir im Sinn einer greifbaren, einheitlichen Realität verweisen können. Ausgehend von dieser gemeinhin akzeptierten Vorstellung, können wir anschließend von verschiedenen Körperteilen und körperlichen Merkmalen sprechen. Mit anderen Worten: Wir haben den Eindruck, als gebe es da zunächst einmal ein Ding namens *Körper*, von dessen Teilen wir daraufhin sprechen können. Wenn wir allerdings nach diesem »Körper« an sich – getrennt von den diversen Körperteilen – suchen, stellen wir fest, dass er in Wahrheit unauffindbar bleibt.

Das thematisiert Shantideva in den folgenden Strophen:

> (78) Weder die Füße noch die Unterschenkel sind
> der so genannte Körper,
> die Oberschenkel oder Hüften ebenfalls nicht.
> Auch der Bauch oder der Rücken sind nicht der
> Körper,
> genauso wenig wie die Brust und die Arme.

(79) Die Rippen oder die Hände sind nicht der
Körper,
die Achselhöhlen, die Schultern, die Gedärme
oder andere innere Organe
sind es genauso wenig wie der Kopf oder der
Hals:
Nichts davon macht den »Körper« aus.

Wir haben die Vorstellung, unser Körper sei eine einheitliche Entität, die uns lieb und teuer ist. Schauen wir genauer hin, stellen wir jedoch fest, dass weder die Füße noch die Waden der Körper sind, ebenso wenig die Oberschenkel, die Hüften, der Bauch, der Rücken, die Brust, die Arme, die Hände, die Seiten des Rumpfes, die Achselhöhlen, die Schultern, der Nacken, der Kopf oder irgendein anderer Körperteil. Wo also ist der »Körper« zu finden?

Wäre der Körper andererseits mit seinen einzelnen Teilen gleichzusetzen, ließe sich die Vorstellung vom Körper als einer einheitlichen Entität nicht aufrechterhalten.

(80) Wenn sich der »Körper«, Stück für Stück,
über all seine Teile erstrecken und verteilen
würde,
wären Teile von ihm in den Körperteilen präsent.
Wo aber befände sich dann der »Körper« als
solcher?

(81) Wäre dagegen der »Körper« als Ganzes
in den Händen und in anderen Körperteilen
vorhanden,
dann würde man eine genauso große Anzahl
von »Körpern« finden,

wie es Körperteile – die Hände und so weiter – gibt.

Wäre diese einzelne, einheitliche Entität, die wir *Körper* nennen, in jedem einzelnen Körperteil existent beziehungsweise mit diesem identisch, dann hätten wir auch eine Vielzahl von Körpern, und deren Zahl entspräche der Anzahl unserer Körperteile.

Daher existiert, fährt Shantideva fort, der Körper keinesfalls in der Weise, dass er mit den einzelnen Körperteilen identisch ist. Ebenso wenig kann er jedoch getrennt und unabhängig von diesen Teilen existieren.

> (82) Wenn der »Körper« weder außerhalb noch
>   innerhalb seiner Teile vorhanden ist,
>   wie kann er sich dann in den Händen und so
>   weiter befinden?
>   Da jedoch das, was wir »Körper« nennen, keine
>   andere Grundlage hat als seine Teile,
>   wie kann man dann sagen, dass es existiert?

> (83) In den Gliedern ist demzufolge kein »Körper«
>   zu finden,
>   sondern die Vorstellung entspringt einer
>   Illusion
>   und ist mit einem bestimmten Erscheinungs-
>   bild verknüpft
>   – so, als würde man eine Vogelscheuche fälsch-
>   lich für einen Menschen halten.

Wie also kann dieser Körper über eine eigenständige Existenz verfügen, wie kann er autonom und unabhängig sein? Wenn wir die Natur des Körpers sorgfältig untersuchen, stellen wir fest: »Körper« ist nichts weiter als eine Benennung, die wir diesem Phänomen aufgrund der Tatsache zuschreiben, dass verschiedene Teile, oder Elemente, in einem bestimmten Kontext zusammenkommen.

»Was aber«, werden wir uns daraufhin wahrscheinlich fragen, »macht dann den Körper aus?«

Bedingt durch mancherlei Begleitumstände – wie die Lichtverhältnisse, das Erscheinungsbild des betreffenden Objekts und dergleichen –, können wir mitunter eine bestimmte Form oder Silhouette irrtümlich für einen Menschen halten. Ebenso können wir, solange all jene Umstände und Faktoren zusammentreffen, die bei uns den Eindruck erwecken, eine Person sei vorhanden, auf dieser Basis dann in einem konventionellen Sinn durchaus den Begriff *Körper* verwenden, sagt Shantideva.

> (84) Solange die Bedingungen dafür zusammenkommen,
> wird uns ein Körper als Person erscheinen.
> Und ebenso werden wir, solange all die Körperteile vorhanden sind,
> in ihnen einen Körper sehen.

Begeben wir uns jedoch auf die Suche nach einer realen Entsprechung zu dem Begriff *Körper* in der außersprachlichen Welt, auf die sich dieser tatsächlich bezieht, werden wir nichts finden. So gelangen wir letztlich zu dem Schluss, dass es sich beim »Körper« im Endeffekt um ein – zusammengesetztes – Gebilde auf der konventionellen Ebene handelt, um eine relative Wahrheit, die ihr Dasein lediglich bestimmten Ursachen und Bedingungen verdankt.

Die vorstehende Analyse kann man auch auf die einzelnen Körperteile ausdehnen. Das geschieht in den nächsten Strophen.

> (85) Da sie sich aus Fingern zusammensetzt,
> ist die Hand ebenso wenig etwas wirklich
> Seiendes.
> Gleiches gilt für die Finger mit ihren Gelenken,
> die selbst aus zahlreichen Teilen bestehen.

> (86) Die Teile wiederum setzen sich aus Atomen
> zusammen,
> die sich in Entsprechung zu den Richtungen
> unterteilen lassen,
> und diese Teilchen, auch wenn sie nicht weiter
> unterteilt werden,
> sind – wie der Raum – ohne wirkliche Existenz.

Wir werden also gewahr, dass es sich, wenn von einer Hand die Rede ist, dabei ebenfalls um ein aus vielen Teilen zusammengesetztes Gebilde handelt. Würde eine Hand an sich existieren, über eine unabhängige Existenz verfügen, stünde dies in Widerspruch zu ihrer Abhängigkeit von anderen Faktoren. Begeben wir uns auf die Suche nach einer Hand als solcher, können wir, getrennt von den sie konstituierenden Bestandteilen, keine Hand finden. Gleiches gilt für einen Finger. Ein Finger ist ein zusammengesetztes Gebilde, dessen Dasein endet, sobald es in seine Einzelteile zerlegt wird. Mit jedem anderen Körperteil verhält es sich ebenso: Wenn wir versuchen, in der außersprachlichen Welt eine durch das Wort, das auf den betreffenden Körperteil verweist, bezeichnete Realität ausfindig zu machen, können wir nichts finden.

Führen wir die Analyse der Teile weiter fort, bis hinab zu ihren elementaren Bestandteilen – den Molekülen, den Atomen und so weiter –, so sind diese ebenfalls nicht aufzufinden. Auch bei den Atomen selbst können wir die Oberfläche nach Richtungen unterteilen, und wir stellen abermals fest, dass es sich bei dieser Vorstellung vom *Atom* um ein geistiges Konstrukt handelt. Gehen wir noch weiter, dann werden wir gewahr, dass die gesamte Vorstellung von Materie, oder Atomen, sich als unhaltbar erweist. Damit man sagen kann, etwas sei durch materielle Beschaffenheit gekennzeichnet, muss es aus Teilen bestehen. Sobald wir jedoch mit unserer Analyse darüber hinausgehen, bleibt nichts weiter übrig als Leerheit.

Unsere gewöhnliche Alltagserfahrung verleiht den Dingen und Geschehnissen den Anschein, als hätten sie eine Art unabhängigen, objektiven Status. Wenn wir aber die wahre Natur solcher Phänomene zu ergründen versuchen, gelangen wir letztlich zu dem Schluss, dass sie nicht ausfindig zu machen sind. Darauf weist Shantideva in der nächsten Strophe hin:

(87) Wo Formen doch wie Träume sind,
 wer ist dann der Untersuchende, der an ihnen haftet?
 Da der Körper demzufolge nicht wirklich existiert,
 was ist dann Mann, und was ist Frau?

Wir können also sehen, dass es an den Objekten unserer Wut und unseres Anhaftens nichts Absolutes gibt. Nichts ist in einem absoluten Sinn wünschenswert oder vollkommen, ebenso wenig ist irgendetwas in einem absoluten Sinn unerwünscht und verabscheuenswürdig. In Wirklichkeit haben wir daher keinerlei Veranlassung, auf die Dinge und Geschehnisse mit extremen Emotionen zu reagieren. Da wir keinen Körper entdecken können, wenn wir ihn mittels sorgfältiger Analyse ausfindig zu machen versuchen, entbehren folglich auch alle Aussagen, die wir über ihn – beispielsweise in Bezug auf geschlechtliche oder ethnische Unterschiede – machen, indem wir seine Existenz voraussetzen, letzten Endes einer wirklichen Grundlage. Welche Veranlassung haben wir demnach, gegenüber Menschen, die dem anderen Geschlecht oder einem anderen Volk angehören, heftige emotionale Reaktionen an den Tag zu legen?

Auf welche Weise existieren die Dinge?

Wenn wir unsere Erfahrung mit den Emotionen, die in uns aufsteigen und wieder verschwinden, phänomenologisch untersuchen, haben wir im Allgemeinen den Eindruck, dass alle Dinge und Geschehnisse über eine unabhängige und objektive Realität verfügen. Insbesondere für eine so starke negative Emotion wie den Hass trifft dies zu. In unserer Vorstellung verleihen wir dem Auslöser unseres Hasses eine derart konkrete Beschaffenheit, dass die Konturen des betreffenden Objekts noch deutlicher hervorzutreten scheinen und es vermeintlich eine ganz fest gefügte eigene Realität aufweist. In Wirklichkeit aber gibt es solche eindeutigen, konkreten Objekte nicht.

Eins müssen wir uns allerdings fragen: Wenn die Objekte unauffindbar sind, bedeutet das dann, dass sie überhaupt nicht existieren? – Das ist nicht der Fall. Selbstverständlich existieren sie! Nicht *ob*, sondern *wie* sie existieren, lautet die Frage. Sie existieren, bloß nicht so, wie wir sie wahrnehmen. Ihnen fehlt jedwede an sich bestehende, ihnen selbst innewohnende, eigene Realität. Im Nichtvorhandensein einer immanenten Existenz, in ihrer Leerheit, besteht ihre letztendliche Natur.

Der analytische Prozess, in dem wir nach den Realitäten in der außersprachlichen Welt suchen, auf welche die Worte und Begriffe unserer Sprache tatsächlich verweisen, ist nicht sonderlich kompliziert, und die Schlussfolgerung zu ziehen, dass die Dinge und Geschehnisse unauffindbar sind, wenn wir sie mit den Mitteln solch eines analytischen Prozesses zu erfassen versuchen, fällt nicht allzu schwer. Bei diesem Nichtvorhandensein, zu dem wir gelangen, nachdem wir erkannt haben, dass wir durch solch eine Analyse die Phänomene nicht finden können, handelt es sich allerdings noch nicht um Leerheit im letztendlichen Sinn.

Einmal bei der Unauffindbarkeit der Dinge und Geschehnisse angelangt, können wir nun die Frage stellen:»In welcher Weise existieren diese denn eigentlich?« Daraufhin werden wir erkennen, dass das Dasein der Dinge und Geschehnisse unter Berücksichtigung ihrer Relativität zu verstehen ist. Die Dinge und Geschehnisse existieren in Abhängigkeit von ihren Ursachen und Bedingungen – und darüber hinaus als bloße Bezeichnungen. Wenn uns das klar geworden ist, erkennen wir, dass es den Dingen und Geschehnissen an Eigenständigkeit mangelt, es nicht in ihrer Macht steht, selbstbestimmt zu sein, also frei von der Beeinflussung durch andere Faktoren. Uns wird klar, dass sie ihrer Natur nach von anderen Faktoren abhängig sind. Und solange etwas lediglich in Abhängigkeit von anderen Faktoren, fremdbestimmt und -gesteuert, existiert, kann von Unabhängigkeit keine Rede sein. Denn Unabhängigkeit und Abhängigkeit schließen einander aus, und eine dritte Möglichkeit gibt es nicht.

Folgendes sollte man verstehen: Ein Madhyamika behauptet nicht einfach nur deshalb, dass die Dinge über keine eigenständige Existenz verfügen, weil wir sie bei unserem Bemühen, sie durch eingehende Analyse zu ermitteln, nicht finden können. Dies ist nur *ein* Aspekt der Argumentation. Abgesprochen wird den Phänomenen eine unabhängige oder immanente Existenz, weil *sie nur in Abhängigkeit von anderen Faktoren existieren*. Vor allem darauf stützt sich die Beweisführung der Madhyamikas. Diese Art der Argumentation vermeidet zwei Extreme: Durch die Anerkennung einer bestimmten Ebene von Existenz im Sinn von wechselseitiger Bedingtheit oder Abhängigkeit wird das Extrem des Nihilismus vermieden; und indem man eine Eigenexistenz der Phänomene in Abrede stellt, vermeidet man das Extrem des Absolutismus.

Alles, was in Abhängigkeit von Bedingungen zustande kommt, so hat der Buddha in den Sutras erklärt, ist seiner Natur nach ungeboren. Was aber bedeutet *ungeboren* in diesem Zusammenhang? Von der ungeborenen Natur einer nicht existierenden Entität, dem Geweih eines Hasen zum Beispiel, ist hier zweifellos nicht die Rede. Ebenso wenig leugnen wir die Entstehung der Dinge und Geschehnisse auf einer konventionellen Ebene. Vielmehr erklären wir, dass sämtlichen Phänomenen, die von Umständen und Bedingungen abhängig sind, die Natur von Leerheit zu eigen ist. Mit anderen Worten: Allem, was von *anderen* Faktoren abhängt, mangelt es an Eigenständigkeit, und dieses Nichtvorhandensein einer eigenständigen Natur ist Leerheit.

In Abhängigkeit von anderem entstandene Dinge und Geschehnisse, erklärt Nagarjuna in »Grundlegende Weisheit des Mittleren Weges«, sind leer und infolgedessen auch in Abhängigkeit von anderem definiert und mit einer Bezeichnung versehen. Das abhängige Entstehen ist der – die Extreme des Absolutismus und des Nihilismus hinter sich zurücklassende – Pfad, den die Anhänger der Lehre vom Mittleren Weg einschlagen. Die an diese Aussage sich anschließende Passage in Nagarjunas Text lautet folgendermaßen:

Es gibt kein Ding,
das nicht in Abhängigkeit entstanden ist.
Deshalb gibt es kein Ding,
das nicht leer ist [von Eigenexistenz].[17]

Etwas, das nicht leer ist, gibt es nicht, folgert Nagarjuna, weil ausnahmslos alles in Abhängigkeit entstanden ist. Hier sehen wir, dass bedingtes oder abhängiges Entstehen und Leerheit gleichzusetzen sind.

Die Lektüre derjenigen Passagen im *Bodhicharyavatara*, die sich mit der Unauffindbarkeit der Dinge und Geschehnisse befassen, sollte mitnichten die Konsequenz haben, dass wir in eine nihilistische Haltung abgleiten: Wir dürfen keinesfalls zu der falschen Schlussfolgerung gelangen, nichts existiere wirklich und deshalb sei nichts von wirklicher Bedeutung. Dieses Extrem gilt es unbedingt zu vermeiden.

REFLEXIONEN ZUR WEISHEITSPRAXIS

Jenseits des intellektuellen Verstehens
Ein intellektuelles Leerheitsverständnis ist etwas anderes als eine vollständige Einsicht in Leerheit, in der es eine Erkenntnis des bedingten Entstehens nicht gibt. Weist unsere Leerheitsmeditation auch nur die leiseste Spur von Affirmation auf, indem wir beispielsweise denken: »Das ist Leerheit« oder »die Dinge müssen existieren«, sind wir immer noch in Anhaftung verstrickt. Das sagt der Buddha in einem Sutra, das Nagarjuna in seiner Schrift »Ein Leitfaden zu den Sutras« *(Sutrasamuchaya)* zitiert. Was die kognitive Seite unserer meditativen Leerheitserfahrungen angeht, ihren Erkenntnisgehalt, so muss es sich dabei um ein vollständiges Sichvertiefen in

201

schiere Negation, in das Nichtvorhandensein von Eigenexistenz, handeln. In diesem meditativen Zustand sollten affirmative Elemente keinerlei Rolle spielen.

Wenn Sie aber ein wahrhaft tiefgründiges Leerheitsverständnis gewonnen haben, werden Sie schließlich einen Punkt erreichen, an dem Ihre gesamte Vorstellung von Existenz und Nichtexistenz sich wandelt. Auf dieser Stufe werden Sie einen deutlichen Unterschied in Ihrer Wahrnehmung von Objekten wie auch in Ihrer Haltung zu diesen bemerken – gerade in Hinblick auf vertraute Objekte. Sie werden deren illusionsgleicher Natur gewahr werden. Mit anderen Worten: Wird Ihnen allmählich immer deutlicher bewusst, dass die Dinge, obgleich sie fest gefügt und eigenständig zu sein scheinen, *so* nicht existieren, dann zeugt dies von einem wirklich auf Erfahrung sich stützenden und in ihr verankerten Leerheitsverständnis. Man nennt dies *die Dinge als illusionsgleich wahrnehmen.*

Sich um solch eine Sicht der Dinge eigens zu bemühen erübrigt sich im Grunde, sobald eine tiefgründige Einsicht in Leerheit vorhanden ist. Denn sind Sie erst einmal zu einer aus der Tiefe der eigenen Erfahrung erwachsenen Einsicht in Leerheit gelangt, wird sich die illusionsgleiche Natur der Dinge ganz spontan und natürlich zeigen.

Ist Ihr Leerheitsverständnis so weit gediehen, dass es zu einer umfassenden Erfahrung von Leerheit wird, sind Sie nicht nur imstande, durch bloßes Nachdenken über das bedingte Entstehen die Leerheit der Phänomene zu verifizieren: Indem Sie sich der Leerheit vergewissern, verschaffen Sie sich zugleich größere Gewissheit in Bezug auf die Gültigkeit des Kausalprinzips von Ursache und Wirkung. Ihr Leerheitsverständnis und Ihr Verständnis des bedingten Entstehens fördern und ergänzen sich auf diese Weise wechselseitig. Und das hat zur Folge, dass Sie der Verwirklichung mit großen Schritten näher kommen.

Wenn dergestalt Ihr Verständnis an Tiefe gewinnt, meinen Sie vielleicht, Sie befänden sich nun auf einer derart hohen Verwirklichungsebene, dass Sie an der Schwelle zu vollkommener Erleuchtung stehen! Das trifft indes ganz und gar nicht zu. Eigentlich handelt es sich hierbei um ein Anfangsstadium, das Anfangsstadium des so genannten *Pfades der Ansammlung*, in dem Ihr Leerheitsverständnis nach wie vor auf Schlussfolgerungen beruht.

Während Sie Ihr Leerheitsverständnis dann weiter gehend vertiefen, ist es unerlässlich, zugleich einen anderen Geistesfaktor stärker zu entwickeln – die Fähigkeit des einsgerichteten Verweilens. Solche Einsgerichtetheit lässt sich zwar grundsätzlich auch mit Hilfe des analytischen Ansatzes erzielen. Erheblich schneller und leichter gelingt uns das allerdings, wenn wir zunächst innere Stabilität gewinnen und uns dann erst der Reflexion über die Leerheit der Phänomene widmen, indem wir uns diese Stabilität zunutze machen. Den Zustand des ruhigen Verweilens *(shamata)* herbeizuführen ist auf jeden Fall unerlässlich. Anschließend nutzen Sie diese Geistesruhe für die Leerheitsmeditation. So können Sie die Einheit von ruhigem Verweilen *(shamata)* und durchdringender Einsicht *(vipashyana)* verwirklichen.

Nun haben Sie den *Pfad der Vorbereitung* erreicht. In der Folge werden Sie feststellen, dass sich nach und nach, während Ihr Geist in meditativer Ausgeglichenheit auf Leerheit verweilt, immer weniger dualistische Erscheinungen zeigen. Diese allmähliche Verringerung der dualistischen Erscheinungen wird in einer unmittelbaren Einsicht in Leerheit gipfeln, die völlig frei ist von Konzepten. Solch ein von Dualismus und dem Festhalten an Eigenexistenz freier Zustand wird als der *wahre Weg* bezeichnet. Jetzt sind Sie ein *arya*, ein »vorzügliches Wesen«.

Das Resultat, zu dem der wahre Weg führt, ist ein wirkliches Aufhören: Mit jenen in Irrtum und Täuschung befangenen Geisteszuständen, die uns zu schaffen machen, ist hier, bis zu einem gewissen Grad jedenfalls, Schluss. An diesem Punkt haben wir Zugang zu einem unmittelbaren, in der eigenen Erfahrung gründenden Wissen um den wahren Dharma – eines der drei Zufluchtsjuwele. In diesem Stadium eröffnet sich uns jetzt erstmals die Möglichkeit, das wahre Dharma-Juwel wirklich willkommen zu heißen.

Bevor wir vollkommene Erleuchtung verwirklichen können, müssen wir allerdings zunächst einmal die weiteren Stufen des Weges erreicht haben. Während wir die beiden ersten Abschnitte dieses Weges zurücklegen – Ansammlung und Vorbereitung –, bringen wir die erste über ein unermesslich langes Weltzeitalter hinweg sich erstreckende Ansammlung von Verdienst, von positiven Potenzialen, zum Abschluss. Im Rahmen der ersten sieben Verwirklichungsstufen eines Bodhisattva wird dann, beginnend mit dem Erreichen des wahren Weges, die zweite über ein unermesslich langes Weltzeitalter sich erstreckende Ansammlung von Verdienst abgeschlossen. Auf der achten Bodhisattva-Stufe lassen wir sämtliche den Geist aufwühlenden und trübenden Emotionen und Gedanken ein für alle Mal hinter uns.

Der weitere Weg führt nun über die *reinen Bodhisattva-Stufen* – die achte, neunte und zehnte Bodhisattva-Stufe. Als *rein* werden diese deshalb bezeichnet, weil sie frei sind von jeglicher Befleckung durch die Geistestrübungen. Während sich ein Bodhisattva auf diesen drei Stufen der Verwirklichung befindet, wird die dritte über ein unermesslich langes Weltzeitalter sich erstreckende Ansammlung von Verdienst vollendet.

Daraus können Sie ersehen, dass die Verwirklichung vollkommener Erleuchtung sehr lange dauert!

Auf der zehnten Bodhisattva-Stufe entwickeln wir zu guter Letzt eine Weisheit, oder Einsicht in Leerheit, von solcher Stärke, dass sie uns als äußerst wirksames Gegenmittel dazu verhilft, auch diejenigen gewohnheitsmäßigen Muster, Neigungen und Prägungen aufzulösen, die sich infolge all unserer Geistestrübungen der Vergangenheit, all der in Irrtum und Täuschung befangenen Geisteszustände, ausgeprägt haben. Und schließlich gipfelt sie in der Verwirklichung von vollendeter Allwissenheit, dem Zustand eines Buddha.

Engagement und Mut – zwei wesentliche Qualitäten

Wie Sie sehen, steht Ihnen für den Weg zur Erleuchtung eine Art systematischer »Reiseführer« zur Verfügung. Sie müssen also nicht orientierungslos im Dunkeln umhertappen. Der Aufbau des gesamten Weges – ebenso die Wechselbeziehung zwischen dem Ansammeln von Verdienst über solch unermesslich lange Zeitspannen hinweg und dem Fortschreiten zur Erleuchtung – vermittelt uns eine klare Vorstellung davon, welch lange Strecke noch vor uns liegt. Dieser Tatsache eingedenk, sollten Praktizierende, soweit es um die Verfolgung ihrer spirituellen Ziele geht, eine unerschütterliche Entschlossenheit und starkes Engagement entwickeln. Und wenn Sie dann auch tantrische Methoden des Vajrayana zum Bestandteil Ihrer Praxis machen, ist das gewiss ein sinnvoller, von einer verlässlichen Grundlage ausgehender Schritt.

Falls Ihnen hingegen bei dem Gedanken an drei unermesslich lange Weltzeitalter das Herz in die Hose rutscht, Sie sich völlig entmutigt fühlen und in der Folge bestrebt sind, sich mittels tantrischer Praxis fortan einen leichteren Weg zu suchen, dann ist das eine gänzlich unpassende Einstellung. Zudem ließe dies darauf schließen, dass Sie sich Ihrer Dharma-Praxis nicht gerade mit großem Engagement widmen. Auf Engagement und eine mutige, unerschrockene Haltung kommt es aber ganz entscheidend an: auf die Bereitschaft, sich – falls es notwendig sein sollte – für die Dauer von drei unermesslich langen Weltzeitaltern der Aufgabe zu widmen, alle Voraussetzungen für die vollkommene Erleuchtung zu schaffen. Wenn Sie sich dann, auf der Basis solch einer entschlossenen und beherzten Haltung, auf den Weg des Vajrayana begeben, basieren Ihre Aktivitäten auf einer sicheren Grundlage und werden entsprechend wirksam sein. Ansonsten wäre das etwa so, als wollten Sie ein großes Bauwerk errichten, ohne sich zuvor um ein stabiles Fundament gekümmert zu haben.

Zweifellos wohnen dem tantrischen Weg enorme Möglichkeiten inne. Aber von den Eigenschaften und Fähigkeiten jedes einzelnen Menschen hängt es ab, ob und inwieweit er diese nutzen kann.

Selbstverständlich beziehe ich mich bei dem zuvor Gesagten auf Beobachtungen, die ich bei mir selbst angestellt habe. Auch ich kenne von früher dieses Gefühl: drei unermessliche Weltzeitalter – welch eine Zeitspanne, viel zu lang. Dieser Rahmen schien jede Vorstellung zu sprengen, kam mir unerträglich lang vor. Den Zeitrahmen, der im Tantra für die Erleuchtung ins Auge gefasst wird, hielt ich da schon eher für überschaubar. Begreiflicherweise übte daher das Vajrayana, als der schnellere Weg, eine besondere Anziehung auf mich aus. Im Lauf der Zeit haben sich meine Ansichten diesbezüglich allerdings gewandelt, vor allem, was den Zeitrahmen, die drei unermesslich lange währenden Weltzeitalter, angeht. Und ganz allmählich entwickelte ich für das Sutra-System eine immer größere Wertschätzung. Ich begann seine enormen Vorzüge zu verste-

hen – lernte zu erkennen, wie positiv sich diese Herangehensweise auf unsere Hingabe an die spirituelle Praxis auswirken
kann.

Leerheit der Empfindungen –
eine Achtsamkeitsmeditation
Die nächste Meditation, zu der Shantideva uns anleitet, dient
der Achtsamkeit in Hinblick auf die Empfindungen. Dazu
untersucht er deren Leerheit. Die entsprechende Textstelle
lautet folgendermaßen:

(88) Falls Leid tatsächlich existiert,
      warum führt dies nicht zum vollständigen
      Verlöschen von Freude?
      Wenn Freude wirklich ist, warum bereitet dann
      etwas Wohlschmeckendes
      jemandem, der unter qualvollen Schmerzen
      leidet, kein Wohlbehagen und kein Vergnügen?

(89) Wenn eine Empfindung nicht zu spüren ist,
      weil eine stärkere Empfindung sie überdeckt,
      mit welchem Recht kann dann, was nicht zu
      spüren ist,
      als »Empfindung« bezeichnet werden?

(90) Vielleicht sagst du, bloß ein kaum wahrnehm-
      barer Schmerz bleibe bestehen,
      während seine gröbere Erscheinungsform jetzt
      gedämpft sei,

beziehungsweise man empfinde ihn eigentlich
nur noch als angenehm.
Aber auch in subtiler Form bleibt etwas
dennoch es selbst.

(91) Wenn jedoch aufgrund entgegengesetzter
Umstände [wie Freude]
keine Empfindung von Leid aufkommt,
man aber – von ihrer Existenz überzeugt –
behauptet, diese Empfindung zu haben,
so sind das lediglich leere Worte.

Hätten die Empfindungen von Schmerz und Leid ein unabhängiges Dasein, würden sie nicht von anderen Faktoren abhängen,
und freudvolle Erfahrungen wären dann nicht möglich. Ebenso
wenig könnte es, falls die Freude unabhängig existieren würde,
Kummer, Schmerz und Krankheit geben. Und falls freudige
und angenehme Empfindungen über eine unabhängige Existenz verfügten, würde ein Mensch, selbst wenn der oder die
Betreffende mit einer schrecklichen Tragödie konfrontiert
wäre oder quälende Schmerzen erleiden müsste, an köstlichen
Speisen und sonstigen Annehmlichkeiten ebenso viel Freude
haben wie unter gewöhnlichen Voraussetzungen.

Da es in der Natur einer Empfindung liegt, *etwas* zu verspüren, verdankt sie ihr Dasein unweigerlich den jeweiligen Umständen. Auch aus persönlicher Erfahrung wissen wir, dass
eine Empfindung durch eine sehr intensive zweite Empfindung völlig überlagert und verdeckt werden kann. Sind wir
zum Beispiel furchtbar traurig, dann kann sich das in allen
Erfahrungen, die wir machen, niederschlagen und verhindern,
dass wir überhaupt an irgendetwas Freude haben. Und wenn
wir große Freude empfinden, kann das ebenfalls auf unsere ge-

samte Erfahrungswelt ausstrahlen, sodass Missgeschicke und unangenehme Neuigkeiten uns kein allzu großes Kopfzerbrechen bereiten.

Würden wir darauf beharren, dass alldem jeweils ein unabhängig existierendes Geschehnis namens *Empfindung* zugrunde liegt, dann würde ein Madhyamika uns etwa Folgendes entgegnen: »Meinen Sie nicht, dass dieses Geschehnis von anderen Faktoren abhängig ist, zum Beispiel von den Ursachen und Bedingungen, die es haben entstehen lassen?«

Bei der Vorstellung von einer unabhängigen Empfindung handelt es sich also schlichtweg um Fiktion, um ein Produkt der Phantasie. Eine unabhängig existierende und nicht entweder durch Freude, Schmerz oder eine neutrale Charakteristik gekennzeichnete Empfindung gibt es nicht. Ausnahmslos jede Empfindung, jedes Gefühl lässt sich seiner Natur nach einer dieser drei grundlegenden Erfahrungskategorien zuordnen.

Nachdem Shantideva nun das Nichtvorhandensein einer Eigenexistenz der Phänomene nachgewiesen hat, erklärt er, dass wir dieses Verständnis als Heilmittel für unser Festhalten an der Auffassung von wahrer Existenz nutzen sollten – im vorliegenden Fall als Heilmittel für die Neigung, an Empfindungen so anzuhaften, als besäßen sie eine unabhängige, fest gefügte Realität.

(92) Genau aus diesem Grund besteht das Heilmittel
hier in Analyse und entsprechender Meditation:
Gründliches Untersuchen führt zu innerer Sammlung,
die den Yogi nährt.

Diese einsgerichtete Meditation über die Leerheit von Empfindungen liefert gleichsam den Antrieb für die Entwicklung einer durchdringenden Einsicht in Leerheit. Zunächst, so hat Shantideva zu Beginn dieses neunten Kapitels des *Bodhicharyavatara* dargelegt, sollte man eine Einsgerichtetheit des Geistes kultivieren und in den Zustand des ruhigen Verweilens gelangen, um anschließend durchdringende Einsicht entwickeln zu können.

Durch die Verbindung von ruhigem Verweilen und durchdringender Einsicht wird die oder der Meditierende in die Lage versetzt, sich jenem tiefgründigen Yoga zu widmen, in dem der Geist in einsgerichteter Sammlung auf Leerheit verweilt. »Innere Sammlung, die den Yogi nährt« bezieht sich auf den Zustand meditativer Versenkung, den man erreicht, indem man über die Leerheit der Empfindungen meditiert.

Ferner entstehen Empfindungen aufgrund von Kontakt, durch den sie verursacht beziehungsweise ausgelöst werden:

> (93) Sind das Wahrnehmungsvermögen und das
> Wahrnehmungsobjekt
> durch einen Zwischenraum getrennt,
> wie können die beiden sich treffen?
> Falls hingegen kein Zwischenraum vorhanden
> ist, bilden sie eine Einheit.
> Was trifft dann womit zusammen?

Sobald wir allerdings versuchen, mittels eingehender Analyse jenen Kontakt, der die Empfindungen auslöst, ausfindig zu machen, stellen wir fest, dass auch er keineswegs in einem absoluten Sinn existiert. Die in dieser Strophe gebotene Analyse bezieht sich auf die Beschaffenheit, die Natur, von Kontakt. *Kontakt*, ein geistiger Faktor, wird definiert als der Berührungspunkt zwischen dem mit einem Sinnesorgan verknüpften Wahrnehmungsvermögen und einem Objekt. Er kommt zustande, wenn folgende drei Faktoren zusammentreffen: Bewusstsein, das betreffende Wahrnehmungsvermögen und sein Objekt. »Wenn ein Zwischenraum vorhanden ist zwischen den Sinnesorganen und den Objekten der Sinneswahrnehmung«, fragt Shantideva, »wo besteht dann der Kontakt?«

Hätten sich andererseits zum Beispiel zwei Atome komplett miteinander vermischt, wären sie identisch. Wir könnten nicht mehr sagen, sie seien voneinander zu unterscheiden. Und so lesen wir in der nächsten Strophe:

> (94) Die subatomaren Teilchen können sich nicht gegenseitig durchdringen,
> weil es bei ihnen keine weitere Unterteilung gibt; darin sind sie gleich.
> Doch wenn sie einander nicht durchdringen, vermischen sie sich nicht.
> Und wenn sie sich nicht vermischen, gibt es kein Zusammentreffen.

> (95) Denn wie könnte jemand die Behauptung akzeptieren,
> was keine Teile hat, könne zusammentreffen?
> Und falls du jemals sehen solltest, dass es zu einem Kontakt kommt
> zwischen zwei Dingen, die keine Teile aufweisen, dann zeige mir dies.

Doch damit nicht genug. Shantideva fährt fort: Wie können wir das Bewusstsein, da es doch immaterieller Natur ist, mit dem Wort *Kontakt* definieren – einem Wort, das sich auf

Materie bezieht. »Was kann«, so seine Frage, »mit Bewusstsein in Kontakt kommen?«

(96) Das Bewusstsein ist immateriell,
und von einem Kontakt mit ihm kann daher
keine Rede sein.
Ebenso wenig kommt zusammengesetzten
Phänomenen substanzielle Wirklichkeit zu.
Den Nachweis dafür haben wir bereits erbracht.

(97) Wenn es Berührung oder Kontakt demzufolge
nicht gibt,
woraus geht eine Empfindung dann hervor?
Wozu also all unsere Anstrengungen?
Wodurch könnte wem geschadet werden?

Wem könnte durch schmerzliche Erfahrungen Schaden zugefügt werden, da es so etwas wie eine an sich, in absoluter Art und Weise existierende leidvolle Erfahrung nicht gibt? Indem wir der Frage nachgehen, was Kontakt – die Ursache für eine Empfindung – ist, und darüber hinaus die Natur der Empfindung untersuchen, können wir keine von sich aus wirklichen Empfindungen oder Gefühle ausfindig machen. Das bringt uns zu der Schlussfolgerung, dass Empfindungen und Gefühle nur in Abhängigkeit von anderen Faktoren existieren und dass auch sonst nichts an sich, also unabhängig und eigenständig existieren kann.

Über solch eine Analyse gelangen wir zu der wichtigen Schlussfolgerung, dass weder das Subjekt der Erfahrung wahrhaft existent ist noch ihr Objekt, das Empfundene. Worin besteht logischerweise der nächste Schritt, der sich aus der Einsicht in diese Wahrheit ergibt? – Darin, Begierde zu vermeiden.

Das wird in der folgenden Strophe thematisiert:

> (98) Ein empfindendes Subjekt existiert also nicht
> wirklich
> und die Empfindung selbst ebenso wenig.
> Warum wendet ihr euch, da ihr dies nun
> erkannt habt,
> vom Verlangen nicht ab?

Außerdem, so Shantideva, wenn wir die Natur der Empfindungen mit in Betracht ziehen, worauf kann sich dann die Behauptung stützen, eine Empfindung oder ein Gefühl entstehe unabhängig existierend? – Das Bewusstsein, der gleichzeitig mit der Empfindung vorhandene Geist, kann solch eine eigenständig wirkliche Empfindung jedenfalls nicht wahrnehmen.

> (99) Was wir sehen und was wir empfinden,
> ist von traumgleicher, illusionärer Beschaffenheit.
> Wenn aber Denken und Empfinden gleichzeitig entstehen,
> wie könnte solch eine Empfindung dann
> wahrgenommen werden?

> (100) Falls hingegen zuerst das eine und danach das
> andere zustande kommt,
> stellt sich Erinnerung ein, jedoch keine
> unmittelbare Erfahrung.
> Sich selbst vermag die Sinneserfahrung also
> nicht zu erfahren,
> von etwas anderem kann sie aber ebenso wenig
> erfahren werden.

(101) Das Empfindende hat keine wirkliche Existenz
und daher auch die Empfindungen nicht.
Wie könnten sie dieser Anhäufung ohne Selbst
jemals Schaden zufügen?

Auch die der Empfindung vorausgehenden Bewusstseinsmomente und jene Bewusstseinsmomente, die auf die Empfindung folgen, können diese nicht wahrnehmen. Die vorausgegangenen Bewusstseinsmomente sind nicht mehr präsent, sondern zum Zeitpunkt der Empfindung nur noch in Form von Eindrücken oder Erinnerungsspuren gegenwärtig. Und während der an die Empfindung sich anschließenden Bewusstseinsmomente bleibt diese bloß noch als Erinnerungsgegenstand vorhanden.

Des Weiteren ist aber auch niemand da, der die Empfindung als solche erfahren könnte. Daraus ziehen wir den Schluss, dass es eine Empfindung, ein Gefühl, mit eigenständiger Realität nicht gibt.

Mit diesen Überlegungen beschließen wir die Achtsamkeitsmeditation in Hinblick auf die Empfindungen.

Auf die Leerheit des Geistes bezogene Achtsamkeit
Nun folgt die Achtsamkeitsmeditation in Hinblick auf den Geist. Sie beginnt mit der Negation jeglicher unabhängigen, immanenten Realität des geistigen Bewusstseins.

(102) Der Geist weilt weder in den Sinnesorganen
noch in den Sinnesobjekten wie Formen und
dergleichen.
Weder innen noch außen noch dazwischen oder
anderswo
kann man den Geist finden.

(103) Etwas, das sich nicht im Körper, aber auch
nirgendwo sonst befindet,
sich weder mit ihm vermischt, noch von ihm
getrennt ist
– so etwas existiert nicht im Geringsten.
Daher haben die Wesen Nirvana von Natur
aus.

Der Geist kann weder im Körper noch als der Körper existieren, aber auch nirgendwo dazwischen. Ebenso wenig
jedoch kann der Geist unabhängig vom Körper existieren.
Ein derartiger Geist lässt sich nicht finden. Folglich verfügt
der Geist über keine unabhängige Existenz. Und wenn die
Wesen diese Geistesnatur klar erkennen, kann ihre Befreiung
erfolgen.

Zwar wissen wir, dass das Bewusstsein existiert. Wollen wir
es allerdings, um es zu untersuchen, in einem vorausgegangenen oder in einem späteren Moment seines Kontinuums ausfindig machen, dann beginnt uns die Vorstellung vom Bewusstsein als einer einheitlichen Entität zu entschwinden – genau
wie es bei der Analyse des Körpers der Fall war. Durch solch
eine Analyse gelangen wir zu der Einsicht, dass eine eigenständige Existenz des Bewusstseins nicht gegeben ist. Für die Sin-
neserfahrungen, die visuellen Wahrnehmungen etwa, gilt das
genauso, da sie derselben Natur teilhaftig sind.

(104) Falls das Bewusstsein bereits vor dem
wahrgenommenen Objekt da ist,
worauf bezogen soll es dann zustande
gekommen sein?
Falls das Bewusstsein zugleich mit dem wahrgenommenen Objekt da ist,

fragt sich erneut, worauf bezogen es zustande
gekommen sein soll.

(105ab) Und falls das Bewusstsein seinem Objekt
nachfolgt,
abermals die Frage: Woraus soll es dann
entstanden sein?

Kommt ein Bewusstseinsmoment, beispielsweise eine Sinneswahrnehmung, gleichzeitig mit dem Auftreten ihres Objekts
zustande, dann kann von einem Nacheinander – was bedeutet,
das Objekt existiert, und das Bewusstsein erkennt es – nicht die
Rede sein. Wie könnte also, wenn die Wahrnehmung simultan
mit dem Auftreten des Objekts erfolgt, durch das Objekt eine
Wahrnehmung entstehen?

Ist hingegen zunächst das Objekt vorhanden und tritt das
Objektbewusstsein anschließend hinzu, könnte die Wahrnehmung erst zustande kommen, wenn das Objekt schon
nicht mehr da ist. Wessen würde eine Wahrnehmung in diesem Fall gewahr werden? Denn ihr Objekt hat ja aufgehört
zu existieren. Unterziehen wir die Sinneswahrnehmungen
einer gründlichen Analyse dieser Art, dann zeigt sich, dass
auch sie unauffindbar sind – genau wie das geistige Bewusstsein.

*Auf die Leerheit sämtlicher Phänomene bezogene
Achtsamkeit*

(105cd) Demnach liegt das Entstehen aller Phänomene
außer Reichweite unseres Verstehens.

Die Argumentation, auf die im Allgemeinen zurückgegriffen wird, um die substanzielle Realität der Phänomene unter Beweis zu stellen, lautet ungefähr folgendermaßen: Die Dinge und Geschehnisse haben ihren Platz innerhalb von Funktionszusammenhängen, in deren Rahmen unter spezifischen Bedingungen gewisse Phänomene zustande kommen und durch bestimmte Umstände bestimmte Geschehnisse herbeigeführt werden.

Darum gehen wir davon aus, die Dinge und Geschehnisse seien real, sie müssten über eine substanzielle Realität verfügen. Auf diese Voraussetzung, das Funktionalitätsprinzip, stützt sich im Wesentlichen die philosophische Schulrichtung der Realisten, um die unabhängige Existenz der Dinge und Geschehnisse zu begründen. Kann ein Madhyamika widerlegen, dass diese funktionalen Entitäten immanent existieren, dann – so formuliert es Nagarjuna in »Grundlegende Weisheit des Mittleren Weges« – gelingt es leichter, die immanente Existenz von abstrakteren Entitäten, wie etwa Raum und Zeit, zurückzuweisen.

Viele dieser Argumente beruhen offenbar auf jenem Argumentationsprinzip der Madhyamikas, welches *das Nichtvorhandensein von Identität und von Verschiedenheit* genannt wird. Zum Beispiel wird die teilbare und zusammengesetzte Natur der materiellen Phänomene unter dem Aspekt der Zuordnung ihrer Teile zu den sechs Richtungen erklärt. Und die zusammengesetzte Natur des Bewusstseins wird in erster Linie unter Bezugnahme auf das Kontinuum der Bewusstseinsmomente erläutert. Was solche abstrakten Entitäten wie Raum und Zeit anbelangt, können wir deren zusammengesetzte Natur in Hinblick auf ihre Richtungen verstehen. Solange ein Ding teilbar ist – solange wir es in zusammengesetzte Teile zerlegen können –, lässt sich beweisen, dass es seiner Natur nach von seinen

Teilen abhängig ist. Würde hingegen ein Ding an sich, als eine substanzielle Realität, existieren, dann wäre das betreffende Ding nicht von seinen Bestandteilen abhängig. Vielmehr würde es als eine unteilbare, voll und ganz für sich allein bestehende Entität existieren.

MEDITATION

Sie können jetzt eine Meditation ganz nach eigenem Belieben wählen. Vielleicht möchten Sie über Leerheit meditieren, über Vergänglichkeit oder über Leid.

10 Erwiderungen auf Einwände
gegen die Lehre
vom Mittleren Weg

REFLEXIONEN ZUR WEISHEITSPRAXIS

Dualistische Gedankenschöpfungen

Am Anfang von »Grundlegende Weisheit des Mittleren Weges« bringt Nagarjuna seine Ehrerbietung für Buddha Shakyamuni zum Ausdruck und preist dessen Qualitäten. Und zwar dergestalt, dass er uns zugleich jene beiden Themen in den Grundzügen darlegt, die für die Lehre des Buddha von zentraler Bedeutung sind – Leerheit und das Prinzip des bedingten, oder abhängigen, Entstehens. In zwei Strophen würdigt Nagarjuna den Buddha als jemanden, der über die geistige Statur verfügt, deren es bedarf, um uns mit verlässlicher Autorität und in voller Klarheit, was den richtigen Zeitpunkt wie auch die spirituellen Erfordernisse, die geistigen Fähigkeiten und die Mentalität seiner Zuhörerinnen und Zuhörer anbelangt, in der Philosophie der Leerheit und des bedingten Entstehens zu unterweisen.

Abhängig entstandene Phänomene – Dinge und Geschehnisse also – sind unter anderem dadurch charakterisiert, dass sie entstehen, vergehen und der Veränderung unterliegen, erklärt Nagarjuna in diesen beiden Strophen. Unter ihren Merkmalen finden sich solche Eigenschaften wie das Entstehen und Vergehen. Wenn wir den zeitlichen Aspekt ins Auge fassen, sind die Phänomene durch Existenz und Nichtexistenz gekenn-

219

zeichnet, somit durch Veränderlich- und Vergänglichkeit, Kommen und Gehen. In Hinblick auf ihre Identität gibt es Einheit und Vielheit. Alle genannten Merkmale existieren auf der konventionellen Ebene. Denn die Merkmale wohnen den Dingen und Geschehnissen nicht als ihre letztendliche Natur inne: Aus der letztendlichen Perspektive betrachtet, der Perspektive unmittelbarer Einsicht in Leerheit, sind all diese Merkmale nicht existent.

Nagarjuna bezeichnet Leerheit als die vollständige Auflösung aller dualistischen Gedankenschöpfungen. Wenn von dualistischen Gedankenschöpfungen oder künstlichen Gedankengebilden die Rede ist, kann damit ohne Frage Unterschiedliches zum Ausdruck gebracht werden. Zum Beispiel könnte damit die gedankliche Schöpfung einer substanziellen Wirklichkeit – des Objekts, das es zu negieren gilt – gemeint sein. Solch ein dualistisches Gedankengebilde existiert jedoch nicht einmal in einem konventionellen Sinn. Der Ausdruck »dualistisches Gedankengebilde« kann sich aber ebenso auf den unwissenden, an einer wahrhaften Existenz der Dinge und Geschehnisse festhaltenden Geist und auf die fehlgeleiteten Geisteszustände, die sich daraus ergeben, beziehen. Obgleich es sich hier um Objekte handelt, die es zu negieren gilt, sind die solchermaßen verstandenen dualistischen Gedankenschöpfungen in einem konventionellen Sinn existent.

Manchmal bezieht sich »dualistisches Gedankengebilde« auch auf konventionelle Merkmale, etwa auf die acht Merkmale abhängig entstandener Phänomene – Entstehen, Vergehen und so weiter. Von der Warte einer unmittelbaren Einsicht in Leerheit betrachtet, existieren solche dualistischen Gedankengebilde nicht, weil diese konventionellen Merkmale nicht die letztendliche Natur der Wirklichkeit sind. Es heißt, das als Arya bezeichnete Wesen gewinne in vollkommener meditativer Ausgeglichenheit dadurch unmittelbare Einsicht in Leerheit, dass es die entsprechenden Merkmale nicht erkennt, sie nicht wahrnimmt.

Das bedeutet allerdings weder, dass es diese Merkmale der Phänomene zu negieren gilt, noch soll damit ihre Existenz auf einer konventionellen Ebene in Abrede gestellt werden. Zwar werden sie von einem Meditierenden nicht wahrgenommen, wenn in vollkommener meditativer Ausgeglichenheit der Geist, eingerichtet und unmittelbar, von der Einsicht in Leerheit völlig durchdrungen ist. Dessen ungeachtet sind, auf einer konventionellen Ebene, den abhängig entstandenen Phänomenen solche Merkmale zu Eigen.

Darum sollten wir zu unterscheiden wissen zwischen: Leerheit als der letztendlichen Natur der Wirklichkeit und *die Beschaffenheit von* Leerheit *aufweisen*. Zum Beispiel kann bei konventionellen Phänomenen – bei Dingen und Geschehnissen – nicht davon die Rede sein, dass hier Leerheit als solche vorliege. Vielmehr weisen konventionelle Phänomene insofern die Beschaffenheit von Leerheit auf, als sie leer sind von Eigenexistenz. Von der Warte einer vollkommenen, Leerheit unmittelbar gewahrenden und mit dieser Realisation eins gewordenen meditativen Ausgeglichenheit aus betrachtet, existieren konventionelle Phänomene deshalb nicht, weil sie für jemanden, der in solch vollkommener meditativer Ausgeglichenheit verweilt, einfach nicht wahrnehmbar sind.

Die durch Karma und Geistestrübungen entstandenen dualistischen Gedankenschöpfungen begrifflicher Art, sagt Nagarjuna in »Grundlegende Weisheit des Mittleren Weges«, können wir durch Einsicht in Leerheit auflösen. Wenn kein Karma und keine Geistestrübungen mehr vorhanden sind, heißt es dort weiter, erreicht man Nirvana – Freiheit. Nirvana wird also in

Hinblick auf das Aufhören von Karma und Geistestrübungen definiert: als ein Zustand, in dem keinerlei neue Geistestrübungen mehr hinzukommen und karmische Potenziale keine Wiedergeburten mehr zu bewirken vermögen. Zwar trägt die betreffende Person möglicherweise nach wie vor karmische Prägungen in sich, aber sie kann nicht länger neues Karma bewirken, weil diejenigen Geistestrübungen, die Karma herbeiführen, bereinigt sind.

Dharmakirti gibt uns eine zusätzliche Verständnishilfe, wenn er in »Gültige Erkenntnis« erklärt, im Geist eines Wesens, das den Ozean von Samsara durchquert und hinter sich gelassen hat, seien zwar immer noch karmische Prägungen zu finden; diese Prägungen könnten jedoch künftig keine Wiedergeburten im Daseinskreislauf mehr nach sich ziehen, da die mitwirkenden Bedingungen – eben die Geistestrübungen – bereits restlos beseitigt seien.

Wie kommt solch ein Nirvana, wie kommt Freiheit zustande? Diese Frage steht in Zusammenhang mit dem Aufhören von vier Faktoren: Karma, Geistestrübungen, begriffliche Denkprozesse und dualistische Gedankengebilde. Karma wird durch Geistestrübungen hervorgerufen; Geistestrübungen werden durch begriffliche Denkprozesse hervorgerufen; und durch dualistische Gedankengebilde – womit hier der unwissende, an der wahren Existenz der Phänomene festhaltende Geist gemeint ist – werden die begrifflichen Denkprozesse in Gang gehalten.

Karma und Geistestrübungen sind also die Ursachen, die eine Wiedergeburt im Daseinskreislauf herbeiführen. Das Festhalten an der Vorstellung von tatsächlicher Existenz kann nur dadurch aufgelöst werden, dass wir Einsicht in Leerheit entwickeln. Mit anderen Worten: Nur indem wir das zur Natur von Leerheit vordringende Gewahrsein entwickeln, kann

jens dualistische Gedankengebilde, das an der tatsächlichen
Existenz der Phänomene festhält, aufgelöst werden.

Der letztendliche Schöpfer

Wie Khunu Rinpoche darlegt, gibt es für jene Zeile in »Grundlegende Weisheit des Mittleren Weges«, die sich auf die vollständige Auflösung der dualistischen Gedankenschöpfungen
bezieht, noch eine weitere Deutungsmöglichkeit. Diese Zeile,
so Khunu Rinpoche, könne nicht nur dahin gehend aufgefasst
werden, dass durch Einsicht in Leerheit die dualistischen Gedankengebilde aufgelöst werden, sondern auch in dem Sinn,
dass dort, in der Sphäre der Leerheit, dualistische Gedanken-
bildungen endgültig aufhören. Wenn Nagarjuna also davon
spricht, dass in der Sphäre der Leerheit die dualistischen Gedankenschöpfungen zur Ruhe kommen, was ist dann hier mit
Leerheit gemeint?

Leerheit sollte keinesfalls als eine Art ontologische Kategorie aufgefasst werden, so als existiere sie »da draußen«, abge-
sondert von den jeweiligen Dingen und Geschehnissen. Im
Kontext von Nagarjunas Verszeile verweist *Leerheit* vielmehr
ganz spezifisch auf die Leerheit des Geistes – auf das Nichtvorhandensein einer unabhängigen, immanenten Existenz
des Geistes.

In diesem Kontext dürfen wir daher sagen, dass der Geist
letztendlich der Schöpfer sämtlicher Phänomene ist, der
Schöpfer von Samsara wie auch von Nirvana. Der Geist, der
all seine Trübungen, all seine Irrungen und Wirrungen selbst
hervorgebracht hat, muss zu guter Letzt auch aus und durch
sich selbst – die Natur des Geistes – die eigene Läuterung und
Befreiung bewirken. Mit anderen Worten: Die durch den
Geist hervorgebrachten Beflecungen und dergleichen mehr

können nur mit Hilfe von Methoden, die aus dem Geist selbst hervorgehen, bereinigt werden. Und das Resultat, der vollkommen erleuchtete Zustand der Buddhaschaft, ist ebenfalls ein Geisteszustand.

Hier stellen wir also fest, dass innerhalb unseres inneren Reinigungs- und Vervollkommnungsprozesses der Geist eine herausragende Rolle spielt. Sämtliche Befleckungen des Geistes sind vorübergehender Natur, heißt es in der Schrift »Erhabenes Kontinuum« *(Uttaratantra)*. Anders ausgedrückt: Die Befleckungen liegen nicht in der Natur des Geistes, lassen sich also beseitigen. Und all die erleuchteten Qualitäten des allwissenden Buddha-Geistes sind im Geist der empfindenden Wesen bereits vorhanden – als Potenziale.

In den Schriften der Sakya-Überlieferung heißt es an einer Stelle, auf der Ebene der Basis, womit hier das kausale *Basis-von-allem-Bewusstsein (kün shi)* gemeint ist, seien sämtliche Phänomene von Samsara und Nirvana vollkommen. In gewisser Hinsicht ist das Basis-von-allem-Bewusstsein also identisch mit der grundlegenden Geistesnatur des klaren Lichts, die uns immer schon innewohnt. Sämtliche Phänomene von Samsara existieren – auf der Stufe der gewöhnlichen Wesen, nicht nach Erreichen des Vollendungszustands – auf dieser Grundlage. Daher wird dieses fundamentale, die Grundlage von allem bildende Bewusstsein auch als das *kausale Kontinuum* bezeichnet. Innerhalb dieses kausalen Kontinuums sind sämtliche Phänomene von Samsara, in Form ihrer natürlichen Merkmale, vollständig vorhanden. Sämtliche Phänomene der spirituellen Wege und der Verwirklichungsstufen eines Bodhisattva sind, in Form ihrer Qualitäten, vollständig vorhanden. Und ebenso sind sämtliche erleuchteten Qualitäten des allwissenden Geistes eines Buddha, in Form ihrer Potenziale, vollständig vorhanden. In aller Kürze vermittelt uns diese Zusammenfassung eine schöne Vorstellung davon, wie die Sakyapa in den wesentlichen Punkten die Verwirklichungsstufen eines Bodhisattva, die spirituellen Wege und deren Resultat verstehen.

Doch gleichgültig ob Dzogchen bei den Nyingmapa, Mahamudra in der Überlieferung der Kagyüpa, die Lamdre-Belehrungen über die Einheit von Tiefgründigkeit und Klarheit bei den Sakyapa oder die im *Guhyasamaja-Tantra* beschriebene Anschauung vom grundlegenden, immer schon vorhandenen Geist des klaren Lichts bei den Gelugpa – stets liegt der Schwerpunkt bei der Einsicht in die letztendliche Natur des Geistes. Was die Leerheit anbelangt, besteht zwischen der Leerheit des Geistes und der Leerheit von Objekten der äußeren Welt selbstverständlich kein Unterschied. Der Kontemplation über die Leerheit des Geistes wird in den Meditationsübungen aller vier großen Überlieferungslinien des tibetischen Buddhismus besonders großer Wert beigemessen, weil sie auf den Geist des Praktizierenden einen so tief gehenden Einfluss ausübt.

Wenn ich in diesem Zusammenhang von *Geist* spreche, verwende ich den Begriff in einem generellen Sinn, ohne zwischen *sem* (Geist) und *rigpa* (ursprünglichem Gewahrsein) zu unterscheiden. Ich gebrauche *Geist* als unspezifischen Allgemeinbegriff, der sich auf kognitive Vorgänge aller Art bezieht. Hervorheben möchte ich vor allem eins: Wie wichtig es ist, dass wir uns, wenn wir vom Aufhören der begrifflichen, oder dualistischen, Gedankengebilde sprechen, darüber im Klaren sind, welche unterschiedlichen Bedeutungen dieser Ausdruck in Entsprechung zum jeweiligen Kontext anzunehmen vermag. Zum Beispiel können unter den dualistischen Gedankengebilden einige negiert werden, andere dürfen dies nicht; manche existieren, andere hingegen nicht. Wir sollten ein feines Gespür dafür entwickeln, in welchem Maß die Bedeutung unserer Begriffe durch den Kontext geprägt wird.

Rechtfertigung der zwei Wahrheiten

Im vorigen Kapitel konnten wir verfolgen, wie Shantideva in Entgegnung auf die Kritik an der Madhyamaka-Leerheitsphilosophie die Existenzweise der Phänomene dargelegt hat. Nun macht sein Kontrahent ein weiteres Argument geltend: Würde man der Madhyamaka-Auffassung folgen, so erklärt er, ließe sich kein Nachweis für die zwei Wahrheiten erbringen.

Was die Gliederung des Wurzeltextes anbelangt, stimmt Minyak Künsös Kommentar in diesem Abschnitt mit Khenpo Künpäls Kommentar überein. In Bezug auf die Interpretation der entsprechenden Strophen scheinen ihre Auffassungen allerdings ein wenig voneinander abzuweichen. Zunächst einmal werde ich Ihnen Minyak Künsös Auslegung des Textes erläutern.

In den ersten beiden Strophen argumentiert der Kontrahent folgendermaßen: Da die Madhyamikas behaupten, sämtliche Phänomene seien leer von Eigenexistenz, sei es ihnen nicht möglich, schlüssig von Identität zu sprechen, geschweige denn von Existenz.

> (106) »Falls es sich so verhält«, sagst du, »gibt es keine relative Wirklichkeit.
> Doch wie sollte es da zwei Wahrheiten geben?
> Wenn die relative Wirklichkeit durch den Geist der Wesen bedingt ist,
> wie sollten die Wesen da Nirvana verwirklichen können?«

(107) Diese relative Wirklichkeit besteht lediglich in
den dualistischen Konzepten der Wesen
und entspricht nicht der relativen Wirklichkeit
aus Sicht eines Erwachten.
Später, wenn die Gewissheit [des Erwachens] da
ist, gibt es sie,
aber ohne diese [Gewissheit] gibt es keinesfalls
eine relative Wirklichkeit.

Mangelt es sämtlichen Phänomenen an unabhängiger Existenz, so wendet Shantidevas Kontrahent ein, dann bleiben alle
realen Gegebenheiten – alle Dinge und Geschehnisse – auf der
konventionellen Ebene ohne Identität. In solch einem Fall
würde die konventionelle Realität aufhören zu existieren. Und
wenn keine konventionelle Realität existiert, kann auch die
letztendliche Realität nicht existieren. Wie kannst du also behaupten, es gebe zwei Wahrheiten?

Dieser Einwand beruht auf mangelndem Verständnis dessen, was mit konventioneller Wahrheit gemeint ist. An anderer
Stelle habe ich bereits erwähnt, dass im Kontext der konventionellen Wahrheit – und aus der Perspektive eines fehlerhaft
wahrnehmenden Geistes – Wirklichkeit in der Weise aufgefasst
wird, als komme den Dingen und Geschehnissen eine Art objektive Gültigkeit zu. Das ist so ähnlich, wie wenn man angesichts der Windungen eines aufgerollten Seils eine Schlange
wahrzunehmen wähnte. Tatsächlich entbehrt eine derartige
Wahrnehmung jedoch jeder Grundlage. Ebenso wenig hat in
Wirklichkeit irgendetwas – weder ein Ding noch ein Geschehn-
nis – eine substanzielle, immanente, unabhängige und eigenständige Existenz.

Falls kein Ding oder Geschehnis eine eigenständige Existenz hätte, wendet daraufhin der Kontrahent ein, würde nichts

existieren. Und wie könntet ihr Madhyamikas in diesem Fall den Standpunkt vertreten, den empfindenden Wesen sei es möglich, Freiheit zu erlangen?

Die konventionelle Wahrheit, so erwidern die Madhyamikas, wird unter Bezugnahme auf die Perspektive der empfindenden Wesen postuliert. Lediglich aus der Warte des unwissenden Geistes, der die Dinge und Geschehnisse so wahrnimmt, als verfügten sie über eine eigenständige Existenz, wird der Alltagswelt der konventionellen Wirklichkeit ein Wahrheitsanspruch zugebilligt. Im Grunde kann diese Sicht der Dinge jedoch keine Gültigkeit für sich in Anspruch nehmen. Dennoch gibt es, von der konventionellen Ebene aus betrachtet, eine Perspektive, von der aus sich die Existenz der Dinge und Geschehnisse schlüssig nachweisen lässt.

Etwas im konventionellen Sinn Reales vermag Einfluss auf unser Leben zu nehmen – zum Beispiel kann es Freude bereiten oder Leid verursachen. »Worin genau«, so könnte man fragen, »bestehen eigentlich die Kriterien der Prasangika-Madhyamikas, aus denen hervorgeht, ob Dinge und Geschehnisse im konventionellen Sinn real beziehungsweise existent sind?«

Dafür gibt es drei Kriterien. Grundlegend ist für sie die Einsicht, dass wir erst im Anschluss an die Negation einer eigenständigen Existenz der Dinge und Geschehnisse einen gültigen und schlüssigen Nachweis ihrer konventionellen Realität führen können. Das erste Kriterium besagt, dass es möglich sein muss, Dinge und Geschehnisse anhand von verlässlicher Erfahrung oder gültiger Konvention wirksam nachzuweisen. Das zweite besagt, dass die Wahrheit ihrer Existenz nicht in Widerspruch zu verlässlichen Erfahrungen stehen darf. Und das dritte besagt, dass die konventionelle Realität von Phänomenen nicht deshalb negiert werden darf, weil man sie in Hinblick auf ihre letztendliche Natur analysiert.

Eine so definierte konventionelle Realität unterscheidet sich grundlegend von einer Illusion, bei der wir ein Objekt wahrnehmen, obgleich diese Wahrnehmung eigentlich auf etwas anderem beruht. Bei den Kunststücken eines Illusionisten zum Beispiel erblicken wir womöglich aufgrund von Zaubertricks imaginäre Pferde und Elefanten, bei denen es sich – auch nach herkömmlichen Kriterien – um eine Sinnestäuschung handelt. Und so können wir anhand von anderen verlässlichen Erfahrungen darauf schließen, dass die hier wahrgenommenen Pferde und Elefanten nicht real sind. Allerdings bedarf es zur Entkräftung ihres Realitätsanspruchs keiner Analyse, die sich auf die letztendliche Wirklichkeit bezieht.

Angesichts dieser beiden Kategorien von konventioneller Wahrnehmung – der gültigen Wahrnehmungen und der Täuschungen – ist es unerlässlich, dass wir zum Beispiel zwischen einer realen Person und einer Traumgestalt unterscheiden können. Schließlich macht es einen himmelweiten Unterschied, ob man etwa eine reale Person erschlägt oder einem Traumwesen das Leben nimmt: Im ersten Fall begeht man eine unheilvolle Handlung von enormer Tragweite, im zweiten Fall nicht. Obgleich aber eine Traumgestalt keine reale Person ist, gilt für beide in gleicher Weise, dass sie über kein eigenständiges Dasein verfügen. Auch im Anschluss an die Negation von Eigenexistenz ist es also von entscheidender Bedeutung, auf eine rational nachvollziehbare, logisch schlüssige Art und Weise mit der konventionellen Wirklichkeit umzugehen.

Khenpo Künpäl legt diese Zeilen indes dahin gehend aus, dass die Erwiderung in Strophe 107 sich auf die Sicht des vollkommen erleuchteten Geistes bezieht. Wird nach dem Erreichen der vollkommenen Erleuchtung – die als Zustand der vollständigen Auflösung aller begrifflichen Gedankengebilde gekennzeichnet wird – die Realität der im konventionellen

Sinn wirklichen Phänomene nicht mehr aufrechterhalten, dann sind auch die Dinge, die Geschehnisse und die mit ihnen verbundenen Konventionen nicht länger real.

Indem wir über jene Sphäre meditieren, in der alle dualistischen Gedankenschöpfungen zur Ruhe gekommen sind, sammeln wir Weisheit an. Und Verdienst sammeln wir an, indem wir uns eingehender davon überzeugen, dass die Prinzipien der Kausalität im Kontext der konventionellen Wahrheit ihre Gültigkeit behalten. Nur auf jenem Weg, der diese beiden Elemente – das Ansammeln von Verdienst und von Weisheit – miteinander verknüpft, vermögen wir die vollständige Erleuchtung, welche der Buddha verkörpert, zu erlangen.

Wie wir dem folgenden Vierzeiler entnehmen können, beruhen solche Kategorien wie »Subjekt und Objekt«, »Wahrnehmung und Objekt«, »eines und viele«, »selbst und andere« und selbstverständlich die »Existenz sämtlicher Phänomene« auf weltlichen Konventionen. Mithin sind sie relativ.

> (108) Die Untersuchung und das zu Untersuchende
> sind in wechselseitiger Bedingtheit
> miteinander verknüpft.
> Wenn über solch eine Untersuchung etwas
> ausgesagt wird,
> geschieht das aufgrund eines Konsenses über
> die konventionelle Wirklichkeit.

Nun erhebt der Kontrahent einen weiteren Einwand:

> (109) »Wenn jedoch der analytische Prozess
> seinerseits zum Gegenstand der Überprüfung
> gemacht wird,

kann diese Untersuchung gleichfalls analysiert werden.
Dann hätten wir es mit einer ad infinitum sich fortsetzenden Analyse zu tun.«

Wenn wir, so macht er geltend, die letztendliche Natur der Phänomene mittels kritischer Analyse untersuchen, müsse die Analyse selbst ebenfalls Gegenstand dieser Art von kritischer Untersuchung sein. Und bei dieser wiederum bedürfte es dann eines weiteren analysierenden Geistes, der abermals einer Analyse unterzogen werden müsste, und so fort. Das würde sich folglich ohne Ende weiter so fortsetzen, zu einem *regressus ad infinitum* führen.

Shantideva gibt die Entgegnung des Madhyamika auf diesen Einwand wieder:

(110) Werden die Phänomene wirklich analysiert,
hat die Analyse keine Grundlage mehr.
Und da sie keine Grundlage mehr hat,
setzt sie sich nicht fort.
Das nennt man auch Nirvana.

Wird das Objekt einer Untersuchung kritisch analysiert, dann zeigt sich, dass das Subjekt ebenfalls leer ist von eigenständiger Realität, ebenso wenig aus sich selbst entstanden ist. Diese Leerheit, dieses Nichtvorhandensein, wird als Nirvana bezeichnet, als der Zustand jenseits von Leid. Indem einem Meditierenden unmittelbar erfahrbar wird, dass sämtliche Phänomene leer sind von eigenständiger Existenz, ist also auch für ein Festhalten an der Eigenexistenz von etwas anderem keine Grundlage mehr vorhanden. Für den Meditierenden in diesem Zustand gibt es kein Bewusstsein von Subjekt und Objekt.

Grundsätzlich wäre es zwar durchaus möglich, eine Unterscheidung zwischen Subjekt und Objekt vorzunehmen. Da der Geist des Meditierenden mit dem Nichtvorhandensein von Eigenexistenz völlig verschmolzen ist, besteht jedoch keine Notwendigkeit, die Leerheit des analysierenden Geistes ihrerseits zu analysieren.

Zuvor haben wir über die zahlreichen subtilen Unterschiede gesprochen, die es in Bezug auf Leerheit, oder Selbst-losigkeit, geben kann. Solange ein Mensch lediglich der gröberen Ebenen von Leerheit gewahr ist, haben Vorstellungen von Eigenexistenz, die sich auf subtilere Ebenen von Leerheit beziehen, nach wie vor Bestand. Machen Sie hingegen die Erfahrung subtiler Leerheit – etwa jener Leerheit von unabhängiger Existenz, wie sie in der Lehre der Prasangika-Madhyamikas thematisiert wird –, dann bleibt, solange diese Gewissheit besteht, in Ihrem Geist kein Raum für ein wie auch immer beschaffenes Festhalten an einem Selbst beziehungsweise an der Vorstellung von Eigenexistenz.

Argumente gegen die buddhistischen Realisten

Im nächsten Abschnitt widerlegt Shantideva die von verschiedenen philosophischen Schulrichtungen vertretenen Vorstellungen von wahrer Existenz. Als Erstes analysiert er die Position der buddhistischen Realisten, also der Vaibhashika- und der Sautrantika-Schule. Beide erklären, den Sinneswahrnehmungen – den visuellen Wahrnehmungen und so weiter – wie auch deren Objekten komme eine Eigenrealität zu, eine substanzielle Realität.

Diese Auffassungen werden in den folgenden Strophen bestritten.

(111) Wer sagt, »beide sind wahr«,
vertritt eine schwerlich aufrechtzuerhaltende
Position.
Würde das Bewusstsein zutage fördern, dass die
Dinge wahrhaft existieren,
worauf stützte sich dann die wahre Existenz des
Bewusstseins?

(112) Falls sich hingegen an den Objekten erweist,
dass das Bewusstsein existiert,
was bestätigt dann wiederum die wahre
Existenz der Objekte?
Existieren sie jedoch aufgrund
wechselseitiger Bedingtheit,
haben beide keine wirkliche Existenz.

Die Realisten vertreten den Standpunkt, dass beide, Subjekt
wie Objekt, über eine reale und substanzielle Existenz verfügen. In ihrer Entgegnung verweisen die Madhyamikas auf die
logischen Ungereimtheiten und die unzulängliche Beweisführung, die hinter solch einer philosophischen Auffassung
stehen. »Falls das Bewusstsein«, so die Fragestellung des
Madhyamika, »Grundlage für die substanzielle Realität der
Dinge ist, worauf stützt du dann deine Behauptung, das Subjekt – das Bewusstsein selbst – sei substanziell wirklich? Falls
sich deiner Meinung nach hingegen an den Objekten die substanzielle Realität des Subjekts, des Bewusstsein, erweist, was
beweist dann die substanzielle Realität des Objekts? Falls sich
andererseits das Bestehen von Subjekt und Objekt aus ihrer
wechselseitigen Bedingtheit herleitet – in der Weise, dass das
eine die substanzielle Realität des anderen bestätigen müsste –,
büßen logischerweise beide ihre substanzielle Realität ein.

Denn wären sie substanziell und von sich aus wirklich, dann wären Subjekt und Objekt voneinander unabhängig.«

Anschließend bedient sich der Madhyamika einer Analogie, um deutlich zu machen, dass Subjekt und Objekt einander wechselseitig bedingen und keinem von beiden eine eigenständige, substanzielle Existenz zukommt:

> (113) Ein Mann kann nicht Vater sein, ohne ein
> Kind zu haben.
> Aber wie soll dann ein Kind entstehen,
> wenn es keinen Vater gibt, solange kein Kind
> vorhanden ist?
> Entsprechend haben der Geist und seine
> Objekte keine eigenständige Existenz.

Im folgenden Vierzeiler nimmt Shantideva einen weiteren Einwand seines Kontrahenten vorweg.

> (114) »Die Pflanze entsteht aus dem Samen«,
> sagst du,
> »warum sollten wir da nicht von ihr auf
> den Samen schließen können?
> Bewusstsein geht aus der Wahrnehmung eines
> Objekts hervor
> – warum sollte sich daraus nicht auf die Existenz des Objekts schließen lassen?«

Der Schössling, so argumentiert der Kontrahent, zeugt vom Vorhandensein eines Samens. Das ist für die Realisten, die bei der Entstehung der Dinge und Geschehnisse von einer substanziellen Realität ausgehen, in der Tat eine Grundprämisse. Und da das Bewusstsein vom Objekt herrührt, warum sollte es dann nicht, argumentieren die Realisten, in Analogie dazu von der tatsächlichen Existenz des Objekts zeugen?

Um auf die Existenz des Samens rückschließen zu können, antwortet der Madhyamika, bedarf es eines von dem Schössling sich unterscheidenden Subjekts oder Bewusstseins.

> (115) Ein von der Pflanze selbst sich unterscheiden-
> des Bewusstsein
> schließt auf die Existenz des Samens.
> Was aber soll dann beweisen, dass das
> Bewusstsein existiert,
> von dem das Objekt erfasst wird?

Mit welchen Mitteln erkennen wir die Existenz von Bewusstsein? Hier wird uns vor Augen geführt, dass Subjekt und Objekt wechselseitig voneinander abhängen, folglich keinem von beiden ein unabhängiger, eigenständiger Status zukommt. Daher verfügt weder das Erkenntnisvermögen noch sein Objekt über ein Eigendasein. Beide sind relativ.

REFLEXIONEN ZUR WEISHEITSPRAXIS

Der Stellenwert des rationalen Denkens

Wenn wir ausfindig zu machen versuchen, wo die materiellen Dinge ihren Ursprung haben, erklärt Aryadeva in »Vierhundert Strophen«, stellen wir fest, dass ihr Kontinuum keinen Anfang hat. Für die materiellen Dinge kann es ein Ende geben, blickt man hingegen auf ihr Kontinuum, so sind sie anfanglos. Ob es sich nun um Umweltphänomene wie Felsen, Pflanzen und dergleichen handelt oder um die empfindenden Wesen, die in dieser Umwelt leben – wollten wir ihren materiellen

Ursprung ausfindig machen, könnten wir diesem bis zum Anfang unseres Universums nachgehen.

Gemäß dem *Kalachakra-Tantra* lässt Materie sich bis zu einem Punkt zurückverfolgen, an dem sie aus Raumteilchen bestand. Ein bestimmtes Weltsystem entsteht und bleibt für lange Zeit bestehen, um sich schließlich wieder in leeren Raum aufzulösen, aus dem durch einen Evolutionsprozess erneut eine ganze Welt hervorgeht. Aus buddhistischer Sicht gibt es da einen sich wiederholenden Zyklus, in dessen Verlauf die physische Welt entsteht und vergeht. Dieser Prozess scheint manche Parallele zu den Erklärungen unseres Universums in der heutigen Naturwissenschaft aufzuweisen.

Wenn wir die Beschreibungen der Erde in der modernen Kosmologie – die Beschreibung ihrer Größe, ihrer Form, ihres Alters und ihrer Entfernung von anderen Planeten – mit einem buddhistischen Text wie »Schatzkammer des höheren Wissens« *(Abhidharmakosha)* vergleichen, der ebenfalls eine kosmologische Darstellung gibt, stoßen wir allerdings auch auf zahlreiche Diskrepanzen. Die Kosmologie des Abhidharma scheint den aus empirischer Beobachtung gewonnenen wissenschaftlichen Darstellungen in vielerlei Hinsicht zu widersprechen. Als Buddhisten, für die das Vernunftprinzip gilt, müssen wir anerkennen, dass diese im Abhidharma vertretenen Auffassungen zu verlässlichen Erkenntnissen im Widerspruch stehen. Daher bleibt uns hier nur eine Möglichkeit: die Abhidharma-Kosmologie als korrekte Beschreibung der physischen Welt zugunsten der wissenschaftlichen Darstellung zu verwerfen.

Im Mahayana-Buddhismus gibt es eine als die *vier Stützen* bekannte hermeneutische Tradition. Die erste Stütze besagt, dass wir uns nicht auf die Person stützen sollen, sondern auf ihr Werk; zweitens sollten wir uns, soweit es um dieses Werk geht, nicht auf die Worte stützen, sondern auf deren Bedeutung; drittens sollten wir uns hinsichtlich der Bedeutung nicht auf die vorläufige, sondern auf die letztgültige Bedeutung stützen; und viertens sollten wir uns, was diese letztgültige Bedeutung anbelangt, nicht bloß auf unser Verstandeswissen stützen, sondern auf unser in der Praxis bewährtes Verständnis.

Im Endeffekt geht es darum, dass eine Aussage beziehungsweise eine Behauptung nicht aufrechterhalten werden kann, wenn sie zur Vernunft und zu verlässlichen Erfahrungen im Widerspruch steht. Sollte eine Lehre rationalen Überlegungen und verlässlichen Erfahrungen widersprechen, müssen wir als Buddhisten sie daher verwerfen. Dies gehört zu den methodischen Grundlagen des Buddhismus – zumal innerhalb der Denk- und Vorgehensweise des Mahayana.

Einem Sachverhalt keine Beachtung zu schenken ist allerdings etwas anderes, als gewahr zu werden, dass er nicht existiert. Über diesen Unterschied sollten wir uns im Klaren sein. Etwas zu widerlegen oder außerstande zu sein, es nachzuweisen, sind zwei verschiedene Dinge. Diese Unterscheidung ist unerlässlich.

Aus der Perspektive der empfindenden Wesen gibt es drei Kategorien von Phänomenen – die offenkundigen, die etwas schwerer erkennbaren und die außerordentlich schwer erkennbaren. Um offenkundige Phänomene zu erkennen, bedarf es keiner rationalen Überlegung. Zur Erkenntnis der etwas schwerer erkennbaren Phänomene gelangen wir über Schlussfolgerungen. Und ein umfassendes Verständnis von außerordentlich schwer erkennbaren Phänomenen kann nur durch die Autorität der Schriften herbeigeführt werden. Die Leerheit sämtlicher Dinge von unabhängiger Existenz ist ein Beispiel für die zweite Kategorie, für die Kategorie der etwas schwerer erkennbaren Phänomene. Leerheit ist für uns nicht offenkundig, und wir müssen uns auf rational begründete

Schlussfolgerungen stützen, um zu einem Leerheitsverständnis zu gelangen.

Die dreifache Klassifizierung erhebt keinen Absolutheitsanspruch. Manche buddhistischen Vorstellungen – wie zum Beispiel die Vorstellungen über die Natur des Formbereichs und über die Natur des Bereichs der Formlosigkeit oder über den Umstand, dass der Weg eines Wesens zur Erleuchtung drei unermesslich lange Äonen in Anspruch nimmt – können wir allerdings in der Tat nur außerordentlich schwer nachvollziehen. Diese Dinge sind für uns weder offenkundig noch aufgrund von rationalen Überlegungen vollständig nachvollziehbar. Auf unserer gegenwärtigen Bewusstseinsebene steht uns dafür nur ein Mittel zur Verfügung: das Zeugnis einer anderen Person.

Allerdings darf vom buddhistischen Standpunkt aus das Zeugnis einer anderen Person nicht einfach deshalb als Autorität anerkannt werden, weil es sich bei dem oder der Betreffenden um eine(n) Heilige(n) oder um eine allgemein bekannte Person handelt. Wie aber können wir dann herausfinden, ob beziehungsweise inwieweit das Zeugnis einer Person Gültigkeit beanspruchen darf?

Wir müssen die Worte der oder des Betreffenden gründlich untersuchen, um auszumachen, ob die Beschreibungen von offenkundigen Phänomenen, die uns diese Person liefert, zu unserer als gültig erwiesenen Erfahrung im Widerspruch stehen und ob ihre/seine Erläuterungen zu den etwas schwerer erkennbaren Phänomene durch logische Schlussfolgerungen bestätigt oder widerlegt werden können. Vertrauen wir darauf, dass in Bezug auf die Phänomene der beiden ersten Kategorien auf diese Person Verlass ist, dann untersuchen wir, was die oder der Betreffende über außerordentlich schwer erkennbare Phänomene sagt.

Anschließend können wir überprüfen, ob zwischen den Aussagen zu den ersten beiden Kategorien und denen zu der dritten Kategorie von Phänomenen, ferner zwischen den unausgesprochenen und den ausdrücklich zur Sprache gebrachten Positionen Widersprüche bestehen. Zwar werden die Aussagen zu Phänomenen der dritten Kategorie für uns nach wie vor außerordentlich schwer nachvollziehbar sein – das heißt, wir verfügen weder unmittelbar noch auf der Ebene der Logik über Mittel und Wege, ihre Gültigkeit zu überprüfen, indem wir sie entweder beweisen oder widerlegen. Dennoch werden wir das Zeugnis der Person, von der diese Aussagen stammen, als Autorität anerkennen können, da sich ihre Aussagen dort, wo wir sie einer Überprüfung nach logischen Kriterien unterziehen konnten, als verlässlich erwiesen haben.

Karma und Kausalität

Schon an anderer Stelle war von Kausalität die Rede, von der Beziehung zwischen Ursache und Wirkung, und auch von der Frage, auf welcher Stufe sich das Karma eines empfindenden Wesens auf den kausalen Prozess auswirkt. Meiner Ansicht nach gibt es einen kausalen Prozess im Sinn des allgemeinen Gesetzes von Ursache und Wirkung, ferner eine Stufe, auf der die Intention eines empfindenden Wesens eine neue Kette von Kausalprozessen in Gang setzen kann. Diese Stufe zu bestimmen halte ich allerdings für außerordentlich schwierig, wenn nicht gar für unmöglich.

Was genau können wir uns also unter dem karmischen Kontinuum vorstellen? Nehmen wir ein Beispiel: Wenn wir ein Holzscheit verbrannt haben, ist das Holz zwar verschwunden, aber es besteht in Form von Energie weiter fort. Es ist nicht vollständig verschwunden. Der in diesem Beispiel aufgezeigte

Zusammenhang kommt dem Begriff des *Aufhörens (shik pa)* nahe, den sich die Prasangika-Madhyamaka-Schule zu eigen gemacht hat. Die Prasangika-Madhyamikas vertreten die Auffassung, dass ein Phänomen, obgleich es aufhört, als physische Realität zu existieren, als eine Art Energie oder Potenzial fortbesteht. Andere philosophische Schulrichtungen im Buddhismus halten dieses Aufhören für ein bloßes Geisteskonstrukt, für eine abstrakte Entität. Im Unterschied dazu betrachten es die Prasangika-Madhyamikas als eine Art Potenzial, dem die Möglichkeit innewohnt, künftig zu einer Ursache innerhalb dieses Kontinuums zu werden. Zwischen der naturwissenschaftlichen Vorstellung von der Energieerhaltung und diesem Begriff des Aufhörens besteht meines Erachtens eine gewisse Analogie.

Aufhören als eine Art Potenzial verweist auf jenen Punkt, an dem die physische Realität eines Objekts aufgehört hat zu existieren, nichtsdestoweniger jedoch ein Potenzial erhalten bleibt, das auf den weiteren Entwicklungsgang, welchen das Kontinuum dieses Objekts nimmt, einen Einfluss ausüben kann. Dieser Vorgang lässt sich selbstverständlich nicht mit dem *Aufhören* der Geistestrübungen beim Erreichen von Nirvana vergleichen. In beiden Fällen hört zwar etwas auf, ist etwas zu Ende gegangen, doch bleibt im Zustand von Nirvana das Potenzial nicht länger erhalten, sodass keine neuen Geistestrübungen mehr auftreten können.

Von den zwölf Gliedern des bedingten, oder abhängigen, Entstehens ist das zweite, *Willensimpulse*, Ausdruck von Karma; und auch das zehnte, *Werden*, gehört zur Kategorie der karmisch sich auswirkenden Glieder. Das heißt allerdings nicht, dass das Karma des zweiten Gliedes plötzlich wieder zutage getreten ist. Vielmehr hat das durch die karmische Handlung angelegte Potenzial einen Punkt erreicht, an dem es vollständig aktiviert ist und bereitsteht, das karmische Resultat zum Vorschein kommen zu lassen. Hier beziehen wir uns also auf ein Potenzial, das aufgrund der Ausführung einer karmisch bedeutsamen Handlung erhalten geblieben ist.

MEDITATION

Schenken Sie für diese Meditation dem Mitgefühl Ihre ganze Aufmerksamkeit. Einfach nur den Wunsch zu entwickeln, dass alle empfindenden Wesen von Leid frei sein mögen, genügt nicht. Da die empfindenden Wesen aus eigener Kraft nicht imstande sind, vollständig über ihre leidvollen Erfahrungen hinauszugelangen, sollten Sie Ihrerseits von ganzem Herzen die Verantwortung dafür übernehmen und sich verpflichten, dass Sie alle empfindenden Wesen bei der Überwindung des Leids unterstützen werden. Diese Meditation ist eine ausgezeichnete Vorbereitung und Hilfestellung auf dem Weg zur Entwicklung von Bodhichitta, dem altruistischen Streben nach Buddhaschaft zum Wohl aller Wesen.

11 Entscheidende Argumente
zur Widerlegung
von Eigenexistenz

REFLEXIONEN ZUR WEISHEITSPRAXIS

Im nächsten Abschnitt, den Strophen 116–150, legt Shantideva verschiedene Beweisführungen zur Widerlegung von Eigenexistenz vor: die Diamantsplitter-Argumentation; das Argument von Gleichheit und Verschiedenheit; die auf das wechselseitig bedingte Entstehen bezogene Argumentation; ferner jene Beweisführung, die sich auf Existenz und Nichtexistenz bezieht.

Die Diamantsplitter-Argumentation widerlegt eine unabhängige Existenz der Phänomene, indem sie der Frage nach der kausalen Verursachung mittels einer vierfachen Analyse auf den Grund geht. Das Argument von Gleichheit und Verschiedenheit negiert die Eigenexistenz der Phänomene, indem es deren essenzielle Natur untersucht. Diese Beweisführung lässt sich in verschiedenen Formen weiter entfalten, zum Beispiel in Form der fünffachen Argumentation oder der siebenfachen Argumentation. Die Beweisführung anhand von Existenz und Nichtexistenz analysiert die Auswirkungen der Dinge und Geschehnisse und untersucht, ob diese Auswirkungen existent oder nicht existent sind. In einer weiteren Form dieser Argumentation wird eine Analyse in Hinblick auf Ursache und Wirkung vorgenommen. Dabei wird die Frage aufgeworfen, ob eine einzige Ursache viele Wirkungen hervorrufen kann beziehungsweise ob zahlreiche Ursachen eine einzige Wirkung herbeiführen können. Und schließlich gibt es die auf dem bedingten, oder abhängigen, Entstehen beruhende Beweisführung – der wahre Königsweg unter sämtlichen Argumentationen.

Die Diamantsplitter-Argumentation

Als Erstes kommen wir auf die Beweisführung anhand der Diamantsplitter-Argumentation zu sprechen. Der konventionelle Geist, so legt der Text hier dar, nimmt alle möglichen Ursachen durch direkte Erfahrung wahr. So gehen etwa die verschiedenen Teile eines Lotos, sein Stiel beispielsweise, auf unterschiedliche Ursachen zurück.

> (116) Bisweilen werden wir durch die direkte
> Wahrnehmung der Welt gewahr,
> dass alle Dinge ihre Ursachen haben.
> So entstehen etwa die verschiedenen Teile der
> Lotosblume
> aus verschiedenartigen Ursachen.

> (117) »Wodurch aber«, fragst du, »kommt solch eine
> Vielfalt von Ursachen zustande?«
> Durch viele verschiedene ihnen vorangehende
> Ursachen, sagen wir.
> »Und wie«, fragst du, »rühren bestimmte
> Resultate von bestimmten Ursachen her?«
> Sie entstehen, antworten wir, kraft der ihnen
> vorangehenden Ursachen.

Worauf beruht, ganz allgemein ausgedrückt, die Unterscheidung zwischen existent und nicht existent? – Darauf, ob etwas durch verlässliche Erkenntnis erwiesen ist. In der Kategorie der existierenden Dinge entstehen manche Dinge gelegentlich, während andere jederzeit vorhanden sind. Entsteht etwas bloß gelegentlich, dann deutet diese Tatsache darauf hin, dass es aufgrund einer Ursache oder Bedingung zustande gekommen sein muss. Hingegen müssen, so scheint es, bei einem stets gegenwärtigen Phänomen solche Voraussetzungen nicht vorliegen. Demnach können wir im Grunde zwei Arten von Phänomenen beobachten: diejenigen, die von Ursachen und Bedingungen abhängen, und diejenigen, auf die das nicht zutrifft. Darüber hinaus sind die gelegentlich auftretenden Phänomene ihrer Natur nach unbeständig, während die stets vorhandenen Phänomene beständig genannt werden.

Die Phänomene der äußeren Welt wie auch die empfindenden Wesen als Bewohner dieser Umwelt entstehen ausnahmslos in Abhängigkeit von Ursachen und Bedingungen. Grundlos, ohne Ursache, kommen sie nicht zustande. Worin aber bestehen ihre Ursachen? Die Mannigfaltigkeit der Wirkungen muss ihren Ursachen entsprechen. Mit anderen Worten: Vielfältige Wirkungen müssen vielfältige Ursachen haben. Was führt zu dieser Mannigfaltigkeit von Ursachen? Shantideva gibt die Antwort der Madhyamikas wieder, der zufolge sie durch eine Reihe vorangehender Ursachen herbeigeführt werden. Anders ausgedrückt: Eine Vielzahl von Ursachen kommt durch eine Vielzahl vorangehender Ursachen zustande. Weiter heißt es im Text: »Und wie ... rühren bestimmte Ergebnisse von bestimmten Ursachen her?« Soll heißen: Was versetzt Ursachen in die Lage, bestimmte Arten von Wirkungen hervorzubringen? Erneut lautet die Antwort: Die ihnen vorausgehenden Ursachen versetzen sie dazu in die Lage.

Im ersten Teil der Diamantsplitter-Argumentation hat Shantideva die Vorstellung entkräftet, der zufolge Dinge und Geschehnisse grundlos, ohne eine Ursache, entstehen können. Als Nächstes widerlegt er die Vorstellung, Dinge und Geschehnisse könnten aus einer immer währenden Ursache hervorgehen. Den Kandidaten für eine uranfängliche Ursache, für einen ewigen Urgrund des Universums – einem Urprinzip zum Beispiel oder Ishvara, dem Inbegriff eines Schöpfergottes –, wird in den folgenden Zeilen eine Absage erteilt.

> (118) Falls Ishvara die Ursache der Wesen sein soll,
> musst du uns nun erklären, wer er ist.
> Meinst du mit Ishvara lediglich die Elemente,
> dann können wir uns erschöpfende Diskussionen über bloße Namen sparen.

Falls jemand Ishvara für die Ursache der Wesen halte, so argumentiert Shantideva, müsse der Verfechter dieser Auffassung nun erklären, was unter Ishvara zu verstehen sei. Falls allerdings mit *Ishvara* lediglich auf die Elemente verwiesen werde, stimme dies ja im Grunde mit der Auffassung der Madhyamikas überein. Auch wir Madhyamikas, erklärt Shantideva, erkennen die Elemente als Ursachen und Bedingungen für die Dinge und Geschehnisse an. Wozu soll es dann aber gut sein, das Ganze mit einem exotischen Namen wie Ishvara zu versehen?

Ist Ishvara mit den Elementen gleichzusetzen, dann wird Ishvara, da es ja eine Vielzahl von Elementen gibt, ebenfalls zu etwas Vielfältigem. Das heißt, er wird zu etwas Unbeständigem und Passivem. Er wird, mit anderen Worten, zu etwas Ungöttlichem.

(119) Erde und die anderen Elemente sind außerdem
       vielfältig,
       unbeständig, passiv, ohne Göttlichkeit.
       Da man mit Füßen auf sie treten kann, sind sie
       nicht rein
       und können somit kein Allmächtiger sein.

(120) Der Allmächtige kann nicht der Raum sein,
       da er nichts Passives ist,
       und er ist, wie bereits bewiesen wurde, auch
       nicht das Selbst.
       Mit Vorstellungen sei der Gott nicht zu fassen,
       wird gesagt, desgleichen sein Schöpfertum.
       Ergibt solch eine Behauptung überhaupt
       irgendeinen Sinn?

(121) Was wünscht er denn zu schaffen?
       Das Selbst und all die Elemente?
       Sind indes das Selbst, die Elemente und der
       Allmächtige nicht ihrerseits ewig?
       Und Bewusstsein entsteht, wie wir gesehen
       haben, beim Wahrnehmen eines Objekts.

Und außerdem könnte man, wenn Ishvara ein Element wäre, den Fuß auf ihn setzen. Das würde bedeuten, dass Ishvara unrein ist. Wie könnte er somit Gott sein? Ebenso wenig lässt sich geltend machen, Ishvara sei Raum, weil er dann passiv und leblos wäre. Auch kann man nicht sagen, er sei das Selbst: Dessen Existenz wurde ja bereits an anderer Stelle widerlegt.

Würden wir uns hingegen auf den Standpunkt stellen, Ishvara sei eine mit Vorstellungen nicht zu fassende Entität, dann ließe sich rein gar nichts über ihn aussagen. Welchen

Sinn, fragt Shantideva daraufhin, macht es also, derartige Behauptungen aufzustellen.

Überdies: Was beabsichtigt solch ein Schöpfer? Hat er das Selbst und sämtliche Elemente hervorgebracht? Handelt es sich beim Selbst und den Elementen nicht um Ishvara selbst? Auch wissen wir, so Shantidevas Hinweis, dass zum Beispiel Bewusstsein beim Wahrnehmen eines Objekts, nicht jedoch aus Ishvara entsteht.

Nun legt Shantideva die Madhyamaka-Position dar, der zufolge Freude und Leid auf karmisch sich auswirkende Handlungen der Vergangenheit zurückgehen. Darum fragt er den Kontrahenten, was denn eigentlich genau von Ishvara geschaffen werde.

> (122) Seit anfangloser Zeit entstehen Freud und Leid
> aus Handlungen (Karma).
> Darum sag uns: Was soll daran irgendjemandes
> Schöpfung sein?
> Und falls die Ursache [der Schöpfung bzw.
> Schöpfungsakt] keinen Anfang hat,
> wie kann dann die Wirkung [die Schöpfung]
> einen Anfang haben?

> (123) Warum setzt Ishvara nicht unablässig die
> Schöpfung fort,
> wenn er doch von nichts anderem abhängt?
> Und wenn es außer dem von ihm Geschaffenen
> nichts gibt,
> wovon sollte er dann abhängig sein?

Da Ishvara den Vertretern dieser Vorstellung zufolge ein immer währender Schöpfer ist, kann er keinen Anfang haben.

Demzufolge hat auch die Ursache keinen Anfang. Falls jedoch die Ursache keinen Anfang hat, so fragt Shantideva, wie können dann die Wirkungen einen Anfang haben? Außerdem, wenn die Ursache ewig ist, wie können wir dann sagen, sie bringe etwas hervor? Von einer kausalen Hervorbringung können wir in solch einem Fall nicht sprechen. Denn damit aus einer Ursache eine Wirkung hervorgehen kann, muss für die Existenz der Ursache eine Voraussetzung vorliegen. Da aber Ishvara alles geschaffen hat, wie kann dann Ishvara – die Ursache – auf Voraussetzungen beruhen?

Wäre Ishvara, der Schöpfer, hingegen von Voraussetzungen abhängig, dann würden die Wirkungen – die Dinge und Geschehnisse – aus einer Verbindung von Ishvara und von Ishvaras Voraussetzungen entstehen. Das würde die These zunichte machen, der zufolge alle Dinge und Geschehnisse einzig durch Ishvara als alleinige Ursache hervorgebracht werden.

REFLEXIONEN ZUR WEISHEITSPRAXIS

Zwei Arten von Verursachung

Nun möchte ich auf den Zusammenhang zwischen karmischer und natürlicher Verursachung etwas näher eingehen. Wie Shantideva dargelegt hat, verhält es sich in Wahrheit so, dass Bewusstsein, oder Wahrnehmung, in Abhängigkeit von einem Objekt entsteht, indem der Geist die Erscheinungsform des betreffenden Objekts annimmt. Bewusstsein und Wahrnehmung entstehen demzufolge in Abhängigkeit von Objekten. Bewusstsein hat, soweit es seine grundlegende Natur von Lichthaftigkeit und Gewahrsein anbelangt, keinen Anfang: Jeder Bewusstseinsmoment ist ein Ergebnis, oder Produkt, des ihm vorausgehenden Moments, und dieses Kontinuum ist anfanglos. Empfindungen und Erfahrungen wie Freude und Leid sind das Produkt von Karma, von Handlung.

Während Erfahrungen von Leid und Freude infolge von Karma zustande kommen, entstehen alle materiellen Phänomene aufgrund der ihnen vorausgehenden materiellen Ursachen. Wie bereits kurz angesprochen, haben wir es offenbar mit zwei nebeneinander ablaufenden Kausalprozessen zu tun: Einerseits gibt es das – von Karma unabhängige – Naturgesetz von Ursache und Wirkung; und sobald sich bei den empfindenden Wesen Erfahrungen von Freude und Leid einstellen, spielt andererseits auch Karma eine Rolle. An jenem Punkt scheint eine zweite Ebene von Naturgesetzlichkeit in Kraft zu treten, die Ebene des karmischen Naturgesetzes von Ursache und Wirkung.

Gemäß der Überlieferung des höheren Abhidharma wird Karma als ein geistiges Geschehen definiert. Nach Auffassung der Prasangika-Madhyamikas gibt es allerdings auch physisches, körperliches Karma. Ganz allgemein muss Karma im Sinn von Handeln verstanden werden. Fast alles, was wir in unserem Alltag erleben, geschieht infolge von Handlungen. Ohne Handeln findet kein Leben statt. Wir handeln aufgrund unseres natürlichen Strebens, glücklich zu sein und Leid zu überwinden.

Bei jeglicher Handlung kommt der Motivation eine ganz entscheidende Bedeutung zu. Und ziehen wir den Faktor Motivation mit in Betracht, dann fällt die Antwort auf die Frage nach der Natur einer Handlung – ob beziehungsweise in welchem Maß sie positiv, negativ oder neutral ist – ziemlich komplex aus. Ein von einer aufwühlenden Emotion motivierter Geisteszustand führt zu impulsiven, vielfach negativen Handlungen körperlicher oder verbaler Art, und diese Handlungen bringen entsprechende Konsequenzen hervor. Dies lässt sich anhand unserer Alltagserfahrung, wo wir es leicht beobachten können, gut nachvollziehen. Und unsere menschliche Existenzform, so heißt es, verdanken wir positivem Karma – heilsamen Handlungen, die wir in der Vergangenheit angesammelt haben.

Soweit es die materiellen Kontinuen unserer menschlichen »Anhäufungen« oder *skandhas* anbelangt, insbesondere die physischen Anhäufungen, können wir deren Anfang noch bis zum Ausgangspunkt des gegenwärtigen Universums zurückverfolgen. Sogar an dem Punkt, *bevor* sich unser jetziges Universum zu entwickeln begann, müssten sie bereits vorhanden gewesen sein. Von ihrem Kontinuum her betrachtet, sind die Anhäufungen also anfanglos. Was die Kausalbeziehung zwischen den verschiedenen Stufen eines unbelebten materiellen Kontinuums angeht, spielt Karma meines Erachtens keine Rolle. In der Tatsache, dass aufgrund eines gewöhnlichen Kausalprozesses aus einem vorangehenden Moment ein nachfolgender Moment hervorgeht, bekundet sich lediglich ein Naturgesetz. Zahlreiche Umwandlungen materieller Substanzen gehen infolge von elementaren Veränderungen auf der materiellen Ebene vonstatten.

Sprechen wir hingegen von einem Element, das Bestandteil eines belebten Körpers ist, so besteht meiner Ansicht nach ein karmischer Zusammenhang. Soweit es um die Entwicklung oder Entstehung eines Elementes selbst geht, glaube ich nicht an das Vorhandensein eines karmischen Zusammenhangs. Sobald ein Element jedoch imstande ist, über das Potenzial verfügt, auf die Erfahrung eines einzelnen empfindenden Wesens Einfluss zu nehmen, spielt meines Erachtens Karma eine Rolle.

Bevor sich das gegenwärtige Weltsystem entwickelt hat, existierten der buddhistischen Kosmologie zufolge *Raumteilchen*, aus denen durch Wechselwirkungen schließlich gröbere Formen von physischer Materie entstanden – subatomare Teilchen, Atome und Moleküle beispielsweise. In den Texten des Vajrayana ist von äußeren wie von inneren Elementen die Rede. Die inneren Elemente werden letztlich auf höchst subtile Elemente zurückgeführt und als *energetische Winde (Pranas)* bezeichnet, die durch feinstoffliche physische Kanäle strömen. Unter Umständen könnte auf dieser Ebene die Grundlage für den Zusammenhang zwischen lebloser Materie und Karma zu finden sein.

Falls die Verbindung zwischen den äußeren und den inneren Elementen tatsächlich durch Karma zustande kommt, lässt sich vielleicht auf dieser Basis erklären, wie passiven materiellen Substanzen später genügend Leben innewohnen kann, dass sie als Grundlage für Bewusstsein und Empfindungen dienen. Indem wir diese Vorstellung von den subtilen Energiewinden zu verstehen lernen, können wir, so meine ich, möglicherweise ein Bindeglied zwischen Karma und der materiellen Welt ausfindig machen. Aber dies ist natürlich nur meine persönliche Spekulation, keineswegs jedoch eine abschließende Beantwortung dieser Frage.

ERLÄUTERUNGEN ZUM TEXT

Die Fortsetzung der Diamantsplitter-Argumentation

Wenn der Daseinsgrund der Dinge und Geschehnisse in der Ansammlung von Ursachen und Bedingungen besteht, so erklärt Shantideva als Nächstes, ist die Vorstellung, Ishvara sei der Daseinsgrund, nicht mehr schlüssig. Sobald nämlich die erforderlichen Ursachen und Bedingungen da sind und zusammentreffen, vermag keine andere Macht das tatsächliche Eintreten der entsprechenden Resultate zu verhindern. Auch

Ishvara wäre dann, um etwas hervorbringen zu können, auf diese Ansammlung von Ursachen und Bedingungen angewiesen.

> (124) Falls Ishvara von etwas abhängt, dann ist die Ansammlung
> der vorhergehenden Umstände die Ursache von allem – und nicht er.
> Solange diese Ansammlung besteht, kann er nicht anders als erschaffen,
> und wenn sie nicht mehr besteht, ist er außerstande, zu erschaffen.

> (125) Falls der Allmächtige handelt, ohne dies zu wünschen,
> so unterliegt er dem Einfluss von etwas anderem.
> Und wenn er aus eigenem Wunsch handelt,
> wird er von seinem Verlangen bestimmt.
> Wie verhält es sich dann mit der Allmacht dieses Schöpfers?

Außerdem, wenn Ishvara handelt, ohne den entsprechenden Wunsch zu haben – mit anderen Worten, wenn er dies notgedrungen tut –, so folgt daraus, dass er von etwas anderem beherrscht wird. Und selbst wenn Ishvara handeln würde, weil er den Wunsch hätte, dies zu tun, wäre er von Verlangen bestimmt. Was bleibt in solch einem Fall noch von der Vorstellung eines allmächtigen Schöpfers, einer einzigen einheitlichen Ursache?

Nach Auffassung der Vaisheshikas sind dauerhafte, unteilbare Atome die Grundlage – die »Schöpfer« – des physischen Universums. Daher richtet Shantideva sein Augenmerk kurz auf diese Vorstellung und weist darauf hin, solch eine Sicht der Dinge sei bereits an anderer Stelle widerlegt worden.

(126) Die Anschauung, Atome seien von dauerhafter
Existenz,
ist bereits widerlegt worden.
Die Samkhyas hingegen halten ein Urprinzip
für die immer während Ursache der Welt.

(127) Bleiben »Aktivität« (Freude), »Trägheit«
(Leid) und »Reinheit« (Ausgeglichenheit)
in einem ausgewogenen Zustand,
so werden sie als Urprinzip bezeichnet.
Befinden sie sich nicht im Gleichgewicht,
entsteht die Welt.

(128) Eine Einheit, die von dreifacher Natur sein soll,
ergibt keinen Sinn.
Daher kann es eine derartige Einheit nicht
geben.
Und genauso wenig existieren diese Eigenschaften,
denn ihnen müsste ebenfalls eine dreifache
Natur zugeschrieben werden.

(129) Wenn es diese Eigenschaften nicht gibt,
ist es weit hergeholt, die Existenz von Klang
und ähnlichen Phänomenen anzunehmen.
Auch können Stoff und andere Objekte, die kein
Bewusstsein haben,
nicht der Sitz von Empfindungen wie etwa der
Freude sein.

Nun wendet Shantideva sich den Auffassungen der Samkhya-Schule zu, insbesondere ihrer Vorstellung von einem *Urprinzip* als dem schöpferischen Urgrund des gesamten Universums. Die Samkhyas erklären das *Urprinzip*, das sie als den Gleichgewichtszustand dreier Kräfte – Reinheit, Aktivität und Trägheit – definieren, zum Urgrund, zur Grundlage, des gesamten physischen Universums. Shantideva macht die Unhaltbarkeit dieser Vorstellung deutlich, indem er darlegt, dass wir das Urprinzip, falls es eine einzige einheitliche Entität wäre, gar nicht als einen Gleichgewichtszustand dreier Eigenschaften definieren könnten. Schon durch die von den Samkhyas selbst vertretenen Lehren, denen zufolge diese drei Qualitäten jeweils drei weitere Qualitäten in sich vereinen, werde dies ausgeschlossen. Aus logischen Gründen erweist sich daher, argumentiert Shantideva, letzten Endes ein Begriff von einer einzigen einheitlichen Entität als unhaltbar.

Außerdem werden Freude (Aktivität), Leid (Trägheit) und Ausgeglichenheit (Reinheit) aus Sicht der Samkhyas letztlich zu etwas Dauerhaftem. Wie aber können sie, da es sich doch um Gefühlszustände handelt, dauerhaft sein? Wie kann sich etwas Dauerhaftes in Form von Gefühlszuständen beschreiben lassen, die erkennbar von flüchtiger Natur sind?

In den nächsten beiden Strophen spricht Shantideva jene Samkhya-Auffassung an, der zufolge alle Phänomene auf der Stufe ihrer Ursachen existieren.

> (130) »Diesen Dingen«, so sagt ihr, »kommt die
> Natur ihrer Ursache zu.«
> Aber haben wir nicht »Dinge« bereits
> untersucht?
> Für euch sind Freude und dergleichen die
> Ursache.

Doch noch nie sind daraus Stoff und andere
Dinge entstanden.

(131) Eher schon vermag ein Stoff Freude und
dergleichen hervorzurufen.
Da dieser jedoch nicht wirklich existiert, gilt
das ebenso für Eigenschaften wie Freude.
Und was die Dauerhaftigkeit von Freude und so
weiter angeht
– nun, Derartiges vermochte noch nie jemand
zu beobachten.

Shantideva weist die Behauptung der Samkhyas zurück und
erklärt, sie stehe in Widerspruch zu unserer direkten Wahrnehmung, aus der hervorgeht, dass Ursache und Wirkung
nacheinander zustande kommen. Die Stufe der Verursachung
liegt vor, solange die Wirkung noch nicht zum Tragen kommt;
und sobald die Stufe der Wirkung erreicht wird, ist die Ursache schon nicht mehr existent. Die Samkhya-Auffassung von
einem Urprinzip erweist sich daher, so Shantidevas Schlussfolgerung, als unvereinbar mit dem Kausalitätsbegriff, der die
Aufeinanderfolge von Ursache und Wirkung beinhaltet.

In den nächsten Strophen stellt Shantideva die wahre Existenz von Freude, Leid und sonstigen Empfindungen in Abrede.

(132) Falls Freude und dergleichen wirklich
existieren,
warum werden sie dann nicht ständig
wahrgenommen?
Und falls ihr erklärt, dass sie eine feinere Form
erhalten
– wie kann etwas grob und fein sein?

(133) Wenn sich Grobes zu Feinem wandelt,
verweist solch ein Übergang auf Unbeständig-
keit.
Warum akzeptiert ihr dann nicht, dass in
gleicher Weise
alle Dinge einen unbeständigen Charakter
haben?

(134) Wenn ihr sagt, der grobe Aspekt sei nichts
anderes als Freude,
dann ist Freude offenkundig von unbeständiger
Natur.
Aber auch etwas, das in keiner Weise wirklich
existiert,
weil ihm kein Dasein zukommt,
kann nichts entstehen.

(135) Ihr sagt zwar nicht ausdrücklich, dass
aus offenkundig Nichtexistentem
etwas Existierendes entstehen könne – doch
darauf läuft es hinaus.
Wäre das Resultat in der Ursache vorhanden,
käme die Nahrungsaufnahme dem Verzehr von
Kot gleich.

(136) Und statt Geld für Baumwollstoff auszugeben,
sollte man dann, um sich zu kleiden, lieber
Baumwollsamen kaufen.
»Aber die Welt«, so sagt ihr, »ist unwissend und
blind.«
Doch von weisen Menschen wird dies gelehrt.

(137) Dann muss es solch ein Wissen auch bei
       weltlichen Menschen geben.
       Bloß warum fehlt es ihnen an der Einsicht?
       »Die Sicht der weltlichen Menschen ist falsch«,
       so sagt ihr.
       Darum hat auch das, was sie klar zu sehen
       glauben, keine Gültigkeit.

Im folgenden Vierzeiler formuliert Shantideva vom Standpunkt der Samkhyas aus einen möglichen Einwand gegen die
Madhyamikas.

(138) Wenn aber ihre Wahrnehmung nicht gültig
       sein soll,
       ist dann nicht notwendigerweise jedes auf ihr
       beruhende Verständnis ungültig?
       Wäre es dann nicht unsinnig,
       über Leerheit zu meditieren?

Die Samkhyas könnten behaupten, die Madhyamika-Posi-
tion lasse offenbar unterschiedliche Arten von gültiger Erkenntnis zu, so zum Beispiel direkte Wahrnehmung und auf
Schlussfolgerungen beruhende Erkenntnis. Wie es scheint,
behaupten die Madhyamikas darüber hinaus, solcherlei Erkenntnisse seien in gewissem Sinn irreführend und daher
nicht letztgültig. Wenn dies zutrifft, erklären die Samkhyas,
wie kann man dann durch diese in Irrtum befangenen Erkenntnisse zu einer Gewissheit über Alltagsobjekte gelangen,
von denen gesagt wird, dass sie existieren? Würden durch
solch eine Erkenntnis die Objekte nicht unweigerlich in gleicher Weise verfälscht und unwirklich werden? Und wenn das
zutrifft, argumentieren die Samkhyas, bedeutet das dann nicht,

dass auch Leerheit unwirklich und die Leerheitsmeditation nutzlos wird?

Auf fehlerhafter Erkenntnis beruhende Objekte, räumt der Madhyamika in seiner Antwort ein, müssen gleichfalls unwirklich und falsch sein.

> (139) Der die den Dingen zugeschriebene
> Wirklichkeit nicht begreift,
> wird auch ihre Nicht-Wirklichkeit nicht
> erfassen.
> Aber um welche trügerische Wirklichkeit es
> sich auch immer handelt,
> ihre Nicht-Wirklichkeit ist natürlich ebenso
> trügerisch.

Die Prasangika-Madhyamikas vertreten die Auffassung, dass der gültigen Erkenntnis von Leerheit – und damit letzten Endes natürlich auch der Leerheit selbst – keine absolute Existenz zukommt. Dementsprechend erwidern die Prasangika-Madhyamikas: »Damit sind wir einverstanden. So wie die Erkenntnis, die zu einer Aussage über Leerheit führt, trügerisch ist, ebenso verfügt auch Leerheit selbst letztendlich über keine Existenz.«

Mit Blick auf diese Strophe stellt Minyak Künsö fest, dass es unabhängig von einem Objekt, also ohne einen Objektbezug, keine Leerheit gibt: Die Leerheit einer Vase ist notwendigerweise auf die Vase bezogen. Eine unabhängig von der Vase bestehende, getrennt von der Vase existierende Leerheit kann es nicht geben. Bei der Kontemplation über die Lehre von der Leerheit beziehen wir uns also auf eine existierende Gegebenheit – einen Gegenstand oder ein Geschehnis –, um dann mit Hilfe der Überlegungen zum bedingten Entstehen ihre Leerheit zu erweisen. Da die Dinge und Geschehnisse nur in Abhängigkeit von anderen Faktoren existieren, sind sie leer von einem Selbst, leer von unabhängiger Existenz. Weil das Objekt unwirklich und irreführend ist, mithin nicht wirklich existiert, wird jene Leerheit, in der die eigentliche Qualität des betreffenden Objekts – seine Natur – besteht, letztendlich ebenfalls unwirklich und ohne wahre Existenz sein.

In der nächsten Strophe bedient sich Shantideva eines Vergleichs, um diesen Gesichtspunkt besser zu veranschaulichen.

> (140) Wenn zum Beispiel in einem Traum ein Kind
> gestorben ist,
> wird der Gedanke, dass es nicht mehr existiert,
> den Gedanken, dass es gelebt hat, überdecken.
> Und dennoch sind beide Gedanken gleicher-
> maßen trügerisch.

Hier besteht folgende Entsprechung. Falls Sie träumen, dass Ihr Kind stirbt, wird Ihnen im Traum der Gedanke kommen: »Nun lebt mein Kind nicht mehr«, und infolgedessen werden Sie Schmerz und Trauer empfinden. Der Gedanke, dass Ihr Kind nicht existiert, verhindert das Aufkommen des Gedankens an seine Existenz. Letztendlich ist dieser jedoch ebenfalls unzutreffend.

Sämtliche Dinge und Geschehnisse können aus der konventionellen wie aus der absoluten Perspektive betrachtet werden. Deshalb sprechen wir von einer zweifachen Natur beziehungsweise von zwei Wahrheiten. Untersuchen wir ein Objekt, zum Beispiel eine Vase, um die Frage zu klären, ob ihm eine immanente Existenz, eine Eigenexistenz, zukommt oder nicht, stoßen wir auf seine Leerheit. Wenn wir anschließend diese Leerheit zum Gegenstand der Untersuchung machen und nun prüfen, ob Leerheit über eine unabhängige Existenz verfügt, finden wir heraus, dass auch Leerheit leer ist. Wenn man Leerheit in Hinblick auf die letztendliche Natur ihrer Existenz untersucht, kommt ihr also, wie sich hier zeigt, der gleiche Status zu wie allen anderen Objekten: Ebenso wenig wie andere Objekte verfügt Leerheit über ein eigenständiges Dasein.

Normalerweise wird Leerheit als letztendliche Wahrheit aufgefasst. Machen wir allerdings Leerheit ihrerseits zum Gegenstand einer aus der letztendlichen Perspektive vorgenommenen Betrachtung, so wird sie zu einer konventionellen Wahrheit. Leerheit hat nun gewissermaßen »die Seite gewechselt«, »ihren Standort«, und wir erkennen, dass auch sie über keine Eigenexistenz verfügt und insofern, innerhalb dieses relativen Bezugsrahmens, eine konventionelle Wahrheit ist.

Shantideva bringt nun die Diamantsplitter-Argumentation zum Abschluss.

> (141) Wie wir aufgrund solch einer Untersuchung erkennen,
> gibt es nichts, das ohne Ursache existiert;
> und in seinen Ursachen, ob man nun jede Ursache einzeln
> oder sie alle in ihrer Gesamtheit nimmt,
> ist nichts existent.

> (142ab) Nichts kommt von irgendwo her,
> noch verweilt es irgendwo oder geht irgendwo hin.

Mit Blick auf alle Dinge und Geschehnisse heißt es an dieser Stelle bei Minyak Künsö: »Ihre letztendliche Natur reicht über Vorstellungen von Äternalismus und Nihilismus hinaus.«

Die auf das bedingte Entstehen sich stützende Hauptargumentation

Nun folgt die Argumentation, die sich auf das bedingte, oder abhängige, Entstehen bezieht und als die *Königin unter allen Beweisführungen* zum Nachweis der Leerheit von immanenter Existenz bezeichnet wird. Warum hat sie den Beinamen *Königin* oder *Meisterin* aller Beweisführungen erhalten? – Weil jegliche Form einer logischen Argumentation zum Nachweis von Leerheit, direkt oder indirekt, vom Gedanken des bedingten Entstehen ausgehen muss. Wenn wir das bedingte Entstehen zum logischen Ausgangspunkt für den Nachweis der Leerheit aller Dinge und Geschehnisse machen, hat dies für uns einen einzigartigen Vorteil: Nicht nur vermeiden wir das Extrem des Absolutismus, sondern ebenso das Extrem des Nihilismus.

Jedwedes Ding oder Geschehnis, das in Abhängigkeit von seinen Bestandteilen, seinen Ursachen und Bedingungen beziehungsweise von einer begrifflichen Zuordnung, einer Bezeichnung, entsteht, so legt Shantideva in den folgenden Strophen dar, gleicht einem Trugbild, einer magischen Illusion: In gewisser Weise handelt es sich um eine Fälschung – oder Verfälschung –, um etwas künstlich Hervorgebrachtes. Wie das naturgetreue Abbild einer Form oder Gestalt in einem Spiegel, das zustande kommt, sobald man vor den Spiegel ein Objekt platziert, werden sämtliche Dinge und Geschehnisse in Abhängigkeit von zahlreichen Faktoren, durch das Zusammentreffen vielfältiger Bedingungen, hervorgebracht.

> (142cd) Was jemand aufgrund von Verwirrung für
> wirklich hält
> – wie kann es etwas anderes sein als eine
> Illusion?

(143) Bei all den Trugbildern, seien sie magische
Illusion
oder aufgrund von Ursachen entstanden,
sollten wir fragen: »Woher sind sie
gekommen?«
und untersuchen: »Wohin gehen sie?«

(144) Was aus dem Zusammentreffen von
Umständen entsteht,
in deren Abwesenheit hingegen nicht mehr
existiert,
gleicht einem künstlich hervorgebrachten
Spiegelbild.
Wie kann man ihm wahre Existenz zusprechen?

Zu einem Verständnis des bedingten, oder abhängigen, Entstehens kann man also auf verschiedenen Ebenen gelangen –
auf der Ebene der Abhängigkeit von Ursachen und Bedingungen, auf derjenigen der Abhängigkeit von Bestandteilen
und auf derjenigen der Abhängigkeit von einer Begriffszuordnung, mit anderen Worten, von Etiketten und Vorstellungen.

Der tibetische Begriff *tendschung*, ein zweisilbiges Kompo-
situm mit der Bedeutung *auf abhängige Art und Weise (ten)*
und *entstanden (dschung)*, verweist auf einen mittleren, von den
beiden Extremen des Äternalismus und des Nihilismus freien
Weg. Gemäß dem Verständnis, aus dem dieser Begriff hervorgegangen ist, entstehen ausnahmslos alle Dinge und Geschehnisse in Abhängigkeit von anderen Ursachen und Bedingungen.

Dieser Gedanke der *Abhängigkeit* negiert einen Absolutismus,
indem er deutlich macht, dass den Dingen und Geschehnissen

kein eigenständiger Status zukommt; und durch die fehlende Autonomie wird die Möglichkeit einer substanziellen Realität ausgeschlossen. *Entstehung* verweist demgegenüber auf Existenz und bestätigt die Realität der relativen Welt; und das bedeutet, dass für uns – selbst angesichts von Leerheit – solche Vorstellungen wie Ursache und Wirkung, Samsara und Nirvana, und so weiter, ihre Gültigkeit behalten können. Der Begriff *Entstehung in Abhängigkeit* oder *bedingtes Entstehen* als solcher bringt also bereits die Negation der beiden Extreme des Absolutismus und des Nihilismus zum Ausdruck.

Die Beweisführung in Hinblick auf Existenz und Nichtexistenz

Die nun folgende, auf das Entstehen und Vergehen von existierenden und nicht existierenden Dingen und Geschehnissen sich beziehende Beweisführung erfolgt hauptsächlich aus der Perspektive der Wirkung oder Verwirklichung.

> (145) Etwas wirklich Existierendes
> – wozu bedarf es einer Ursache?
> Und etwas in keiner Weise Entstehendes
> – wozu bedarf das einer Ursache?

> (146) Selbst durch hundert Millionen Ursachen
> lässt sich etwas Nicht-Existierendes nicht
> verändern.
> Und wie sollte aus etwas Nicht-Existierendem
> etwas entstehen?
> Was aber gäbe es sonst, das zu etwas
> Existierendem werden könnte?

(147) Wenn etwas *nicht* existiert, kann es unmöglich
zugleich existieren.
Und wann jemals sollte es als etwas Wirkliches
existieren können?
Denn da es nicht als etwas Existierendes entstanden ist,
lässt es sich von der Nicht-Existenz keinesfalls
trennen.

(148) Und ungetrennt vom Nicht-Existierenden
hat das Existierende keine Möglichkeit, sich zu
manifestieren.
So kann auch etwas Existierendes nicht zu etwas
Nicht-Existierendem werden,
sonst hätte es ja eine zweifache Natur.

(149) Da es ein wirkliches Aufhören der Dinge somit
nicht gibt,
und auch keine wirkliche Existenz,
sind all die Wesen von jeher
weder entstanden, noch vergehen sie.

Würden die Dinge unabhängig voneinander existieren, also
über eine eigenständige, immanente Existenz verfügen, wozu
bedürfte es dann noch einer Ursache? Existierten die Dinge an
sich – wahrhaft und autonom –, würde eine Ursache keinerlei
Rolle mehr spielen. Denn die Rolle der Ursachen besteht darin,
Wirkungen zustande zu bringen.

Vorgänge wie das Entstehen und Vergehen sind, zu dieser
Schlussfolgerung führt uns die solchermaßen vorgenommene
Negation eines wirklichen Entstehens und Vergehens, ledig-
lich unter dem Gesichtspunkt relativer Bedingtheit zu verste-

hen. Dieses Verständnis versetzt uns in die Lage zu erkennen, dass Samsara und Nirvana auf einer grundlegenden Ebene gleich sind. Denn hinsichtlich ihrer Leerheit von unabhängiger Existenz besteht zwischen Samsara und Nirvana keinerlei Unterschied.

Shantideva beschließt die Beweisführung mit den Worten:

> (150) Die Wesen im Daseinskreislauf sind von
> traumgleicher Natur
> und, bei gründlicher Betrachtung, wie eine
> Bananenstaude.
> Und zwischen den beiden Zuständen – jenseits
> von Leid und nicht jenseits von Leid –
> besteht in ihrer wahren Natur keinerlei
> Unterschied.

Das Streben nach der Verwirklichung von Weisheit, dem Gewahrsein von Leerheit

Zum Abschluss des Kapitels zum Thema »Weisheit« beschreibt Shantideva die Vorzüge der Besinnung auf Leerheit. Ein Verständnis von Leerheit wird erstens sicherstellen, dass wir uns nicht vollständig von weltlichen Belangen vereinnahmen lassen; ganz im Gegenteil verhilft es uns zu einer Unabhängigkeit von weltlichen Konventionen. Und indem wir den Geist in dieser Weisheit üben, wird zweitens unser Potenzial, Mitgefühl zu empfinden, größer werden. Darin bestehen, so Shantideva, die beiden entscheidenden Vorzüge der Leerheitsmeditation.

> (151) Bei Dingen, die leer sind von wahrer Existenz
> – was soll es da zu erlangen und zu verlieren
> geben?

Wer erweist Respekt,
und wer wird von wem verachtet?

(152) Freude und Leid, woher rühren sie,
was erfreut uns, und was erfreut nicht?
Bei der Suche nach der wahren Natur,
wer strebt da nach was?

(153) Wenn wir diese lebendige Welt untersuchen:
Wer stirbt hier?
Was entsteht, und was ist entstanden?
Was sind Verwandte und Freunde?

(154) Mögen Wesen wie ich vollständig erfassen,
dass alles von raumgleicher Natur ist![18]
Wer jedoch nach Angenehmem strebt,
verfällt aufgrund von Streit oder angesichts der
Ursachen von Freude

(155) in tiefe Besorgnis oder freudige Erregung.
Die Betreffenden leiden, mühen sich ab,
sie streiten, schlagen und verletzen einander.
Aufgrund ihrer Negativität fristen sie ein Leben
voller Schwierigkeiten.

(156) Hin und wieder gelangen sie in die
glücklicheren Daseinsbereiche
und geben sich vielen Freuden hin.
Doch sobald sie sterben, stürzen sie in die
leidvollen Bereiche
und erleben lange Zeit unerträgliche
Qualen.

(157) Zahlreich sind die Abgründe des Daseins,
in denen die wahre Daseinsnatur nicht zu
entdecken ist.
und das grundlegende Paradox nicht
durchschaut wird:
Seiendes ist in seiner wahren Natur nicht
wirklich existent.

(158) Da sind uferlose Ozeane
unerträglichen beispiellosen Leids,
wo man nur wenig Kraft hat,
das Leben unstet und kurz ist.

(159) Jegliche Aktivität dort dient dem Zweck,
zu überleben und Krankheit abzuwenden,
den Hunger zu stillen und sich von
Erschöpfung zu erholen,
Schlaf zu erlangen, sich vor Unfall und
Verletzung zu schützen;
und man pflegt sinnlosen Umgang mit Toren.

(160) Nutzlos verfliegt das Leben,
und die Dinge wirklich zu untersuchen fällt
äußerst schwer.
Wie können wir also je die Mittel finden,
uns von unserem gewohnheitsmäßigen
Abgelenktsein zu lösen?

(161) Zudem arbeiten negative Kräfte (Maras)[19]
angestrengt daran,
uns in jammervolle Daseinszustände
zu stürzen.

268

Zahlreich sind dort die Abwege,
und nur schwer überwindet man den Zweifel.

(162) Solch günstige Umstände wie in diesem Leben
wieder anzutreffen ist schwierig,
erleuchteten Lehrern zu begegnen noch
schwieriger,
und die Flut der negativen Emotionen ein-
zudämmen fällt schwer.
Ach, welch ein nicht enden wollender Strom des
Leids!

(163) Die von den Strömen des Leids mitgerissenen
Lebewesen,
wie sind sie doch zu bedauern.
Mag ihre Not auch noch so schrecklich sein,
sie erkennen nicht, wie sehr sie leiden!

(164) Manche gibt's, die immer wieder darin baden,
anschließend sich in die Gluten stürzen.
Sie leiden aufs äußerste,
harren dennoch aus und verkünden laut, wie
glücklich sie seien.

(165) Ebenso gibt es manche, die so leben und
handeln,
als gäbe es kein Altern und keinen Tod.
Doch schließlich ist das Leben vorüber, und
es kommt
zum unerträglichen Sturz in die niederen
Daseinsbereiche.

(166) Wann werde ich die unerträglich heiße
Feuersbrunst des Leids mit dem ergiebigen
Regen eigenen Glücks,
der sich in Strömen aus den Wolken meines
Verdienstes ergießt,
lindern und löschen können?

(167) Wann werde ich, frei von Vorstellungen,
doch voller Respekt,
genügend Verdienst angesammelt haben,
um die Einsicht in Leerheit denjenigen zeigen
zu können,
die sich aufgrund ihrer Anschauungen ins
Verderben stürzen.

Damit sind wir am Ende einer kurzen Erläuterung des neunten
Kapitels von Shantidevas *Bodhicharyavatara* angelangt.

MEDITATION

*Wir wollen nunmehr über das Wahrnehmen der illusionsgleichen
Natur meditieren, die, wie Shantideva zum Abschluss des neunten
Kapitels darlegt, allen empfindenden Wesen eigen ist. Dabei können
wir erkennen, dass es keinen Sinn macht, auf andere Wesen mit
heftigen, ständig wechselnden Emotionen, zum Beispiel Wut und
Eifersucht, zu reagieren. Doch obgleich die empfindenden Wesen
illusionsgleich sind, empfinden auch sie Freude und Leid. Besinnen
Sie sich auf die Leerheitsnatur, die uns selbst und andere kennzeichnet, und versuchen Sie, dem Einfluss der negativen Tendenzen –
der aufwühlenden und den Geist trübenden Emotionen wie Wut
und Verlangen – zu widerstehen. Bedenken Sie dann, dass alle emp-*

findenden Wesen über das Potenzial verfügen, von Leid frei zu sein, und entwickeln Sie, dieses Freiheitspotenzial vor Augen, starkes Mitgefühl für alle empfindenden Wesen. Lassen Sie uns nun versuchen, in einer etwa fünfminütigen Meditation solch ein Mitgefühl zu kultivieren.

12 Den Erleuchtungsgeist hervorbringen

Die Vorzüge eines liebevollen und fürsorglichen Umgangs mit anderen

Aus unserem fürsorglichen Interesse am Wohl der anderen empfindenden Wesen, erklärt Shantideva, resultieren alles Glück und jegliche Freude, während sämtliche Probleme, alle Tragik und alles Unheil von einer Einstellung herrühren, die nur für das eigene Wohlergehen Sorge trägt. Weshalb müssen wir eigentlich, so fragt er, auf diesen Punkt noch weiter zu sprechen kommen, wo wir doch selbst den Unterschied deutlich erkennen können: Einerseits wissen wir um die Qualitäten des Buddha – Inbegriff eines Wesens, dem das Wohl aller empfindenden Wesen am Herzen liegt –, und andererseits sehen wir, wie es uns selbst unter unseren gegenwärtigen Lebensumständen ergeht.

Leicht können wir uns selbst davon überzeugen, ob diese Aussage Shantidevas zutrifft. Dazu brauchen wir nur die Unzulänglichkeiten und Defizite von gewöhnlichen empfindenden Wesen, wie wir es sind, mit den erleuchteten Qualitäten und der Weisheit der Buddhas zu vergleichen. Dieser Vergleich versetzt uns in die Lage zu erkennen, welche Vorzüge und welches Verdienst mit dem Bestreben, uns das Wohl der anderen empfindenden Wesen angelegen sein zu lassen, ein-

273

hergehen beziehungsweise welche Mängel und Nachteile einer selbstverliebten und selbstsüchtigen Haltung eigen sind.

Da uns selbst und den anderen Wesen der nämliche Wunsch innewohnt, glücklich zu sein und das Leid zu überwinden, warum versuchen wir dann, fragt Shantideva, unser selbstsüchtiges Interesse auf Kosten der anderen durchzusetzen – bis hin zu dem Punkt, an dem wir überhaupt keinen Blick mehr haben für das, was die anderen wünschen? Aus meiner Sicht ist dies ein ganz entscheidender Hinweis. Denn ebenso wie wir hegen alle anderen Wesen den Wunsch, glücklich zu sein und nicht mehr zu leiden. Jeder von uns will sich allerdings mit der Freude und dem Glück, die ihm zuteil werden, nicht zufriedengeben. Auch diese Tendenz ist für alle empfindenden Wesen in gleicher Weise kennzeichnend. Genau wie ich als Individuum ein natürliches Recht habe, solch einem elementaren Bestreben zu entsprechen, gilt dies auch für alle anderen empfindenden Wesen. Diese fundamentale Gleichheit sollten wir unbedingt anerkennen.

Doch welcher Unterschied besteht dann zwischen uns und anderen? – Wie wichtig und wertvoll der Einzelne auch sein mag, stets geht es hier lediglich um das Wohlergehen einer einzigen Person. Wenn wir demgegenüber vom Wohl der anderen empfindenden Wesen sprechen, verweist das Wort *andere* auf außerordentlich viele, auf unzählige Wesen. Das bedeutet aber: Selbst wenn es sich um ein Leid handeln sollte, dessen Ausmaß eher geringfügig erscheinen mag, sprechen wir im Fall dieser *anderen* letztlich über das Leid einer unermesslich großen Zahl von Wesen. Daher fällt, von einem quantitativen oder numerischen Standpunkt aus betrachtet, das Wohl der anderen empfindenden Wesen weit stärker ins Gewicht als das eigene Wohl. Das Glück der anderen liegt jedoch auch in unserem eigenen Interesse. Denn sind andere glücklich und zufrieden, können wir ebenfalls glücklich sein. Befinden sich die anderen indes auf Dauer in einem leidvollen Zustand, dann werden auch wir unter diesem Geschick zu leiden haben. Das Interesse der anderen ist in Wirklichkeit ganz eng mit unseren eigenen, selbstbezogenen Interessen verflochten. Auf der Grundlage unserer persönlichen Erfahrung können wir darüber hinaus erkennen, dass unsere emotionalen beziehungsweise psychischen Probleme nur umso größer werden, je mehr wir an einer stark ausgeprägten Vorstellung von einem Selbst festhalten und um unsere selbstsüchtigen Eigeninteressen besorgt sind.

Das eigene Interesse zu verfolgen ist durchaus etwas sehr Wichtiges, gar keine Frage. Allerdings benötigen wir diesbezüglich eine realistischere Einstellung. Es kommt, mit anderen Worten, darauf an, die eigenen Interessen nicht ganz so wichtig zu nehmen, sondern mehr Zeit mit Gedanken an das Wohl der anderen empfindenden Wesen zu verbringen. Ein eher altruistisch ausgerichtetes Handeln, also eine größere Rücksichtnahme auf die Empfindungen und das Wohl der anderen Wesen, erweist sich in der Tat als eine erheblich gesündere Möglichkeit, den eigenen Interessen gerecht zu werden.

Wenn wir ein stärker von altruistischen Motiven geleitetes Verhalten an den Tag legen, werden wir eine deutliche Veränderung erleben. Wir können dann der Welt mit einem Gefühl größerer Entspanntheit begegnen, und irgendwelche Kleinigkeiten vermögen uns nun innerlich nicht mehr so leicht aufzuwühlen. Wir werden nicht gleich meinen, es stehe alles auf dem Spiel, und so handeln, als seien unser öffentliches Ansehen, unsere Identität und unsere Existenz bedroht. Sind wir hingegen ständig auf die eigenen Interessen bedacht und verlieren dabei das Wohl der anderen empfindenden Wesen völlig aus den Augen, können selbst höchst belanglose Umstände bewirken, dass wir uns zutiefst verletzt fühlen und sehr erregt reagieren. Jeder von uns mag aus eigener Erfahrung beurteilen, ob diese Schilderung den Tatsachen entspricht.

Auf Dauer wird die Entwicklung von Herzensgüte uns selbst ebenso zum Vorteil gereichen wie den anderen. Wenn wir jedoch zulassen, dass der eigene Geist in seinen selbstbezogenen Tendenzen gefangen bleibt, werden Gefühle von Unzufriedenheit und Frustration weiterhin unsere Wegbegleiter sein: Wir werden uns, auf kurze wie auf lange Sicht, unglücklich fühlen.

So werden wir diese wundervolle Gelegenheit, die sich uns jetzt bietet, vergeuden: als Mensch geboren zu sein, versehen mit dieser großartigen, für höhere Ziele nutzbaren Gabe der menschlichen Intelligenz. Darum sollten wir unbedingt in der Lage sein, die langfristigen und die kurzfristigen Konsequenzen unseres Handelns abzuwägen. Gibt es einen besseren Weg, unserem menschlichen Dasein Sinn und Bedeutung zu verleihen, als die Meditation über Bodhichitta – das altruistische Streben nach Erleuchtung zum Wohl aller empfindenden Wesen?

Die nach Erleuchtung strebende Geisteshaltung hervorbringen

Bodhichitta, den Erleuchtungsgeist, verwirklicht zu haben kann ich für mich persönlich nicht in Anspruch nehmen. Doch hege ich große Bewunderung für Bodhichitta. In der Bewunderung, die ich für Bodhichitta empfinde, besteht mein Reichtum. Sie ist die Quelle, aus der ich Mut schöpfe. Das spüre ich. Auf dieser Bewunderung beruht mein Glück, sie versetzt mich in die Lage, andere glücklich zu machen, und verleiht mir ein Gefühl der Erfüllung und Zufriedenheit. Diesem altruistischen Ideal widme ich mich von ganzem Herzen und mit vollem Engagement. Ihm fühle ich mich stets verpflichtet: an Tagen der Krankheit oder an gesunden Tagen, angesichts des Alterungsprozesses oder zum Zeitpunkt des eigenen Todes. Meine große Bewunderung für dieses Ideal, das Hervorbringen der altruistischen Geisteshaltung von Bodhichitta, wird mein Leben lang Bestand haben. Davon bin ich fest überzeugt.

Und Sie, meine Freunde, möchte ich bitten: Versuchen Sie, sich mit Bodhichitta vertraut zu machen, so gut Sie nur können. Seien Sie nach Möglichkeit bestrebt, solch einen altruistischen und mitfühlenden Geisteszustand zu entwickeln.

Die tatsächliche Verwirklichung von Bodhichitta erfordert jahrelange Meditationspraxis. In manchen Fällen mag es Äonen dauern, bis man zu dieser Verwirklichung gelangt. Lediglich auf einer intellektuellen Ebene zu erfassen, worin Bodhichitta besteht, reicht nicht aus. Ebenso wenig genügt es, ein intuitives Gefühl zu haben im Sinne des Gedankens: »Mögen alle empfindenden Wesen den Zustand vollkommener Erleuchtung erreichen.« Die tatsächliche Verwirklichung von Bodhichitta geht weit darüber hinaus. Sie anzustreben ist nach meiner Überzeugung nichtsdestoweniger ein lohnendes Unterfangen. Denn gibt es eine tiefgründigere Dharma-Praxis?

Darüber äußert sich Shantideva wie folgt:

> (I, 10) Denn wie die höchste Substanz der Alchimisten
> verwandelt Bodhichitta die unreine Form
> des menschlichen Körpers
> in die unschätzbare Kostbarkeit des Buddha-Körpers.
> Von solcher Art ist der Erleuchtungsgeist: An ihn sollten wir uns halten!

Bei bloß oberflächlichem Nachdenken könnte man den Eindruck gewinnen, Bodhichitta sei eigentlich ganz einfach. Es erweckt vielleicht gar nicht den Anschein, sonderlich bewundernswert und Respekt heischend zu sein. Im Unterschied dazu üben womöglich die tantrischen Meditationen über Mandalas und Meditationsgottheiten eine recht geheimnisvolle Wirkung auf uns aus, sodass wir sie unter Umständen für reizvoller halten.

Wenn wir uns jedoch wirklich auf die Praxis einlassen, ist Bodhichitta ein unerschöpflicher, nie versiegender Quell. Praktizieren wir Bodhichitta, laufen wir auch nicht Gefahr, dass sich ein Gefühl der Ernüchterung oder Entmutigung einstellt. Anders bei solchen Praxisformen wie den Meditationen des Gottheiten-Yoga oder der Mantra-Rezitation: Weil wir hier vielfach zu Beginn der Praxis zu hoch geschraubte Erwartungen hegen, kann es durchaus geschehen, dass uns irgendwann ein Gefühl der Ernüchterung beschleicht. Nach vielen Jahren mag uns der Gedanke überkommen: »Obwohl ich den Gottheiten-Yoga praktiziert und all diese Mantras rezitiert habe, kann ich an mir keine merkliche Veränderung feststellen. Keine einzige mystische Erfahrung habe ich gehabt.« Bei der Bodhichitta-Praxis ist eine derartige Ernüchterung nicht zu befürchten.

Da die Verwirklichung von Bodhichitta erfordert, dass man lange Zeit praktiziert, ist es unerlässlich, das Hervorbringen von Bodhichitta durch Wunschgebete zu unterstützen. Dies kann in Gegenwart eines spirituellen Lehrers, vor einer Buddha-Statue oder einer anderen Buddha-Darstellung geschehen. Solch eine Praxis kann Ihre Fähigkeit, Bodhichitta zu entwickeln, weiter stärken. Indem Sie in einer eigens dafür vorgesehenen Zeremonie das Bodhisattva-Gelübde ablegen, bekräftigen Sie in Anwesenheit eines Lehrers Ihren festen Vorsatz, Bodhichitta zu entwickeln.

Der erste Teil solch einer Zeremonie betrifft den »strebenden Erleuchtungsgeist«. Hierbei geht es um Folgendes: Indem
Sie dieses altruistische Streben hervorbringen, Buddhaschaft
zum Wohl sämtlicher Wesen zu verwirklichen, geloben Sie,
nicht aufzugeben und in Ihrem Bemühen nicht nachzulassen –
nicht allein in diesem, sondern auch in künftigen Leben. Hinzu kommt die persönliche Verpflichtung, sich an bestimmte
Grundsätze, die Bodhisattva-Regeln, zu halten. Im zweiten
Teil der Zeremonie kann man dann, nachdem man sich durch
den ersten Teil der Zeremonie darauf vorbereitet hat, die eigentlichen Bodhisattva-Gelübde ablegen.

Hat man Begeisterung dafür entwickelt, sich den altruistischen Handlungen eines Bodhisattva zu widmen, so legt man
die Bodhisattva-Gelübde ab. Man verpflichtet sich, diese
Gelübde – ob man mag oder nicht, ob es einem angenehm ist
oder nicht – so wertzuschätzen wie das eigene Leben. Für
dieses Gelöbnis bedarf es einer absolut unerschütterlichen
Entschlossenheit, da Sie geloben, von nun an die Bodhisattva-
Regeln einzuhalten und ein dem Bodhisattva-Weg gemäßes
Leben zu führen.

Gewiss ist nicht jeder Leser dieses Buches ein praktizierender Buddhist, und auch unter den praktizierenden Buddhisten
wird es Menschen geben, die nicht die mit den Bodhisattva-
Gelübden einhergehenden Verpflichtungen – insbesondere
diejenigen, die mit dem zweiten Teil der Zeremonie,[20] dem
eigentlichen Bodhisattva-Gelübde, verknüpft sind – auf sich
nehmen wollen. Falls Sie unsicher sind, ob Sie die Bodhisattva-
Gelübde tatsächlich einhalten können, sollten Sie auf das
Gelöbnis lieber verzichten.

Nichtsdestoweniger können Sie eine altruistische Geisteshaltung hervorbringen, indem Sie den Wunsch entwickeln,
dass alle empfindenden Wesen glücklich sein mögen. Und Sie

können darum beten, dass es Ihnen gelingt, vollkommene Erleuchtung zum Wohl aller empfindenden Wesen zu verwirklichen. Dabei sollten Sie es dann bewenden lassen. Das mit dem Hervorbringen von Bodhichitta verbundene Verdienst, oder positive Potenzial, wird Ihnen auf diese Weise zuteil werden, ohne dass Sie dazu die Bodhisattva-Regeln einhalten müssen. Überdies besteht so ein geringeres Risiko, dass Sie die Gelübde brechen könnten. Falls Sie keine Gelübde ablegen, entwickeln Sie also einfach den strebenden Erleuchtungsgeist. Die Entscheidung liegt ganz bei Ihnen.

> Mit dem Wunsch, sämtliche Wesen zu befreien,
> werde ich bis zum Erreichen der vollkommenen Erleuchtung
> stets bei Buddha, Dharma und Sangha
> Zuflucht nehmen.

> Beflügelt von Weisheit und Mitgefühl,
> bringe ich heute, in Gegenwart der Buddhas,
> die Gesinnung hervor,
> zum Wohl aller empfindenden Wesen vollkommen
> zu erwachen.

> Solange der unermessliche Raum Bestand hat
> und solange es noch empfindende Wesen gibt,
> möge auch ich ausharren,
> um das Leid aus der Welt zu verbannen.

Anmerkungen

1 Eine vollständige englische Übersetzung dieses Werkes aus dem Sanskrit finden Sie in: Carol Meadows, *Ārya-śura's Compendium of the Perfections*, Indica et Tibetica Verlag, Bonn 1986.

2 Eine verlässliche, von John Dunne und Sara McClintock vorgenommene englische Übersetzung dieses hochrangigen buddhistischen Klassikers gibt es unter dem Titel *The Precious Garland: An Epistle to a King*, Wisdom Publications, Boston 1997.

3 Dieses Werk ist lediglich auszugsweise in europäische Sprachen übersetzt worden.

4 Dalai Lama, *Der Friede beginnt in dir*, übers. v. Padmakara, O. W. Barth, Bern/München/Wien 1994. (Enthält Erläuterungen zu Auszügen aus allen zehn Kapiteln den *Bodhicharyavatara*.)

Dalai Lama, *Der Mensch der Zukunft – Die Botschaft des Buddhismus für die Welt von morgen*, übers. v. Michael Wallossek, O. W. Barth, Bern/München/Wien 1998. (Mit Erläuterungen zu Kapitel VI, »Geduld«.)

Dalai Lama, *Die Kraft der Menschlichkeit*, übers. v. Michael Wallossek, Theseus, Berlin 2003. (Insbesondere S. 93ff. mit Erläuterungen zu einzelnen Strophen aus den Kapiteln IV und VI.)

5 Die Padmakara-Übersetzergruppe hat eine englische Übersetzung der auf das neunte Kapitel bezogenen Passagen dieser beiden tibetischen Kommentare angefertigt, die 1993 in Frankreich bei Editions Padmakara veröffentlicht wurde: *Wisdom: Two Buddhist Commentaries*. Minyak Künsö ist auch als Thubten Chökyi Dragpa bekannt.

6 Dalai Lama, *Der Friede beginnt in dir*, a. a. O.

7 *Sutra Presenting the First [Link in the Chain of] Dependent Origination and Its Divisions*, Toh 211, Kangyur, *mdo sde*, vol. *tsha*, 123b.

8 »Als Erstes wende dich ab von dem, was nicht verdienstvoll ist, / danach wende dich vom [Anhaften an ein] Selbst ab. / Und widerlege schließlich alle Meinungen, und wende dich von ihnen ab. / Wer das zu tun versteht, ist wahrhaft weise.« (Kapitel VIII/5) Ergänzend dazu finden Sie eine englische Übersetzung dieser Strophe plus Kommentar in: *Yogic Deeds of Bodhisattvas: Gyel-tsap on Aryadeva's*

Four Hundred, commentary by Geshe Sönam Rinchen, trans. and ed. by Ruth Sönam, Snow Lion Publications, Ithaka/N. Y. 1994, S. 193.

9 Eine erhellende Darstellung von Tsongkhapas Interpretation dieser bedeutsamen Zeile findet sich in: *Notes on the Wisdom Chapter*, (*The Collected Works of Tsongkhapa*, Bd. 14).

10 Einen ausführlichen Kommentar Seiner Heiligkeit zu diesem grundlegenden buddhistischen Text können Sie nachlesen in: Dalai Lama, *Der buddhistische Weg zum Glück – Das Herz-Sutra*, übers. v. Susanne Kahn-Ackermann, O. W. Barth, Frankfurt am Main 2004.

11 Ein Vertreter der Madhyamaka-Schulrichtung wird Madhyamika genannt.

12 Höchstwahrscheinlich ist das ein Verweis auf folgende Strophe: »Darum werden, wenn die Yogis / diese Leerheit [in ihrem Geist] entwickelt haben, / zweifellos die altruistischen Gedanken, / deren Anliegen das Wohl der anderen ist, sich einstellen.« *(Bodhichittavivarana*, 73).

13 Die persönlichen Erläuterungen des Dalai Lama zu dieser Praxis finden Sie in: Dalai Lama/*Kalachakra Tantra – Der Einweihungsritus*, hrsg. v. Jeffrey Hopkins, übers. v. Michael Wallossek, Theseus, Berlin 2002.

14 Kapitel I/80; englische Übersetzung siehe: *The Precious Garland: An Epistle to a King*, a.a.O., S. 21.

15 Diese Analyse stützt sich auf Nagarjunas Text »Grundlegende Weisheit des Mittleren Weges« *(Mulamadhyamakakarika)*, Kapitel XXII.

16 »Die Kostbare Girlande« *(Ratnavali)*, Kapitel II/73d-74; englische Übersetzung siehe: *The Precious Garland: An Epistle to a King*, a. a . O ., S. 36.

17 Kapitel XXIV/19.

18 Khenpo Künpäl erklärt in seinem Kommentar, dass sämtliche Dinge raumgleich sind, weil sie sich den begrifflichen Kategorien von »ist« und »ist nicht« entziehen.

19 Maras: die Hindernisse (im Sinn von Gegenkräften) auf dem Weg zum Erwachen.

20 Das eigentliche Ritual zur Erteilung der Bodhisattva-Gelübde wird in diesem Buch nicht beschrieben.

Bibliographie der zitierten Texte

Sutras

Sutra vom abhängigen Entstehen (Pratityasamutpada adivibhanga nirdesha sutra). (Tib.: rten cing 'brel bar 'byung ba dang po dang rnam par dbye ba bstan pa; Toh 211, Kangyur, mdo sde, Band tsha, 123b-125a)

Herz-Sutra (Prajnaparamita hridaya sutra). (Tib.: shes rab kyi pha rol du phyin pa'i snying po; Toh 21, Kangyur, shes phyin, Band ka, 144b-146a)

Dalai Lama, Der buddhistische Weg zum Glück – Das Herz-Sutra, O. W. Barth, Frankfurt am Main 2004.

Indische Abhandlungen

Aryadeva: »Vierhundert Strophen« (Chatuhshatakashastra). (Tib.: rnal'byor spyod pa bzhi brgya pa; Toh 3846, Tengyur, dbu ma, Band tsha, 1b-18a) Eine vollständige englische Übersetzung dieses Werks aus dem Sanskrit plus zusätzliche Fragmente enthält: Karen Lang, Aryadeva's Catuhsataka, Akademisk Forlag, Copenhagen 1986. Eine Übersetzung der Wurzelverse mit Gyältsab Dsches Kommentar findet sich unter dem Titel Yogic Deeds of Bodhisattvas: Gyel-tsap on Aryadeva's Four Hundred, commentary by Geshe Sönam Rinchen, trans. and ed. by Ruth Sönam, Snow Lion Publications, Ithaka/N. Y. 1994.

Aryashura: »Handbuch der befreienden Qualitäten« (Paramitasamasa). (Tib.: pha rol du phyin pa bsdus pa; Toh 3944, Tengyur, dbu ma, Band khi, 217b-235a) Eine vollständige englische Übersetzung dieses Werks aus dem Sanskrit plus zusätzliche Fragmente finden Sie in: Carol Meadows, *Arya-sura's Compendium of the Perfections*, Indica et Tibetica Verlag, Bonn 1986.

Asanga: »Bodhisattva-Stufen« *(Bodhisattvabhumi)*. (Tib.: *rnal 'byor spyod pa'i sa las byang chub sems pa'i sa;* Toh 4037, Tengyur, *sems tsam*, Band *vi*, 1b-213a)

---- »Handbuch des höheren Wissens« *(Abhidharmasamuchaya)*. (Tib.: *chos mngo pa kun las btus pa;* Toh 4049, Tengyur, *sems tsam*, Band *ri*, 1b-77a, 44b-120a) Es existiert eine englische Übersetzung dieses Werks von Sara Boin-Webb auf der Grundlage von Walpola Rahulas französischer Übersetzung in: *Abhidharmasamuccaya: The Compendium of the Higher Teaching*, Asian Humanity Press, Fremont 2001.

---- *Erhabenes Kontinuum (Uttaratantra)*. (Tib.: *theg pa chen po rgyud bla ma;* Toh 4024, Tengyur, *sems tsam*, Band *phi*, 54b-73a) Eine englische Übersetzung dieses Werks finden Sie unter dem Titel *The Changeless Nature*, transl. by Ken and Katia Holmes, Karma Drubgyud Dharjay Ling, Eskdalemuir/Schottland 1985.

Bhavaviveka: »Glanzvolle Beweisführung« *(Tarkajvala)*. (Tib.: *dbu ma rtog ge 'bar ba;* Toh 3856, Tengyur, *dbu ma*, Band *dza*, 40b-329b)

Chandrakirti: »Klare Worte: Kommentar zu ›Grundlegende Weisheit des Mittleren Weges‹« *(Prasannapada)*. (Tib.: *dbu ma rtsa ba'i 'grel pa tshig gsal ba;* Toh 3860, Tengyur, *dbu ma*, Band *ha*, 1b-200a)

----»Kommentar zu ›Vierhundert Strophen über den Mittleren Weg‹« *(Chatushatakatika)*. (Tib.: *bzhi brgya pa'i rgya cher 'grel pa;* Toh 3865, Tengyur, *dbu ma,* Band *ya,* 30b-239a)

---- »Eintritt in den Mittleren Weg« *(Madhyamakavatara)*. (Tib.: *dbu ma la 'jug pa;* Toh 3861, Tengyur, *dbu ma,* Band *ha,* 201b-219a) Eine englische Übersetzung dieses Werks finden Sie in: C. W. Huntington, Jr., *The Emptiness of Emptiness,* University of Hawaii, Honolulu 1989.

Dharmakirti: »Kommentar zu ›Gültige Erkenntnis‹« *(Pramanavarttika)*. (Tib.: *tshad ma rnam 'grel gyi tshig le'ur byas pa;* Toh 4210, Tengyur, *tshad ma,* Band *ce,* 94b-151a)

Nagarjuna: »Erläuterungen zum Erleuchtungsgeist« *(Bodhichittavivarana)*. (Tib.: *byang chub sems kyi 'grel pa;* Toh 1800 u. 1801, Tengyur, *rgyud,* Band *ngi,* 38a-42b, 42b-45a) Eine englische Übersetzung dieses kurzen Werks finden Sie in: Chr. Lindtner, *Nagarjuniana: Studies in the Writings and Philosophy of Nagarjuna,* Motilal Banarsidass, Delhi 1987.

----»Ein Leitfaden zu den Sutras« *(Sutrasamuchaya)*. (Tib.: *mdo kun las btus pa;* Toh 3934, Tengyur, *dbu ma,* Band *ki,* 148b-215a)

----»Die Kostbare Girlande« *(Ratnavali)*. (Tib.: *rgyal po la gtam bya ba rin po che'i phreng ba;* Toh 4158, Tengyur, *spring yig,* Band *ge,* 107a-126a) Eine englische Übersetzung von John Dunne und Sara McClintock gibt es unter dem Titel: *The Precious Garland: An Epistle to a King,* Wisdom Publications, Boston 1997.

----»Grundlegende Weisheit des Mittleren Weges« *(Mulamadhyamakakarika)*. (Tib.: *dbu ma rtsa ba'i tshig le'ur byas pa;*

285

Toh 3824, Tengyur, *dbu ma*, Band *tsa*, 1b-19a) Es gibt verschiedene englische Übersetzungen dieses Werks. U. a. in: Fredrick Streng, *Emptiness: A Study in Meaning*, Abington Press, Nashville 1967; Kenneth Inada, *Nagarjuna: A Translation of his Mulamadhyamakakarika with an Introductory Essay*, The Hokuseido Press, Tokyo 1970; Jay Garfield, *The Fundamental Wisdom of the Middle Way*, Oxford University Press, New York 1995.

Prajnakaramati: »Erläuterung der schwierigen Punkte von ›Eintritt in die Bodhisattva-Praxis‹« *(Bodhicharyavatarapanjika)*. (Tib.: *byang chub sems pa'i spyod pa la 'jug pa'i dka' 'grel*; Toh 3873, Tengyur, *dbu ma*, Band *la*, 288b-349a)

Shantarakshita: »Schmuck des Mittleren Weges« *(Madhyamakalamkara)*. (Tib.: *dbu ma rgyan gyi tshig le'ur byas pa*; Toh 3884, Tengyur, *dbu ma*, Band *sa*, 53a-56b)

Shantideva: »Sammlung von Regeln« *(Shikshasamuchaya)*. (Tib.: *bslab pa kun las btus pa*; Toh 3940, Tengyur, *dbu ma*, Band *khi*, 3a-194b) Übersetzung aus dem Sanskrit ins Englische von Cecil Bendall und W. H. D. Rouse, Motilal Banarsidass, Delhi 1971 (Nachdruck).

---- »Eintritt in die Bodhisattva-Praxis« *(Bodhicharyavatara)*. (Tib.: *byang chub sems dpa'i spyod pa la 'jug pa*; Toh 3871, Tengyur, *dbu ma*, Band *la*, 1b-40a) *Anleitungen auf dem Weg zur Glückseligkeit* – Bodhicharyavatara. Vollständige zweisprachige Ausgabe Deutsch/Tibetisch. Aus dem Tibetischen übersetzt u. herausgegeben von Diego Hangartner, O. W. Barth, Frankfurt am Main 2005.

Aus übersetzungspraktischen Gründen beruht die Übertragung des *Bodhicharyavatara* im vorliegenden Buch auf dem englischen Text von Geshe Thubten Jinpa und in weiten Teilen auf einer deutschen Übersetzung aus dem Tibetischen, liebenswürdigerweise angefertigt von Lama Sönam Lhündrup, Le Bost.

Vasubandhu: »Schatzkammer des höheren Wissens« *(Abhidharmakosha)*. (Tib.: *chos mngo pa mdzod kyi tshigh le'ur byas pa*; Toh 4089, Tengyur, *mngon pa*, Band *ku* 1b-25a) Eine englische Übersetzung auf der Grundlage von La Valleé Poussins französischer Ausgabe finden Sie in: Leo M. Pruden, *Abhidharmakosa-bhasyam*, Asian Humanities Press, Fremont 1991.

Tibetische Werke

Künsang Pälden, Khenpo: *Sacred Words of My Teacher Manjushri (byang chub sems dpa'i spyod pa la 'jug pa rtsa ba dang 'grel pa)*. Typoskript, National Minorities Press, Sichuan 1990.

Künsang Sönam, Minyak: *Brilliant Lamp Illuminating the Suchness of Profound Dependent Origination (spyod 'jug gi 'grel bshad rgyal sras yon tan bum bzang)*. Typoskript, National Minorities Press, Xinhua 1990.

Mipham Jamyang Namgyäl Gyatso: *Exposition of the Ornament of the Middle Way (dbu ma rgyan gyi rnam bshad)*. *The Collected Works of Ju Mipham*, Band *nga* (4).

Tsongkhapa: *Notes on the Wisdom Chapter*. *The Collected Works of Tsongkhapa*, Band *pha* (14).

Gyältsab Dsche: *Gateway of Entrance for the Bodhisattvas: A Thorough Exposition of the Guide to the Bodhisattva's Way of Life (byang chub sems dpa'i spyod pa la 'jug pa'i rnam bshad rgyal sras 'jug ngogs)*. *The Collected Works of Gyaltsap Je*, Band *nga* (4).

Der amerikanische Verlag (Wisdom Publications, Boston) dankt Richard Gere, der als Sponsor die Veröffentlichung dieses Buches unterstützt hat.